Joachim Hardy

Der Weg ist das Ziel

Kuriose Reiseberichte

Joachim Hardy

Der Weg ist das Ziel

Kuriose Reiseberichte

Rediroma-Verlag

Bibliografische Information der Deutschen Nationalbibliothek:
Die Deutsche Nationalbibliothek verzeichnet diese Publikation in der Deutschen Nationalbibliografie; detaillierte bibliografische Daten sind im Internet über http://portal.dnb.de abrufbar.

ISBN 978-3-98527-423-9

www.rediroma-verlag.de
15,95 Euro (D)

Vorwort

„Wenn einer eine Reise tut, so kann er was erzählen." heißt es jedenfalls. Da ist viel Wahres dran. Wir reisen schon immer gern individuell, also abseits vom Pauschaltourismus oder Ressorturlaub. Wir hatten noch nie eine Vorliebe für „Bändchen am Handgelenk und Schirmchen im Cocktail". Wir gehen auf „Entdeckungsreise". Neues sehen! Neues erleben! Durchorganisiert ist dabei nichts. Eher planlos im positiven Sinne. Wir legen ein ungefähres Ziel fest und der Rest ergibt sich oft durch Spontanentscheidungen.

So entstehen natürlich nicht nur einfach Eindrücke, sondern es geschehen auch unvorhersehbare skurrile Situationen. Nicht alle waren zum Zeitpunkt des Erlebnisses wirklich lustig. Manche sogar brachten uns an den Rand der unterschiedlichsten Gemütszustände. Um in solche Situationen zu geraten, waren uns auch stets die eigenen kleinen Unzulänglichkeiten behilflich...

Diese zu Papier gebrachten eigenen Erfahrungen und Erlebnisse haben sich zu verschiedenen Zeiten zugetragen. Deshalb gibt es in meinen Schilderungen so etwas wie eine Chronologie, die durch Jahreszahlen zu erkennen ist. Manche sind schon sehr lange her, andere sind jüngeren Datums.

Was die Wahl des Reiseverkehrsmittels angeht, haben wir uns natürlich weiterentwickelt. Früher fuhren wir in den Schulferien mit dem Fahrrad, später sind wir per Anhalter getrampt. Irgendwann waren wir dann mit dem ersten Motorrad unterwegs. Als wir es uns nachher leisten konnten, reisten wir mit dem Auto und inzwischen mit einem recht luxuriösen Wohnmobil. Hin und wieder stiegen wir auch in ein Flugzeug. Was meinem Teil betrifft, eher widerwillig. Aber das tut unserer Einstellung keinen Abbruch! Der Erlebnisqualität ebenfalls nicht!

Und um hier der Vollständigkeit halber noch einen weiteren zutreffenden Spruch zu zitieren, der unsere innerste Einstellung zu Urlaub und Reisen gut widerspiegelt: „Der Weg ist das Ziel!" Deshalb habe ich den Titel so gewählt.

Inhalt

Kapitel 1

1978 – Zelten mit dem Fahrrad

Ich absolvierte gerade die zehnte Klasse der damaligen Polytechnischen Oberschule im Berliner Osten. Das entsprach vermutlich etwa der heutigen Gesamtschule, nur mit deutlich mehr staatlicher politischer Einflussnahme. Im zweiten Halbjahr des letzten Schuljahres wurde der Schwerpunkt in allen Fächern auf die Vorbereitung der bevorstehenden Abschlussprüfungen gelegt. Ich war noch nie so veranlagt, dass ich mich durch solch einen Prüfungsdruck, oder gar Prüfungsangst, verrückt machen ließ. Nach wie vor stehe ich noch immer auf dem Standpunkt, was ich bis heute nicht begriffen habe, lerne ich auch nicht im Crashkurs auf den letzten Metern. Am Vorabend solcher Herausforderungen ging ich meistens ganz entspannt ein Bierchen mit Freunden trinken. Das half, um noch den letzten Rest jeglicher Nervosität von uns abzuspülen. Ich bin also schon früher genau so relaxed an derartige Dinge herangegangen, wie ich es heute noch tue.

Inzwischen standen unsere letzten Osterferien vor der Tür. Uns zog es unweigerlich hinaus in die Natur. Einfach selbst was erleben, auf eigenen Füßen stehen und die ersehnte Freiheit genießen. Mit meinem Schulfreund beschloss ich daraufhin, zelten zu fahren und wir rangen unseren Erziehungsberechtigten ihr Einverständnis dafür ab. Als Ziel wählten wir die Insel des Liebnitzsees, der in der Nähe vom brandenburgischen Wandlitz liegt. Es gab zwar auch einen von Ützdorf aus erreichbaren Festland-Campingplatz am Nordufer des Sees, aber dort standen erstens fast nur Dauercamper und auf der Insel fanden wir es einfach wilder. Dazu kam, dass wir beim unerlaubten Schwarzzelten natürlich nicht erwischt werden wollten. Die Insel war ausschließlich durch eine alte verrostete kleine Fähre zu erreichen, die aber zu Ostern noch nicht fuhr. Gegebenenfalls auch mit einem Ruderkahn. Wir konnten also recht gewiss sein, dass uns dort niemand behelligen würde. Völlige Wildnis! Und zum allerersten Mal sind wir absolut auf uns selbst gestellt und mussten uns von niemandem dumm reinreden lassen.

Dass die Fähre zu Ostern ihren planmäßigen Betrieb noch nicht aufgenommen hatte, barg nicht nur positive Aspekte für uns. Wir mussten ja auch irgendwie vom Festlandufer hinüber zur Insel gelangen. Wir standen also vor unserer ersten echten Herausforderung, jedoch nicht vor einem Hindernis! Schließlich hatten wir die Luftmatratzen nicht nur zum Schlafen dabei! Diese pusteten wir so hart auf, wie wir konnten und benutzten Sie als Floß für unsere Fahrräder, für unser Gepäck, für das Zelt und auch für uns selbst. Die rund zweihundertfünfzig Meter bis auf den Großen Werder, wie die Insel richtig heißt, würden wir locker schaffen, dachten wir optimistisch und machten uns in diesem Sinne auf den Weg übers Wasser. Vorerst war unser Konzept, beide Matratzen nebeneinander zu binden um eine möglichst große Fläche zur Verfügung zu haben. Der Plan war nicht der beste und mündete bereits nach nur wenigen Metern mit nassen Sachen in ein Desaster, weil wir punktuell zu weit eintauchten. Der nachgebesserte Plan sah beide Luftmatratzen übereinander vor. Halbe Nutzfläche, aber auch halber Tiefgang. So könnte man das physikalische Konzept dahinter kurz und knapp beschreiben. Schließlich hatten wir hin und wieder in Physik aufgepasst!

So funktionierte es. Normalerweise hätten wir gegen Nasswerden nichts einzuwenden gehabt. Aber zu Ostern war das Wasser noch sehr frisch! Da aber die Sonne ohne eine einzige Wolke am Himmel schien, konnten wir die Tageswärme nutzen und uns in Badesachen mit unserem Floß über den See schippern und die noch wenigstens halb trockenen Sachen wasserdicht in Plastiktüten verpacken.

Auf der unbewohnten Insel gestrandet, suchten wir uns einen Platz und bauten unser Zelt auf. Darin waren wir fit und benötigten dafür weniger als eine Viertelstunde. Dann stand es perfekt. Es war ein blaues Leinenzelt mit gelbem Eingang. Vier Leute hätten darin Platz gehabt, also für uns zwei hatte es schon fast King-Size-Qualitäten. Die Luftmatratzen trockneten in der schon gut wärmenden Nachmittagssonne relativ schnell. Unsere beim ersten Paddelversuch zum Teil durchnässten Sachen auch. So konnten wir wenigstens sicherstellen, dass wir abends nicht frieren und auch nicht auf feuchten Schlafunterlagen liegen mussten.

Nun wollten wir erst mal die Insel erkunden. Eigentlich kannten wir sie, aber wir wollten zumindest sicherstellen, dass wirklich niemand anwesend war, der uns Stress bereiten würde. Wir nahmen uns dafür unsere Fahrräder, was sich im Verlaufe unserer Exkursion als völlig überflüssiger Fehler herausstellen sollte. Die im Winter teils ausgespülten unbefestigten Sandwege waren in keinem guten Zustand und brachten uns recht bald zu Fall. Unglücklicherweise fügten wir uns nicht nur ein paar körperliche Blessuren zu, sondern demolierten unsere Räder grundlegend. Wir stürzten durch einen unbedachten Schlenker beide ineinander, was einige Speichen kostete und auch schmerzende Abschürfungen verursachte. Nun waren wir doch zu

Fuß auf der Insel unterwegs und mussten die defekten Fahrräder zusätzlich schleppen. Das hätten wir wesentlich einfacher haben können und vor allem mit weniger körperlichem Einsatz und ohne unsere davongetragenen Verwundungen. Wir hätten die Räder einfach gleich stehen lassen sollen. Ein wirklich schlauer Mensch sagte mal „Hinterher hat man's immer vorher gewusst!"

Am Abend hatten wir alles ausgiebig erkundet. Kein Mensch weit und breit. Wir hatten unsere erhoffte Ruhe! Zurück am Zelt, spürten wir langsam den aufkommenden Hunger und holten die mitgebrachten Lebensmittel heraus. Für heute gab es erstmal Vollkornbrot, Knoblauchsalami und Ketchup. Glücklicherweise ist bei unserer abenteuerlichen Überfahrt alles trocken geblieben. Sogar das Brot. Wir schlugen uns die Bäuche voll, tranken noch unser mitgebrachtes Bier und selbstverständlich hat man als Sechzehnjähriger auch eine Flasche Schnaps dabei! Kartenspielen im Zelt beim schummerigen Licht der Taschenlampe rundete dann unseren ersten Abend auf der Abenteuerinsel ab. Die Rufe der Käuzchen sorgten für den ultimativen Touch Wild-Life-Fealing.

Am nächsten Tag gingen wir dann am Weststrand, dem einzigen flachen Sandstrand der Insel, angeln. Hier musste es doch ganz sicher ein paar Fische geben! Wenigstens Aale. Den ganzen Nachmittag verbrachten wir damit, einige Regenwürmer im kalten Wasser zu baden. Kein einziger Fisch fand einen unserer leckeren ausgelegten Köder appetitlich. Kein Biss. Das war für hungrige Angler, wie uns, sehr frustrierend! Wir redeten uns ein, was wir alles falsch gemacht hatten. Nur halfen uns die mehrmals geänderten Strategien genau so wenig. Erst spät in der aufkommenden

Dämmerung muss es wohl doch einen hungrigen Aal gegeben haben, der unserem verführerischen Wurmangebot nicht widerstehen konnte. Wir hatten unseren ersten Fang! Der Fisch war nicht gerade sehr groß, nur gerade so lang, dass er mit locker gehaltenem Bandmaß nicht mehr als untermaßig galt. Es wäre eine Ehrensache für jeden Angler gewesen, solche zu kleinen Exemplare wieder zurück ins Wasser zu setzen und lieber weiter zu hungern. Für eine Zweipersonenmahlzeit war unsere bisherige Beute aber deutlich zu mager! Es half also nichts. Wir mussten weiter auf unser Glück und die verlockenden Wurmleckerbissen vertrauen und noch auf mehr Ertrag hoffen.

Im Laufe der halben Nacht fielen uns noch zwei weitere relativ kleine Aale zum Opfer. Dann hatten wir jedoch wirklich lange genug ausgehalten und waren bis auf die Knochen durchgefroren. Wir nahmen unsere Ausbeute und wanderten in Richtung Zeltplatz, wo wir die drei dünnen Fischkadaver neben unserer Behausung in den losen Sand legten. Wir mussten bei den vorherrschenden Temperaturen keine Sorge haben, dass die Tiere über Nacht verderben könnten.

Womit wir jedoch nicht rechneten war, dass auch noch andere Inselmitbewohner Hunger haben könnten. Wir sahen am Morgen leider nur noch die wellenlinienartigen Spuren der Aale im Sand und vermuteten zuerst, dass sie selbst den Weg zurück ins Wasser gefunden hätten. Man hörte gerade im Umfeld des Anglerlateins die verrücktesten Geschichten und Mythen. So zum Beispiel, dass bereits sicher totgeglaubte Aale, denen sogar der Kopf entfernt wurde, noch die Flucht ergreifen konnten und die Richtung zum Wasser, aus dem sie kamen, erspüren konnten…

Das ist natürlich, wie wir uns alle vorstellen können, grober Unfug. Dennoch waren die Fische, im Gegensatz zu unserem Hunger, verschwunden. Jemand anderes war wohl dafür satt. Wir nehmen an, eine Katze, ein Fuchs oder vielleicht eine Igelfamilie. Ein Marder kam möglicherweise auch in Frage. Wildschweine gab es auf der Insel wahrscheinlich eher selten.

Na gut, dachten wir, Nudeln waren ja auch noch da. Diese zu kochen war für uns als „echte Surviver" kein Problem, denn wir hatten unseren Benzinkocher dabei. Dazu so einen Alu-Campingtopf und auch einen Kanister Trinkwasser. Da wir an keiner Tankstelle Benzin in so kleiner Menge kaufen konnten, blieb uns keine andere Möglichkeit, als den Sprit aus einem abgestellten Moped zu zapfen. Wie ich gern zugebe, keine schöne Lösung! Aber es war im vorliegenden Fall, wie ich zu unserer Entlastung vorbringen muss, die einzig praktikable. Leider mussten wir auch in Kauf nehmen, dass wir nicht drum herum kamen, das Wasser vor dem Kochen erst aufzutauen. Wir schlugen also mit dicken Ästen auf den Plastikkanister ein, um es in Bruchstücken aus dem Kanister zu bekommen, in dem ein Teil davon in der letzten kalten Nacht zu Eis gefroren war. Zu den Spirelli sollte es Ketchup geben. Das ist kein First-Class-Menü, geht aber einfach und macht satt. Jedenfalls solange die toten Aale auf der Flucht waren und wir keine andere Mahlzeit hatten.

Der Topf mit dem Eiswasser brauchte zur Erwärmung eine wahre Ewigkeit, bevor wir daran denken konnten, Nudeln in das salzlose Wasser geben zu können. Wir befürchteten schon, dass der Benzinvorrat im Kocher nicht bis zum Garpunkt der Teigwaren ausreichen würde und schmiedeten bereits Ersatzpläne.

Das eigentlich golden glänzende messingfarbene Kochgerät rußte bei der Verbrennung des Mopetbenzins beängstigend und sah inzwischen fast nur noch tiefschwarz aus. „Hoffentlich überträgt sich das nicht auf den Geschmack!“ sagten wir gerade, als uns der Kocher mit einen lauten scharfen Pfeifton unterbrach. Wir erschraken und suchten gegenseitig in unseren blassen Gesichtern nach Rat. Während wir noch über Ursache und Lösung nachdachten, folgte dem pfeifenden Geräusch eine Stichflamme aus dem Überdruckventil des Tanks. Noch ehe wir uns gegenseitig in unsere entsetzten Augen sehen konnten, gab es einen furchtbaren Knall und einen hellen Lichtschein. Dann kehrte eine verdächtige Ruhe ein, nur untermalt von einem tinnitusartigen Piepton in unseren Ohren.

Der Kocher verabschiedete sich mit einer gewaltigen Explosion in eine andere Welt. Wie in einem schlechten Film aus vergangenen Zeiten hatten wir rußgeschwärzte Gesichter mit weit aufgerissenen Augen. Körperlich war uns sonst nichts weiter passiert. Nur langsam konnten wir realisieren, was gerade geschehen war. Offenbar war das Ventil, welches zur Sicherheit überschüssigen Druck aus dem Tank ableiten sollte, zum Teil verstopft. Es konnte zuerst nur einen Teil des Überdrucks ins Freie abgeben, was es mit jenem lauten pfeifenden Geräusch quittierte, das sich zu einer grellen meterlangen rußenden Flamme steigerte. Als diese Möglichkeiten der Druckentlastung ausgeschöpft waren, meinte der Tank mit dem restlichen Benzin, er müsste bersten und tat dies auch lautstark. Die resultierende Verpuffung der geringen Restbestände an Brennstoff und der sich im Tank gebildeten Gase machte den gesamten Kocher unbrauchbar. Sein aufgeblähter Tank hatte einen großen Riss und das Überdruckventil hatte es auf Nimmerwiedersehen ins Nirwana gesprengt. So weit die nüchterne Bestandsaufnahme. Was blieb, war unser Hunger, den wir nach wie vor nicht stillen konnten.

Am schlimmsten jedoch war, dass der zuvor gelbe Zelteingang inzwischen rußschwarz war. Dekoriert mit fast gargekochten Spirelli-Nudeln, wie auch die nähere Umgebung vor dem Zelt. Wie sollten wir das demjenigen erklären, der uns dieses Zelt im guten Vertrauen auf sorgsamen Umgang geborgt hatte. So ein Zelt war zu dieser Zeit so wertvoll wie Goldstaub! Wir hatten uns wirklich vorgenommen, es im Originalzustand zurückzugeben.

Wir hätten nicht das Benzin aus dem Moped verwenden sollen. Das stark ölige Zweitaktgemisch war wohl für unseren Kocher mehr als abträglich. Eine Art späte Rache des armen geschröpften Mopedfahrers…

Die Folge von dem allen war nun, dass uns der Hunger aufs Festland trieb. Auf der Insel gab es keinerlei Geschäfte, nur einen Kiosk, der außerhalb der eigentlichen Campingsaison natürlich nicht geöffnet war.

Wir überlegten, im Dorf Lebensmittel zu besorgen und unseren Aufenthalt auf der Insel anschließend fortzusetzen. In Ützdorf gab es eine Gaststätte und den obligatorischen Dorfkonsum, der unserem großen Hunger schnelle Abhilfe versprach. Wenn wir nun wieder den See überqueren mussten, bedeutete das, wieder schwimmen zu müssen und wie bei unserer Anreise mit unseren Luftmatratzen zu flößen. Allein schon die Vorstellung, in an das polarmeerkalte Wasser zu gehen, ließ uns jedoch erschaudern und besonnener darüber nachdenken. Während der Hin-Tour hatten wir ausgesprochenes Glück, dass es einen sehr sonnenintensiven Tag gab, an dem sich die Wasseroberfläche schon sehr gut erwärmte. Damit hatten wir heute eher weniger zu rechnen. Schließlich gab es in der letzten Nacht Frost. Und so stand uns eine recht eisige Überfahrt bevor. Nach reichlichen Abwägungen beschlossen wir dann aber der beschriebenen Wassertemperatur wegen, unser großflächig mit Ruß beschmutztes Zelt abzubauen. Wir ersparten uns damit den Rückweg über das eiskalte Wasser.

Mit dem Rest aus der angefangenen Schnapsflasche tranken wir uns Mut an und versprachen uns davon eine gewisse Erleichterung im Ertragen der eiskalten Nahtoderfahrung und machten uns auf den Weg über das frostige Nass. Das Risiko einer möglicherweise gesundheitsbeeinträchtigenden Unterkühlung bestand für uns natürlich nicht im Geringsten…

Wie bei unserer ersten Überquerung des Sees brachten wir auf diese Weise all unsere Utensilien und die Fahrräder trocken über den See. Nass wurden auf diese Weise nur wir selbst und die Luftmatratzen. Das Wasser war an diesem Tag wirklich so eisig, dass uns fast die Gliedmaßen abstarben. Wir spürten an den Stellen, an denen bis dahin Arme und Beine angewachsen waren, stattdessen nur noch unerträgliche Schmerzen. Gut, dass wir uns für nur eine Tour entschieden hatten!

Nachdem wir uns abgetrocknet und wieder einigermaßen erwärmt hatten, wurde auf dem Ufer-Zeltplatz gerade eine Dauercamper-Versammlung abgehalten. Dazu fand man sich mit Campingstühlen ein und bildete eine große Runde. Wir setzten uns als stille Beobachter in die zweite Reihe dahinter und verfolgten diese Theatervorführung. Ein Treiben, das jedoch eher wie ein Tribunal anmutete. Alle ließen ihre Unzufriedenheiten gegenüber anderen Campern lautstark heraus und hielten sich letzten Endes gegenseitig ihre Unzulänglichkeiten vor. Sie meinten beispielsweise, einer hätte nicht oft genug geharkt, der andere hätte zu oft gegrillt und beim dritten schrien die Kinder zu laut. Die Mitglieder des basisdemokratisch gewählten Campingplatzbeirats versuchten hierbei zu vermitteln, was ihnen jedoch nur in begrenztem Umfang gelang. Es hatte nicht viel gefehlt, dann hätte die Gemeinschaft der Campingfreunde mit Harken, Spaten und Buddeleimern auf einander eingeschlagen. Hier konnten wir mal in aller Ruhe gelebtes Kleinbürgertum in Reinkultur auf uns wirken lassen und fühlten uns dadurch zu hundert Prozent darin bestätigt, mit der Insel den richtigen Ort für unsere Unternehmung gewählt zu haben.

Unseren Hunger konnten wir später in der Ützdorfer Gaststätte mit je einem ganzen Gold-Broiler stillen. Nun blieb aber noch die Erklärungslast mit dem rußgeschwärzten Zelt als Druck auf unserer Seele zurück. Hier brauchten wir nun bald eine gute Erklärung oder eine funktionierende Möglichkeit, das Zelt wieder zu reinigen. Am besten beides…

Kapitel 2

1979 – Wir trampen zur Ostsee

Die zehnte Klasse der Oberschule hatten wir inzwischen relativ erfolgreich abgeschlossen und bereits ein ganzes Jahr Erfahrungen als Lehrling in der Facharbeiterausbildung gesammelt. So sahen wir uns selbst schon als „Alte Hasen" im Berufsleben und konnten über unsere verschiedenen Jobs fachsimpeln. Ich, als Lehrling im Karosseriebau, war in unserer Runde natürlich der „Blechbüchsenverbeuler". Zur Abrundung des Bildes hatten wir aber auch einen „Painterman", einen „Kurzschluss" und den „Eisenfeiler" an Bord.

Ich war meistens mit dem unterwegs, der das Eisen feilte. Also mit dem angehenden Werkzeugmacher. Beim Trampen, was zu dieser Zeit von Jugendlichen sehr gern praktiziert wurde, haben wir als Mitfahrer viele gemeinsame Erfahrungen gemacht. Ich sehe auch in meiner heutigen Erinnerung noch die Sorgenfalten in den Gesichtern unserer Mütter, als wir ihnen unser Vorhaben verkündeten, an die Ostsee trampen zu wollen. Aber wovor hatten sie denn Angst? Die Welt war doch für uns groß und aufregend, das Leben unendlich und zusammen hielten wir uns sowieso für unbesiegbar. In unserer Vorstellung waren ausschließlich wir es, die bestimmten, wo es lang ging.

Aus dem Blickwinkel meines heutigen Erfahrungsstandes weiß ich natürlich, was in diesem Moment in ihnen vorging. Sie verfügten logischerweise über deutlich mehr Lebensweisheit und konnten die Gefahren, die da draußen auf uns lauerten, besser einschätzen. Natürlich auch die, die es gar nicht gab. Das sind die vielen Eventualitäten, die eintreffen könnten. Es könnten Verrückte oder Gewalttätige auftauchen. Unerfahrene Autofahrer könnten Fahrzeuge lenken, nachts Betrunkene unterwegs sein oder Unwetter auf uns niedergehen. Und was soll ich sagen, all das trat ein. Ich gebe es nicht gern zu, aber unsere Mütter hatten mit all ihren Befürchtungen mal wieder recht. Es hat uns zwar nicht zur Strecke gebracht, aber hin und wieder fehlte vielleicht nicht allzu viel. Man könnte es zusammenfassen als „Was uns nicht umgebracht hat, machte uns härter!"

Natürlich, wir wollten alle Freiheiten genießen! Wirklich alle! Auch Alkohol spielte dabei eine nicht zu unterschätzende Rolle. Wir begaben uns also in den erstbesten Laden und beschafften uns eine 0,7-Liter-Flasche Korn der Marke „Blauer Würger". Der Schnaps hieß natürlich nicht wirklich so, aber dies war die landläufige Bezeichnung, unter der sich noch heute jeder östlich des Harzes und nördlich des Weißwurstäquators aufgewachsene deutsche Mitbürger etwas vorstellen kann. Wir feuerten uns gegenseitig an und tranken viel zu schnell viel zu viel. Unsere Grenzen hatten wir wohl zu diesem Zeitpunkt noch nicht richtig ausgelotet...

Nach relativ kurzer Wartezeit nahmen uns eigentlich immer irgendwelche Leute in ihren Autos mit. Für viele war das damals einfach auch ein Akt der gegenseitigen Hilfe. So waren wir im Osten sozialisiert. Heute wäre das bestimmt nicht mehr so. Die Autofahrer sind heute in Bezug auf fremde Mitfahrer zurückhaltender und auch deutlich skeptischer geworden. Die Medien hämmern uns heute mit hunderten Wiederholungen jeden Einzelfall sensationsheischend in den Kopf, bis man meint, es würde unheimlich viel passieren. Aber vielleicht sind die Straßen auch gefährlicher geworden, die Autos schneller und die Verrückten verrückter. Oder rede ich jetzt schon selbst so, wie damals meine Mutter?

Es gelang uns glücklicherweise, bereits in wenigen Stunden bis nach Mecklenburg zu trampen. Genauer gesagt, standen wir nun am Straßenrand südlich von Pasewalk. Langsam stellte sich Hunger ein und niemand hatte uns Pausenbrote mit auf den Weg gegeben. Aber es gab dort, wo wir uns befanden, ein Maisfeld mit fast reifen Kolben. Am Rand waren die Früchte klein, so dass wir uns ein Stück weit ins Feld begeben mussten, um größere zu ernten. Kaum hatten wir jeder vielleicht drei Stück vertilgt, mussten wir ein bedrohliches Dröhnen über unseren Köpfen wahrnehmen, das sich rasch näherte. Ein Mähdrescher oder Maishäcksler vielleicht? Nein! Kurz darauf donnerte es in geringer Höhe über uns hinweg. Ein Agrar-Flugzeug verteilte, wie damals üblich, Unkrautvernichter und Insektizide. Vielleicht auch Dünger. Wir befanden uns mitten in seiner ausgebrachten Sprühwolke, wovon uns in kürzester Zeit speiübel wurde. Es kostete uns große Anstrengungen, mit bleichen Gesichtern den Rand des Maisackers zu erreichen, wo wir ausgiebig nach Luft japsten und den wenigen verbliebenen Mageninhalt hinterließen.

Der Alkohol hatte natürlich eine ergänzende Wirkung! Wir boten den vorbeifahrenden Autofahrern bestimmt ein ansprechendes Bild. Sie mieden uns nun und fuhren in großem Bogen an uns vorbei. Es hielt demzufolge niemand mehr freiwillig an, um uns mitzunehmen. Die inzwischen eingesetzte Dunkelheit tat ihr Übriges.

Kurz bevor wir für diesen Abend resigniert hätten, fasste sich mein Freund Bodo ein Herz und stellte sich dem kommenden Auto entschlossen entgegen. „Hey, Mercedes sind wir ja lange nicht gefahren!“ rief er mir zu und hielt die Hand in Richtung Straße raus. Es gab einen unschönen dumpfen Knall und Bodo drehte sich wie ein Eiskunstläufer bei einer Pirouette, bevor er im schmutzigen Seitenstreifen der unbeleuchteten Landstraße zu Boden ging. Ein Riesenschreck fuhr mir im selben Moment durch die Glieder! Ich dachte: „Was war das denn? Warum liegt mein Kumpel jammernd im Gras und hält seine rechte Hand?“ Alles lief in Sekundenbruchteilen ab. Hand raus, lauter Knall und die gekonnt wirkende sportliche Drehung. Ich würde aus heutiger Sicht ohne Einschränkungen die vollen zehn Wertungspunkte dafür vergeben! Das Geheimnis lag nicht im Mercedes, sondern nur einen Meter dahinter. Er hatte einen Wohnanhänger am Haken, der deutlich breiter war als das Zugfahrzeug selbst. Dieser traf in voller Geschwindigkeit auf Bodos Pranke und verlieh ihm den entscheidenden Impuls für seine Kunstfigur. Gut, dass es nur die Hand war und nicht mehr! Er hatte nun offensichtlich Schmerzen zu bewältigen, wobei ihm sicher der bereits fehlende Teil aus der Doppelkornflasche etwas half.

Er blieb daraufhin eine Zeitlang wie benommen neben dem Seitenstreifen sitzen und ich versuchte mein Glück, Autos anzuhalten. Und tatsächlich hielt ein Fahrzeug, das sich fast unsichtbar und ohne Licht genähert hatte. Allerdings fuhr es vor dem Stehenbleiben weit vorbei und kam uns dann im Rückwärtsgang aus dem Dunkel entgegen. Möglicherweise ist auch „Auto“ viel zu weit hergeholt. Es war ein alter P70, den heute kaum noch jemand kennt. Ein Vorläufer des Ur-Trabants, der seine besten Tage bereits jahrzehnteweit hinter sich gelassen hatte. Es schien auch mehr Wrack als Auto zu sein. Darin gab es auch nur die verschlissenen Reste eines Fahrersitzes ohne Lehne. Über Gurte müssen wir in diesem Zusammenhang wirklich nicht nachdenken. Im hinteren Bereich lagen haufenweise völlig verhedderte Kabel, ein paar Lautsprecher und etwas Selbstgebautes, das mal ein Mischpult gewesen sein mag. Dazwischen ein paar leere Bierflaschen. Der Gesamtzustand war in sich stimmig. Fahrer und Fahrzeug waren sich erstaunlich ähnlich. Wollte man jemanden aus der normalen Bevölkerung als Laiendarsteller für eine Filmrolle entsprechend zurechtmachen, würde das viel Zeit kosten und intensive Arbeit in Anspruch nehmen. Dieser Mann berichtete mit verwaschener Aussprache von schlimmen Geschichten aus der Gegend und einer Diskothek, die er aber in der Dunkelheit und ohne Licht am Auto noch nicht gefunden habe. Im Alkohol, der durch seine Venen floss, gab es zum Teil so etwas wie Restblut. Er war mit anderen Worten „hackedicht". Da dieser schräge Vogel selbst uns Unerschrockenen ungeheuerlich war und offenbar eine kurze Zündschnur hatte, versuchten wir, ihn nicht noch zusätzlich zu provozieren. Wir widersprachen seinen Meinungsäußerungen nicht, auch wenn sie zum Teil vom Dritten Reich erzählten und in einer ganz rechten Ecke seiner Gesinnung entsprangen. Dass er diese Zeit, angesichts seines dafür zu jungen Lebensalters, gar nicht mit erlebt haben konnte, spielte scheinbar nicht die geringste Rolle für ihn. Dafür kannte er sich jedoch erstaunlich gut darin aus. Als er in einem uns unbekannten Dorf abseits jeder Möglichkeit zum Weitertrampen anhielt, weil er ein Gebäude im Lichte seiner aus dem Fenster gehaltenen Taschenlampe für die gesuchte Disco hielt, bedankten wir uns in aller

Form und wollten sofort die Flucht ergreifen. Schnell erkannte er jedoch seinen Irrtum und meinte „Einsteigen! Wir drehen um. Das ist hier nicht die Disco." Ich glaube, er war der festen Überzeugung, uns einen riesigen Gefallen getan zu haben.

Wieder holperte das Schrottmobil durch unbefestigte Straßen. Zum einen bereitete es uns große Mühe, uns so festzuhalten, damit wir die Anzahl der davongetragenen Blessuren klein hielten. Zum anderen, nicht dem Brechreiz zu erliegen, der sich in diesem Umfeld nach und nach manifestierte. Nach einer Zeit kamen wir irgendwo an einer Landstraße an. Hier kam er nun überraschend zu der Ansicht, es sei gar nicht gut, in seinem Zustand Leute mitzunehmen und setzte uns dort in einem Anflug von Verantwortungsbewusstsein unvermittelt ab. Keine Ahnung, wo wir uns befanden. Aber es war ein erleichterndes Gefühl! Plötzlich waren wir Überlebende dieser Episode!

Bodos Hand war inzwischen gar kein Thema mehr für uns. Vielleicht tat sie ihm noch weh, war aber wegen der anderen Geschehnisse etwas aus dem zentralen Mittelfeld der Betrachtungen gerückt. Wir beschlossen also spontan, genau hier an Ort und Stelle zu übernachten, suchten uns eine passende ruhige Stelle etwas abseits des Seitenstreifens der Straße und schliefen einfach auf unserem abgelegten Gepäck ein.

In den frühen Morgenstunden erwachten wir aus einem tiefen, fast komatösen Schlaf. Seine Hand schmerzte doch noch etwas und trug ein paar Abdrücke des Wohnanhängers. Das mit Unkraut-Ex versetzte Insektizid und der Doppelkorn verursachten noch immer ein übles Gefühl in der Magengegend und die Sonne schien bereits viel heller, als wir es hätten brauchen können. Wir erinnerten uns, unser Ziel war vorerst Zempin auf Usedom, wo wir seine Freundin überraschen wollten. Besser gesagt, er wollte das. Nun konnten wir mit dem vorhandenen Kartenmaterial auch in etwa unseren Standort ermitteln. Fast die Hälfte des Weges lag noch vor uns! Wir befanden uns zwischen Pasewalk und Anklam. Wenn wir die restliche Strecke in akzeptabler Zeit hinter uns bringen wollten, mussten wir auf eine andere Strategie umschalten. Ab hier kein Alkohol mehr, der ohnehin alle war! Unsere Kleidung hatten wir ein wenig geordnet, um ein besseres Erscheinungsbild abzugeben. Für unsere Verhältnisse richtig ordentlich! Der Plan ging auf! Ein Wartburg Tourist, für damalige Zeiten ein stattlicher Kombi, hielt an und der Fahrer nahm uns mit. Trotz der frühen Morgenstunde war es bereits hochsommerlich warm. Im Auto schien es noch viel heißer und stickiger zu sein, was den Fahrer veranlasste, sein Fenster zu öffnen. Uns forderte er auf, es ihm gleich zu tun, wenn es uns nichts ausmachte. Das war gut und brachte auch uns auf der Rückbank des Autos Erleichterung. Nur kurze Zeit später wurde uns erst richtig schlecht, denn vor uns fuhr ein offener LKW, der anscheinend Schlachtinnereien auf einer Kippmulde geladen hatte. Sie bewegten sich auf der Ladefläche des Lasters wie eine übergroße gallertartige Qualle im Rhythmus der Straßenunebenheiten. Sie verströmten auch einen wirklich üblen fortgeschrittenen Verwesungsgeruch. Eine dunkle summende Wolke aus Fliegen folgte ihm. Das Bild sollte hiermit ausreichend beschrieben sein, um eine Vorstellung davon zu bekommen. Noch tiefer will ich darauf nicht eingehen…

Wir kämpften mit, oder besser gegen das Erbrechen, so dass die morgendliche Schönheit der Wälder am Straßenrand weitgehend unbeachtet an uns vorbei flog! Erst im Ort Usedom schließlich, bog der Laster in eine Seitenstraße ab, womit sich die Luft im Fahrzeuginneren austauschen konnte. Jetzt waren wir auch wieder fit für ein Gespräch mit dem Fahrer, der uns wohl bis hierher für noch wortkarger halten musste, als es die Norddeutschen selbst sind.

Schließlich erreichten wir in Zempin unser vorläufiges Etappenziel und waren unserem Chauffeur sehr dankbar. Er brachte uns sicher und schnell ans Ziel und für die stinkenden Innereien auf dem LKW konnte er natürlich nichts.

Während der nächsten Tour-Etappe trafen wir uns an der Ostsee mit weiteren Jungs in Altefähr auf Rügen. Insgesamt waren wir nachher zu fünft. Wir feierten das Treffen wirklich ausgiebig! Schon bald waren wieder die Getränke alle, die wir eigentlich für ausreichend gehalten hatten. Da noch weitere Gruppen Jugendlicher auf dem Campingplatz feierten, fanden wir schnell Anschluss bei Leuten aus Sachsen, die scheinbar unerschöpfliche trinkbare Reserven hatten. Sie luden uns sogar großzügig und bereitwillig ein, mit ihnen weiter zu trinken. Wir ließen uns nicht lange bitten und gesellten uns zu ihnen. Sie reichten uns daraufhin ein paar Blechtassen mit unbekanntem Inhalt. In der Luft lag ein Geruch, den ich von irgendwoher kannte. Er erinnerte mich ans Grillen. Im Becher war eine alkoholische orange-gelbe Flüssigkeit, die zum Teil nach Apfelsine, aber zum anderen Teil, wie gesagt, irgendwie nach Grillen oder Fensterputzen roch. Wir fanden schon bald die Ursache dafür heraus. Der Grillgeruch des Getränks stammte, wenn wir es mal so bezeichnen wollen, vom

Brennspiritus, der beim Grillanzünden oft als „Brandbeschleuniger“ benutzt wird. Er bildete die Basis unserer Cocktails. Verfeinert mit aufgelöstem Orangensaftkonzentrat versuchten sie, den vergällten Alkohol irgendwie genießbar zu machen. Sie selbst jedenfalls tranken ihn schon eine Weile und hatten keine sichtbaren pathologischen Ausfälle. Abgesehen vom entsetzlichen Geschmack störte der Gestank erheblich! Ebenso die später einsetzenden Kopfschmerzen, gegen die ich mir noch am gleichen Abend Tabletten von den Mädchen aus dem DRK-Zelt besorgte. Ich musste ihnen versprechen, keinen Alkohol dazu zu trinken. Oder wenigstens nur in Maßen. Ich beteuerte es mit hinter dem Rücken gekreuzten Fingern und musste dem Mädchen nachsprechen „Ja, ich werde Alkohol nur in Massen trinken…“ Dies registrierte sie mit einem augenzwinkernden Schmunzeln, konnte aber damit ihr gutes Gewissen beruhigen. Sie hatte ihrer Sorgfaltspflicht damit Genüge getan. Am nächsten Morgen untersuchten wir uns gegenseitig auf Vollzähligkeit unserer Sinne und verstanden selbst nicht, wie wir uns auf etwas Derartiges einlassen konnten. Hätte ich doch besser auf die Kleine vom DRK-Zelt gehört…

Nachdem wir am nächsten Tag morgens gegen 16:30 Uhr wieder auf unseren eigenen wackligen Füßen standen, unternahmen wir als nächstes einen Ausflug nach Stralsund. Dafür mussten wir nur über den Rügendamm laufen und kamen von dort aus direkt am Hafen und in der Altstadt an. Am frühen Abend waren wir dann zurück auf dem Zeltplatz und kehrten in das Klubhaus ein, das im kleinen Kastanienwäldchen zwischen dem Campingplatz und dem Strand lag. Hier war an diesem Tag eine Tanzveranstaltung angekündigt. Drinnen spielte eine Kapelle aus der Region. Der Außenbereich blieb deshalb heute ohne Ausschank, was uns einigermaßen enttäuschte. Tanzen wollten wir nicht und das Haus war für diesen Abend ohnehin ausverkauft. So saßen wir an einem der Tische und berieten gerade noch darüber, was wir jetzt tun könnten, um doch noch zu einem frischgezapften Bier zu kommen. Schon kam eine kleinere Gruppe stark angetrunkener Einheimischer zu uns, um auch sofort Streit anzufangen. Vermutlich waren sie gelangweilt und ebenfalls in Biernot und mussten nun ihrem Frust Luft machen. Vielleicht ärgerten sie sich auch darüber, dass man ihnen wie schon uns zuvor keinen Einlass zur Kneipe gewährte.

Sie gingen sofort und ohne Vorwarnung auf einen in unserer Runde los und drohten ihm Prügel an. Sie waren älter und deutlich robuster als wir gebaut, so dass wir ihr Angebot auf Prügel tatsächlich ernst nehmen mussten. Hatten wir jetzt einen guten Plan? Nein! Wir hatten nicht mal einen schlechten! Wir hatten gar keinen Plan, stellten wir entsetzt fest! Für Flucht war es nun deutlich zu spät. Der eine aus unserer Truppe, den sie bereits am Schlafittchen gepackt hatten und der bereits mit dem Rücken an der Wand stand, konnte die ersten Fausthiebe geradeso abfangen. Nun schwenkte er mit einem Mal in eine für uns alle völlig unerwartete Strategie um und wir dachten im Stillen, das würde böse für uns alle enden. Er brüllte den Angreifer an und begann ihn von sich wegzuschubsen. Er schrie ihm ins Gesicht und fragte ihn, ob er jetzt total verblödet sei. Schließlich hätten sie doch gestern noch zusammen gesoffen. "Ich bin's doch!" meinte er. "Weißt du nicht mehr, du

Idiot? Gestern saufen wir zusammen und heute erinnerst du dich nicht mehr? Schöner Freund!"

Der Aggressor wich etwas zurück und lockerte seinen Griff. Sichtbar nach Erinnerungen suchend raufte er sich die Haare und ließ schon bald von unserem Kumpel ab. Er hatte natürlich keine Erinnerungen an gestern. Jedenfalls nicht die, nach denen er jetzt so verkrampft suchte. Wir waren ja gestern noch an einem ganz anderen Ort. Natürlich wollte er sich dieses Unvermögen nicht vor seinen Mitstreitern eingestehen, strich ihm mit einer übertriebenen Geste den Hemdkragen wieder glatt und klopfte ihm in einer angedeuteten Umarmung versöhnlich auf den Rücken. Hätte es nun Bier gegeben, wären sie bestimmt dicke Freunde für diesen Abend geworden, um sich wiederum am Folgetag nicht daran zu erinnern. Aber noch wichtiger war im Moment, dass er uns mit seiner spontanen tiefenpsychologisch ausgeklügelten Reaktion ganz sicher den Hals gerettet hatte! Auf diese Weise konnten wir auch alle unsere Zähne im Mund behalten. Bei späteren Gelegenheiten sollten wir vom gerade Gelernten noch profitieren können...

Wir verbrachten den restlichen Abend vor dem Gasthaus, wo es im weiteren Verlauf noch andere derartige Zwischenfälle gab. Wir waren die Beobachter aus sicher geglaubter Entfernung, bis eine Gruppe muskelbepackter Seeleute auf Ausgang auch nach Einlass zum Tanz ersuchten. Sie waren in schmucke weiße Marine-Ausgangsuniformen und Matrosenmützen gekleidet. Es gelang ihnen jedoch auch nicht, ins Innere des Gasthauses zu gelangen. Darauf ergab wohl ein Wort mit dem Türsteher das andere und irgendwann entbrannte daraus eine handfeste Auseinandersetzung. Bierkrüge, Aschenbecher und sogar Stühle flogen später durch die geschlossenen Fenster der Gaststätte. Die schwere hölzerne Eingangstür hatten die Matrosen bereits aus den Angeln gerissen, nachdem der Türsteher durch den geöffneten Türspalt nach ihnen trat. Nun war definitiv der richtige Moment, die Arena zu verlassen…

Nachdem wir unsere Zelte in Altefähr abgebrochen hatten, machten wir uns weiter auf den Weg über die Insel Rügen. Beim nächsten Stopp schlugen wir unsere Zelte etwas nördlicher in Juliusruh-Altenkirchen auf. Dass mein Geburtstag in genau diese Zeit fiel, war reiner Zufall. Mich freute natürlich besonders, dass alle meine Freunde, mit denen ich unterwegs war, an mein Jubiläum gedacht hatten! Der einzige, der es verpennt hatte, war ich. Sie hatten mich in guter Absicht schlafen lassen und sich lautlos aus dem Zelt geschlichen, um die richtigen Getränke zum Feiern zu beschaffen. Sie weckten mich dann mit Bier, Schnaps und Glückwunschgesängen, um mit mir auf meinen Geburtstag anzustoßen. Es hörte sich ein bisschen so an, wie die Jubelarien in einem Fußballstadion. Direkt nach dem Aufwachen und auf nüchternen Magen ist das vermutlich die wirksamste Kur gegen ein klares Bewusstsein. Vor allem aber ein gelungener Fehlstart in den Tag! Da ich mit jedem einzeln trinken musste, war mir klar, dass dies schon bald in einem vorhersehbaren Knock-Out münden würde. Ich blieb einfach im offenen Eingang des Zeltes liegen und versuchte, mich im Tagesschlaf von den Folgen des übertriebenen Alkoholkonsums zu erholen. Die anderen tranken deutlich kleiner dosierte Mengen und hatten deshalb auch mit weniger Ausfällen zu kämpfen. Nur Rainer hat ordentlich hingelangt und war offenbar nicht mehr bei klarem Verstand. Es kamen Leute am Zelt vorbei, weckten mich auf. Sie fragten völlig verständnislos, ob der fast Bewusstlose dort in der Müllgrube einer von uns sei. Er muss sich dort irgendwie hinbewegt haben. Vielleicht ähnlich einer Robbe, denn an aufrechten Gang war auch bei ihm momentan nicht zu denken. Er lag komplett im verschiedensten Abfall, den irgendwelche Leute dort über die Zeit hinterlassen hatten. Wir bestätigten den aufmerksamen Campingfreunden seine Zugehörigkeit zu uns und zogen ihn zurück ins Zelt. Dieses Prozedere wiederholte sich später noch einmal. Anscheinend ging für ihn eine magische Anziehungskraft von diesem Ort aus. Warum, wusste von uns niemand.

Am Abend meines Geburtstages, als bei mir endlich der größte Teil des Blutalkohols abgebaut war und nach und nach wieder mentale Fähigkeiten wiederkehrten, war unser „Painterman" Rainer nicht mehr aufzufinden. Wir machten uns aber nur mäßig besorgt auf die Suche nach ihm. Da er während unserer gemeinsamen Reise bereits mehrmals spurlos verschwunden war, schätzten wir die Situation weniger dramatisch ein. Zuletzt in Altefähr, als wir einen gemeinsamen Spaziergang entlang der Küste unternahmen, war er plötzlich weg und tauchte erst morgens in aller Frühe wieder auf. Rainer war, wie er dann selbst freudestrahlend berichtete, in Stralsund in einer Disco. Wie er meinte, wollte er das wohl ganz alleine durchziehen und setzte sich deshalb unangekündigt und unbemerkt von uns ab. Als wir ihn dann jedoch in Altenkirchen bis in den späteren Abend nicht fanden und auch er sich nicht meldete, begannen wir, uns doch größere Sorgen zu machen. Wir teilten uns in zwei Gruppen auf und fragten andere Camper an verschiedenen Stellen des Zeltplatzes und der Campingplatz-Gaststätte.

Nach aufwändiger Befragung verschiedenster Leute erhielten wir einige Puzzlestücke von Auskünften, die wir dann versuchten, zu einem umfassenderen Bild zusammenzusetzen. Wir erfuhren, dass er an der etwa achthundert Meter entfernten Fernstraße gesehen wurde und dort am Ende seiner Kräfte zusammengebrochen war. Niemand wusste, von welcher Energie getrieben er sich dort hingeschleppt hatte. So lag er den Aussagen nach mitten auf der Fernstraße, so dass fremde Menschen den Verkehr stoppen mussten, um ihn zu schützen. Nachdem zuerst der Rettungsdienst alarmiert wurde, um sicherzustellen, dass er nicht krank sei, sammelte ihn dort später die Polizei auf und nahm ihn in Gewahrsam. Die Ordnungshüter waren es auch, die ihn zu seiner eigenen Sicherheit nach Saßnitz ins Krankenhaus brachten, wo man ihn zur Ausnüchterung und Beobachtung festhielt. Nach einigen Fluchtversuchen und Gewaltausbrüchen fixierte man ihn zum eigenen Schutz. Trotzdem riss er sich irgendwann in der Nacht los und entkam von der Station des Krankenhauses. Natürlich war er zu Fuß unterwegs. Zu Fuß hieß in diesem Falle sogar ohne Schuhe, also auf Socken. Seine zum Sehen unbedingt benötigte Brille hatte er während seines Ausflugs auch eingebüßt. Seine Jacke war teilweise an den Nähten aufgerissen und er hatte sichtbare Blessuren. Rainers Versuche, sich in den fortgeschrittenen Morgenstunden per Anhalter nach Altenkirchen fahren zu lassen, mussten in diesem Zustand zwangsläufig scheitern. Deshalb musste er die etwa fünfunddreißig Kilometer per Pedes bewältigen. Dies alles erfuhren wir aber logischerweise erst nach seiner Rückkehr am späteren Vormittag des Folgetages. So wurde mein achtzehnter Geburtstag auch für ihn zu einem unvergesslichen Erlebnis.

Wir waren inklusive Rainer zu fünft unterwegs. Logischerweise ist es völlig ausgeschlossen und unmöglich, uns in dieser Mannschaftsstärke an den Straßenrand zu stellen und darauf zu hoffen, mitgenommen zu werden. Es sei denn, es handelte sich um eine Bushaltestelle. So zogen wir letztlich Streichhölzer, um das Los entscheiden zu lassen, wer sich mit wem als Zweierteam auf den Weg machte und wer auf sich allein gestellt trampte. Wir wollten uns dann alle am Plauer See treffen. Ich zog für diese Etappe das Alleinfahrerholz und kam nachher auch bis nach Jarmen ganz gut durch. Da ich niemand der anderen Vier in den vorbeifahrenden Autos sah, wähnte ich mich als derjenige, der es für heute am weitesten geschafft hatte. Kein Wunder, mein Vorteil war der geringere Platzbedarf. Für die anderen mussten ja wenigstens zwei Sitzplätze in den Autos frei sein. Mich konnten auch Familien mitreisen lassen, die nur noch einen einzigen Platz übrig hatten.

Als es am Abend dunkel wurde, habe ich beschlossen, mein Glück nicht weiter zu versuchen und an Ort und Stelle zu übernachten. Ich lief noch ein bisschen an der Straße entlang, immer nach einem guten und gemütlichen Plätzchen zum Schlafen Ausschau haltend. Auf diese Weise fand ich vor einem Grundstück einen einladend aussehenden Kieshaufen. Für dessen abgewandte Seite, die nicht dauernd vom Scheinwerferlicht der fahrenden Autos angeleuchtet wurde, entschied ich mich für diese Nacht als Schlafstätte. Vor dem Schlafen brach ich mir noch ein

Stück Vollkornbrot ab und verputzte dazu ein Päckchen Schmelzkäse aus meinen Vorräten. Anschließend versank ich in einen erholsamen Tiefschlaf.

Morgens erwachte ich recht früh. Eigentlich viel zu früh, um mich als ausgeschlafen zu betrachten. Und auch zu zeitig, um mir im nahegelegenen Konsum, so hießen damals die meisten Lebensmittelläden, eine Flasche frischer Milch zu holen. So wartete ich noch ein Weilchen und ruhte noch eine Zeitlang auf meinem sandigen Nachtlager. Irgendwann vernahm ich Stimmen, die mir seltsam vertraut vorkamen. Sie kamen auch nicht von sehr weit weg. Eher von der anderen Seite meines Kieshaufens. Ich drehte mich um und setzte mich ein wenig auf, um über den Gipfel des aufgeschütteten Sandberges schauen zu können. Und wen sah ich da im Kies liegen? Zwei von unserer Fünferbande. Ich hatte sie zuvor nicht wahrgenommen und sie mich offenbar auch nicht. Wir lachten herzhaft, berichteten uns gegenseitig von den Erlebnissen des Vortags und schlenderten später gemeinsam zum Konsum. Unser Ziel, wo wir uns später alle einfinden wollten, war Malchow. Dank unserer Methode, Zettel mit Informationen am Ortseingangsschild zu hinterlassen, klappte das auch immer ausgezeichnet. Fand man noch keine Notiz vor, war man der erste Ankömmling und konnte den Anderen den Treffpunkt mitteilen. Gab es bereits einen Zettel, wusste man auch Bescheid, wo der Treffpunkt ist. Das war eine einfache, aber effektive Methode der Kommunikation, bevor wir uns mobil anrufen konnten. Ich steckte also meinen kleinen Zettel hinter das Schild. Die anderen fanden ihn und wir trafen uns wie gedacht. Als Alleinfahrender hatte ich das

Zelt mitgenommen und es bei Ankunft der anderen bereits aufgestellt.

Nachdem alle angekommen waren und wir den Abend gemeinsam hier verbrachten, war unser nächstes Ziel der Ort Lenz am Plauer See. Ich fuhr diesmal wieder mit Bodo. Kaum hatten wir uns an der Straße aufgestellt, hielt auch schon ein Auto und man hatte zwei Plätze für uns frei. Als sich das Auto in Bewegung setzte, bemerkten wir die Nervosität und die Unsicherheit der jungen Fahrerin. Wir bekamen durch die Unterhaltungen der Insassen mit, dass es sich um die Tochter des Beifahrers handelte, die wohl gerade erst ihren Führerschein in der Tasche hatte. Vielleicht wollte sie ihn auch erst machen. Wir empfanden das aber nicht als gefährlich, eher als lustig! Irgendwann muss man sich ja Fahrpraxis erarbeiten…

Das junge Mädchen und ihr Vater haben uns sicher bis dicht an unser Reiseziel chauffiert und eine weitere Mitfahrgelegenheit brachte uns dann bis in den Ort Lenz. Ziel unserer Tagesreise war ein damals als FDJ-Ausbildungslager für zukünftige politische Führungskräfte genutztes Zeltlager. Wir drangen durch ein Loch im hinteren Zaun in das Lager ein, wohin uns ein bereits ausgetretener Trampelpfad führte. Hier waren ausschließlich junge Mädchen im Alter um die achtzehn bis zwanzig Jahre interniert. Am Abend gab es eine Disco und wir hatten unseren Spaß! Sinn und Zweck dieses Zeltlagers war uns in diesem Moment relativ gleichgültig. Wichtig war nur, hier zu sein und uns nicht erwischen zu lassen. Später zeigten uns die Mädels heimlich ihre Unterkünfte, in denen jeweils zehn junge Frauen zusammen eines der großen Mannschaftszelte bewohnten. In den Betten der Mädels mussten wir uns ganz leise verhalten, um vom Aufsichtspersonal und den anderen Mädchen nicht entdeckt zu werden. Sie unterhielten sich alle noch über ihre Erlebnisse bei der Tanzveranstaltung. Jungs tun das auch. Aber die Art und Weise, in der diese angehenden jungen Frauen dies taten, erschrak selbst uns! Die Berichte und die Witzeleien fielen deutlich deftiger als in einer vergleichbaren Runde jugendlicher Männer aus. Wäre es nicht dunkel gewesen, wären wir in Schamesröte erstrahlt.

Natürlich wurden wir auch irgendwann erwischt und mussten das Lager auf der Stelle verlassen. Genauso natürlich war, dass wir unverzüglich zurückkamen und uns wieder bei den Damen der Begierde einkuschelten. Unterschied war nur, dass alle anderen Mädels im Zelt nun davon wussten und die Stimmung etwas weniger offenherzig war.

Später wechselten wir auf die andere Seite des Sees nach Zislow. Wir errichteten wieder unser Zelt und gingen auf Nahrungssuche. Geld hatten wir schon eine Weile nicht mehr. Dafür umso mehr Hunger und, was noch viel schlimmer war, großen Durst. In diesem Fall speziell auf Bier!

Wir liefen mit dem völlig absurden Plan los, ein Huhn von einem nahegelegenen Bauernhof zu klauen. In dieser Absicht bewaffneten wir uns mit kartoffelgroßen Steinen, um damit Hühner zu bewerfen und womöglich zu erlegen. Hier endete jedoch unser verwegener Plan. Wäre tatsächlich der Fall eingetreten, dass wir wirklich ein Federvieh getroffen hätten und außer Gefecht setzten, hätten wir ja noch irgendwie zu unserer Beute gelangen müssen. Zumeist wurden solche Hühnergehege von einem stattlichen

Hofhund bewacht. Punkt zwei der Ratlosigkeit stellte sich uns dar, als wir über das finale Schlachten, Rupfen, Ausnehmen und Zubereiten nachdachten. Wir gaben den Plan bald auf und klauten dann doch lieber Kartoffeln vom Acker und rösteten sie im abendlichen Lagerfeuer. Butter als Geschmacksaufwertung musste aber sein! Sie war ein Grundnahrungsmittel für uns. Genau wie Zigaretten. Beides konnten wir uns bequem vom erstatteten Pfand der Bierflaschen leisten, die wir uns zuvor ebenfalls widerrechtlich von Hof der Konsum-Verkaufsstelle aneigneten.

Satt waren wir nun und die Zigarette nach dem Abendmahl war auch gesichert. Wie wollten wir jetzt aber den Bierdurst stillen, fragten wir uns. Auch dieses Problem lösten wir fachmännisch. Abends war in der Zeltplatzkneipe allgemeiner Umtrunk angesagt. Dazu trafen sich hier die Campinggemeinde und die Dorfjugend der umliegenden Orte. Geld hatten wir noch immer keins. Woher auch? Wir spähten den vermeintlichen Anführer der zum gemeinsamen Saufen eingetroffenen Truppenteile aus und wagten das verrückteste Verbrechen, das wir in dieser aussichtslosen Situation begehen konnten. Wir vergingen uns an sein Heiligtum, also seinem Bier. Wir nippten nicht etwa daran, um nur die Lippen zu befeuchten. Nein, voller Einsatz! Wir tranken es am Stück aus. Wir riskierten auf diese Weise natürlich, vom gesamten Biertrinkerkommando der umliegenden Orte geschlachtet zu werden Aber wenn, dann wenigstens nicht mehr durstig!

Der Eigentümer des jetzt nur noch leeren Halbliter-Glases sah uns mit riesigen Augen und offenstehendem Mund fassungslos an. Er verengte einen Moment später seine Augen wie ein gefährliches Raubtier zu bösen Sehschlitzen. Sein Gesicht wurde rot vor Rage. Sollte er solch eine dreiste Bloßstellung vor seinem Gefolge einfach ohne die passende Reaktion hinnehmen? Gleich musste es heftig losgehen. Wir würden sicher in wenigen Augenblicken beträchtliche Schmerzen erleiden und unsere Zähne vom Boden der Kneipe sammeln können.

Nun war das richtige Timing wichtig! Wir kamen ihm einen winzigen Augenblick zuvor. Wir waren uns sicher, diese Sauferei spielt sich hier Tag für Tag genau so ab. So sicher eben, wie man sich beim Pokern mit halbbesoffenen Wilden sein kann. Wir redeten wie irre auf ihn ein, dass wir uns doch gestern kennengelernt hätten. Wir versuchten, die in Altefähr angenommene Taktik auch hier anzuwenden. Und es funktionierte tatsächlich auch hier! Wir seien es doch, die Berliner! Gestern noch hätte er uns das Bier versprochen und hier sind wir nun! Sozusagen um Wettschulden einzutreiben. Wir sagten ihm, dass es uns freuen würde, ihn zum Freund zu haben! Von beiden Seiten redeten wir in einer wahren Kanonade auf ihn ein.

Wie gehofft geschah nichts! Er war sich wegen der wirklich täglichen Biergelage gar nicht sicher, ob er uns von gestern kannte. Aber ausschließen konnte er es auch nicht ganz und war innerlich voller Anspannung. Sollte er jetzt seine Würde preisgeben und sich seinen Kumpels gegenüber als Schwachkopf präsentieren, der nicht mehr weiß, was er gestern gesagt hat? Nein! Damit hätte er als Anführer seinen Führungsanspruch verloren. Niemand wäre ihm noch gefolgt. Seine Unsicherheit war ihm anzumerken, obwohl er mit großer Mühe versuchte, sie vor uns und seiner Gefolgschaft zu verbergen. So spielte er einfach mit und gab uns den Abend über weitere Biere aus.

Das ging solange gut, bis die erzverfeindeten Kampftrinker des Nachbardorfes eintrafen. Beide Lager suchten und fanden sofort Streit miteinander und gingen sich bereits an die Jacken. Nun wollte der Bierspender unseren Beistand in diesem Konflikt einfordern. Schließlich waren wir ja Saufkumpanen und inzwischen, zumindest nach seinem Verständnis, dicke Freunde fürs Leben! So etwas wie Blutsbrüder!

Genau der richtige Moment, von diesem gefährlichen Ort zu verschwinden! Und zwar so schnell und so weit uns die Beine trugen…

Kapitel 3

1982 – Mit dem Motorrad nach Brno

In der damaligen Tschechoslowakei, heute in der Slowakei, fand bis in die frühen Achtziger der Moto-GP statt. Der Große Preis im Motorradrennsport wurde auf der alten Rennstrecke in Brno ausgetragen. Nur logisch, dass sich die Nachricht unter allen Motorradfahrern wie ein Lauffeuer herumsprach. Auch bis in den letzten Winkel Ost-Berlins. Auch ich musste das wenigstens ein Mal erlebt haben! Noch dazu sollte dieses Rennen zum letzten Mal auf dieser Strecke ausgetragen werden, bevor es für alle kommenden Zeiten nach Ungarn auf eine dafür neu gebaute Rennstrecke verlegt werden würde.

Also fuhr ich mit meinem „Eintopf", wie ich meine Zweihundertfünfziger MZ-TS liebevoll nannte, kurz entschlossen zu meinem Freund Jan. Ich sagte ihm, er solle rasch ein paar Sachen packen, sich etwas Geeignetes anziehen, nicht viele Fragen stellen und einfach mitkommen. Einen zweiten Helm hatte ich eigens dafür bereits im Gepäck und auch meine eigenen gepackten Klamotten dabei.

Für mich war das eine Selbstverständlichkeit! Es gab für mich überhaupt keinen Grund, auch nur einen Moment daran zu zweifeln, dass er mitkommen würde. Der Gedanke kam mir gar nicht in den Sinn. Er spielte auch wie erwartet mit und wir machten uns keine zwanzig Minuten später spontan auf den knapp 600 Kilometer langen Weg.

Als wir noch gar nicht so lange unterwegs waren, stellte sich leichter Nieselregen ein, der uns jedoch nicht von unserem Vorhaben abbringen konnte. Wir waren ja schließlich nicht aus Zucker! Und so ein bisschen erhöhte

Luftfeuchtigkeit konnte doch unsere Pläne nicht über den Haufen werfen…

Noch am späten Nachmittag kamen wir an der Grenze zur Tschechoslowakei an. In Zinnwald wollten wir die Staatsgrenze passieren und vor dem Weiterfahren noch schnell Geld tauschen. Hier forderte unsere Spontanität schon ihren ersten unerwarteten Tribut. Jan hatte sich zwei Tage zuvor seine struppige Rasterlockenmähne abschneiden lassen und sie gegen einen Igelschnitt eingetauscht, da er ja von meinem Vorhaben nichts ahnte, bevor ich bei ihm aufkreuzte. Auch sein üppiger Vollbart war weg und verdeckte nicht mehr sein halbes Gesicht. Ich habe ihn kaum erkannt, aber Dank seiner sportlichen Kurzhaarfrisur, passte ihm der Helm jetzt besser!

Das gleiche Problem hatte der Tschechische Grenzbeamte nun aber auch! Er versuchte eine Weile, das Passbild in Jans Ausweis mit seinem tatsächlichen Aussehen zu vergleichen. Das Bild zeigte ihn natürlich in voller Haarpracht auf und am Kopf. Die angestrengten Versuche des Beamten, in beiden Köpfen eine gewisse Ähnlichkeit zu erahnen, sah man ihm an. Er meinte nach einer gefühlten Ewigkeit: „Setzen gegenüber auf Parkbank und warten, bis Haare gewachsen und Bart wieder da! Dann vielleicht ich lassen Sie fahren. Aber vielleicht nur!“

Es lief nicht ganz so, wie wir uns das vorgestellt hatten. Inzwischen war es früh am Abend und es regnete jetzt etwas stärker. Was also tun? Kurz entschlossen drehten wir um und steuerten den nächstgelegenen Grenzübergang in Bad Schandau an. Bis dahin lagen noch mal fünfzig weitere Kilometer vor uns. Als wir dort ankamen, war man an der Elbe jedoch für diesen Tag bereits im verdienten Feierabend und somit blieb auch dieser Schlagbaum für uns geschlossen.

Es blieb uns nichts übrig, als unser Vorhaben am nächsten Tag fortzusetzen und deshalb an Ort und Stelle zu übernachten. Wir suchten uns ein ruhiges Plätzchen und legten uns zum Schlafen auf eine benachbarte Wiese. Glücklicherweise hatte ich das Zelt in eine Plastikfolie eingewickelt, so dass wir uns darunter, dicht aneinander gekuschelt, vor dem Regen schützen konnten. Zum gemeinsamen Kuscheln hatten wir uns eigentlich nicht auf den Weg gemacht, aber auf diese Weise behielten wir wenigstens einen Teil unserer Restwärme im Körper und blieben zumindest von oben trocken. Das Gras, auf dem wir lagen, brachte uns trotzdem ein wenig Nässe von unten.

Morgens sahen wir dementsprechend verquollen und unausgeschlafen aus und versuchten erneut unser Glück am Übergang. Jan ähnelte so zurechtgemacht scheinbar doch eher seinem Ausweisfoto und man ließ uns ohne lange Diskussionen einreisen. Nur die Leute in der Wechselstelle schauten, als hätte ich einen Außerirdischen dabei.

Bis in die Peripherie von Prag fuhren wir über gute Landstraßen, deren bauliche Beschaffenheit damals deutlich besser war, als die DDR-Pisten. Nach Prag nutzten wir dann die tschechischen Autobahnen in Richtung Bratislava. Mit einer Reisegeschwindigkeit um die hundert Kilometer pro Stunde fuhren wir geduldig auf der abwechslungsarmen Schnellstraße, als im Rückspiegel ein herannahender „Drei-Elfer Wartburg“ aus Thüringen auftauchte und einen Moment später neben uns auf gleicher Höhe blieb. Darin saß eine lustige Truppe und trank Bier aus Halbliter-Henkelkrügen. Bestimmt auch der Fahrer. Da wir das sehr witzig fanden, brachten wir unsere Zustimmung mit einer „Daumen-hoch-Geste“ zum Ausdruck. Kurzerhand zapften sie für uns aus dem mitgeführten Fass im Heck des Kombis ein frisches Bier im Henkelglas, fuhren dichter an uns heran und reichten es bei voller Fahrt herüber. Als Jan es entgegennahm, sorgte der Fahrtwind dafür, dass der größte Teil des Schaums vom Bier wegflog. Er trank aus dem Glas, aber wenigstens die Hälfte des Getränks landete wegen des starken Windes in seinem Gesicht und vermutlich auch in seinem Kragen. Dann ließen wir nachschenken und Jan reichte mir den Bierkrug nach vorn und auch ich versuchte mit Links etwas zu trinken, während ich die rechte Hand am Vollgas hielt. Durst hatten wir eigentlich keinen, aber die Situation verlangte das einfach! Ich trank etwas in seitlicher Kopfhaltung, um nicht auch vom Bier nass zu werden, aber Jan bekam dadurch die zweite Bierdusche. Wir reichten das Glas lachend zurück zum geöffneten Ausschankfenster des Autos, bedankten uns für die außergewöhnliche Unterwegs-Bewirtung und setzten ohne Unterbrechung unsere Fahrt fort. Die mobile Biertrinkertruppe zog dann etwas schneller weiter und wir blieben dahinter zurück. Toller Außer-Haus-Service! Er ließ uns für ein Viertelstündchen den Nieselregen vergessen. Jetzt hätte eigentlich jemand mit Bockwurst und Brötchen kommen können…

Am Abend kamen wir endlich in Brno an. Ein riesiges Gebiet am Rande der Stadt war vollständig durch die Gäste vereinnahmt, die zur Veranstaltung angereist waren. An allen Straßenrändern auf dem Gelände, standen bereits Zelte. Daneben die dazugehörigen Autos, aber vorwiegend eher Motorräder. Vereinzelt auch Fahrzeuge mit Wohnanhängern. Im Inneren des zur Rennstrecke gehörenden Areals waren die Wege nicht befestigt. Der anhaltende Regen verwandelte alles in ein gigantisches lehmiges Schlammbad, soweit das Auge reichte. Also suchten auch wir uns einen Platz zwischen dem angrenzendem Wald und der Lehmpfützenstraße und bauten unser kleines Zwei-Personen-Zelt mit geübten Handgriffen auf. Bei der Wahl unseres Stellplatzes versuchten wir auf ausreichend Abstand vom Straßenrand zu achten, damit nicht alle Schlammspritzer auf unserem kleinen Zelt landeten.

Nachdem dies erledigt war, machten wir uns zu Fuß auf, um unseren inzwischen großen Hunger zu stillen. Die bereits durchnässte Leder-Motorradkleidung behielten wir gleich an. Noch nasser konnten unsere Klamotten ohnehin nicht mehr werden.

Etwas näher an der Rennstrecke hatte man Bier- und Wurstbuden in einer schätzungsweise fünfzig Meter großen Kreisformation aufgebaut. Im Zentrum der Stände befand sich ein Lehmschlammambiente, wie es überall am Ort allgegenwärtig war. Einige Gäste der Veranstaltung waren schon länger anwesend als wir und gaben sich der Trinkfreude ausgiebig hin. Angesichts des dort ausgeschenkten guten Bieres war das keine große Herausforderung! Allerdings musste man die Getränke per Sofortkasse bezahlen und hier wurden die Jungs erfinderisch. Um ihre Bargeldbestände aufzubessern inszenierten sie eine Show-Keilerei. Ähnlich dem bekannten Schlamm-Catchen. Sie sahen nach kurzer Zeit aus wie lebendige Lehmskulpturen. Sie reizten all ihre Schauspieltalente aus, um die Prügelei echt aussehen zu lassen. Die anderen Herumstehenden, inklusive einiger Ordnungshüter der Polizei, bildeten einen

Publikumskreis und feuerten die beiden scheinbaren Kampfhähne in ihrer Mitte ordentlich an. Als die Stimmung ihren Höhepunkt erreichte, fielen sie sich beide in die Arme, lachten schallend und genossen den stürmischen Beifall der Runde. Anschließend gingen sie mit einem lehmverschmierten Hut herum, um ihre verdiente Gage vom Publikum zu kassieren. Jetzt traten die bis dahin passiven Beamten unerwartet auf den Plan, zogen plötzlich Gummiknüppel und Pfefferspray aus ihren Holstern und brachten beides in besonderer Brutalität zum Einsatz. Augenblicklich kippte die Situation von allgemeiner Belustigung zu völliger Verständnislosigkeit. Die Nebenveranstaltung löste sich natürlich sofort auf, als alle Anwesenden wild auseinanderstoben. Niemand konnte ein solches Vorgehen begreifen, zumal die Polizisten bis dahin selbst ihr sichtbares Vergnügen an der Showeinlage hatten. Vielleicht wollten sie nun auch ihren Spaß haben. Nur auf ihre eigene skurrile Art…

Am nächsten Morgen fand auf der Rennstrecke das Hauptrennen der Moto-GP in der zweihundertfünfzig Kubikzentimeter-Klasse statt. Ich war zuvor noch nie bei einem ähnlichen Event. Allerdings wurde es von den roten und noch immer vom Pfefferspray brennenden Augen überschattet. Außerdem hatte ich ungeheuerliche Kopfschmerzen, die vermutlich ihren Ursprung im vielen Bier hatten. Zusätzlich zog mich der inzwischen zentnerschwere regendurchtränkte Motorrad-Lederanzug fast zu Boden. Ihn früh so nass vom Vortag wieder anzuziehen, kostete einige Überwindung!

Auf den ungepflegten und nicht überdachten Tribünen drängten die Zuschauermassen wie eine unnachgiebige

Walze nach vorn an die Absperrung, die aus Stahlseilen zwischen Betonpfeilern bestand. Im noch immer andauernden Nieselregen hatte ich das Gefühl, von den Menschenmengen hinter uns erdrückt zu werden. Der Kopfschmerz hämmerte von innen an meine Schädeldecke und die Luft war gesättigt vom Motorenlärm und Abgasgeruch der Rennmaschinen, die sich vor uns spektakulär in die Kurven legten. Aber zum anderen Teil auch von den verschiedensten, nicht immer nur angenehmen, Ausdünstungen der Leute um uns herum. Man konnte dazwischen aber den speziellen Geruch wahrnehmen, den der Betrieb der Rennmaschinen mit Methanol und Rizinusschmierung verursachte. Im krassen Gegensatz zu manchen Menschen im engeren Umfeld, war dies ein Wohlgeruch! Die Kurve, in der unsere Tribüne lag, bot wirklich einen tollen Ausblick auf die vorbeischwirrenden Motorräder, den ich aber wegen der beschriebenen Begleitumstände nicht im vollen Umfang genießen konnte! Etwas später wartete ich aber nur noch auf das Ende des Rennens. Und das in einer nicht übermäßig bequemen Haltung zwischen den Absperrungsseilen.

Nach dem Rennen gab es an den Buden, wo es gestern in Polizeigewalt ausartete, frisches Bier und leckere Wurst, diesmal jedoch ohne die Schlamm-Show. Zum Glück aber auch ohne Knüppel und Pfefferspray!

Zum Abend zogen wir uns in das inzwischen ebenfalls durchnässte Zelt zurück. An Umziehen, um zur Abwechslung mal wieder in trockene Klamotten zu kommen, war gar nicht zu denken. Alles, was wir an Kleidung dabei hatten, war inzwischen feucht und teilweise lehmig. Wir selbst hatten mit der Zeit vermutlich mehr Ähnlichkeit mit Wasserleichen in verdreckten Motorradanzügen, als mit angereisten Veranstaltungsgästen. Zwischen unseren Fingern bildeten sich bereits im Ansatz kleine Schwimmhäute und die Fingerkuppen waren so verschrumpelt, wie nach wochenlangem Geschirrspülen.

In diesem desolaten Zustand wachten wir früh am Morgen des dritten Tages auf und wollten bald die lange Heimfahrt antreten. Gottseidank hatte der Regen inzwischen nachgelassen und der schon ein wenig aufgerissene Himmel versprach eine Wetterbesserung. Nur die nassen Sachen trockneten natürlich nicht. Dazu würden sie wohl wochenlang brauchen.

Nach einem kleinen Frühstück hatten wir alles wieder verpackt und mit Spannriemen am Motorrad befestigt. Nun bemerkten wir mit mäßiger Begeisterung, dass uns offenbar jemand in der Nacht unsere Spiegel vom Lenker abgeschraubt haben musste. Das war mehr als ärgerlich! Gerade auf einer längeren Strecke war das wirklich wenig hilfreich und dass sich hier Motorradfahrer gegenseitig bestehlen, fanden wir dann doch sehr befremdlich! Voller Frust darüber fuhren wir also ohne Rückspiegel los. Es blieb uns ja nichts anderes übrig. Aber nicht weit, denn kaum hatten wir das Campinggelände um die Rennstrecke verlassen, ließ uns der Motor im Stich. Kein Sprit mehr! Ich wusste, wir hätten demnächst irgendwo tanken müssen, bevor wir uns endgültig auf den Rückweg machten. Aber leergefahren war der Tank auf keinen Fall! Benzin für eine Restreichweite von wenigstens hundert Kilometern hätte mit Sicherheit noch drin sein sollen. Man hatte es uns freundlicherweise bis auf eine kleine Reserve abgezapft. Nun hieß es auch noch Schieben. Und das in einer recht bergigen Region und einem voll bepackten Motorrad in nasser Kleidung. Sozusagen ein Hauptgewinn mit Zusatzzahl! Völlig außer Atem erreichten wir nach etwa zwei Kilometern eine Tankstelle am Rande der hügligen Stadt. Der getankte Saft hauchte meiner MZ wieder neues Leben ein und wir konnten die spiegellose Heimfahrt antreten. Inzwischen war es Nachmittag. Wir hatten Hunger, nasse Anzüge und keine Tschechischen Kronen mehr in den Taschen, um wenigstens etwas zum Essen kaufen zu können. Die Westdeutschen BMW-, Honda- und Kawasaki-Fahrer fuhren mit ihren wirklich schönen Maschinen langsam an uns vorbei, um die wir sie im Stillen doch schon irgendwie beneideten. Merkwürdigerweise wirkten sie selbst und auch ihre Motorräder wie aus dem Ei gepellt. Die Zweiräder und auch die Motorradanzüge waren völlig sauber und muteten an wie aus dem Laden. Waren sie nicht dort wo wir gewesen sind? Wir wirkten dagegen wie dreckige, lehmverschmierte Kriegsheimkehrer, weshalb wir im Vorbeifahren nur mitleidige Blicke ernteten.

Unsere Anzüge waren noch immer mit Wasser vollgesogen, tonnenschwer und der Fahrtwind kühlte uns aus! Wir waren müde und vor uns lag noch fast die Hälfte des insgesamt etwa sechshundert Kilometer langen Rückwegs. Vor der Grenze zur DDR bildeten sich gigantische Schlangen von Fahrzeugen. Uns und den anderen Motorradfahrern kam jedoch nicht mal ansatzweise der absurde Gedanke, uns dort hinten anzustellen. Wir fuhren langsam am Stau vorbei. Manchen engstirnigen Trabant-, Lada- und Wartburgpiloten war das jedoch Anlass genug, uns dafür zu hassen. Einzelne versuchten, uns mit ihren geöffneten Türen absichtlich den Weg zu versperren. Wir schlossen diese dann im Vorbeifahren selbst. Mal vorsichtig, wenn die

Fahrer sie versehentlich offen stehen ließen. Andere Male eher unsanft mit dem Fuß, wenn man uns absichtlich provozieren wollte. Einige wütende Leute drohten uns sogar Prügel an, aber das war uns im Vergleich zum bisher Erlebten relativ egal. Wir wollten nur möglichst bald zu Hause sein, um mal wieder in trockene Klamotten zu kommen. Auf unserem Gemüt hatte sich inzwischen auch einiges angesammelt. Zur Erinnerung, wir waren hundemüde, trugen schmutzige und nasse Sachen, uns war kalt, hatten das Motorrad wegen des abgelassenen Sprits schieben müssen, die Spiegel wurden uns geklaut und wir waren hungrig! Jetzt noch diese verständnislosen Autofahrer! Wäre es notwendig geworden, hätten wir ihnen vermutlich ihr Auto von der Straße gekippt, um durchzukommen.

Schließlich konnten wir nach einer gewissen Zeit die Grenze passieren und hinter Dresden irgendwann die DDR-typische Betonplattenautobahn erreichen. Das monotone rhythmische Überfahren der bitumengefüllten Fugen, fühlte sich fast wie Reiten an und ermüdete uns beide noch zusätzlich.

Hin und wieder nahm ich beim Fahren ein Schlingern der Maschine wahr. Ich vermutete, eine Reifenpanne wäre die Ursache dafür gewesen. Das hätte in der Reihe der Katastrophen gerade noch gefehlt! Der tatsächliche Grund war jedoch ein ganz anderer. Spiegel hatte ich ja keine mehr, in denen ich meinen Soziusfahrer hätte sehen können. Erst als ich mich mit ihm verständigen wollte, bemerkte ich den eingeschlafenen Mitfahrer auf dem Rücksitz. Eine kurze, aber heftige Bremsung ließ ihn mit seinem Helm an meinen prallen, was ihn wieder aufweckte. Augenblicklich war damit auch das Schlingern weg. Im Verlaufe der Weiterfahrt wurde dies dann alle paar Minuten zum wiederkehrenden Ritual. Irgendwie konnte ich ja seine Müdigkeit verstehen, denn mir ging es auch nicht viel anders. Auch ich kämpfte schon lange gegen zufallende Augenlider und drohenden Sekundenschlaf.

Plötzlich fühlte sich die Straße ganz anders an! Katzenkopfpflaster? Wie kommt denn das auf die Autobahn? Ich realisierte, dass ich anstatt auf der Fahrbahn der Autobahn zu bleiben, unbemerkt auf eine Parkplatzeinfahrt abgedriftet war. Die waren damals oft nicht asphaltiert oder wie die Hauptfahrbahn, mit Beton ausgebaut, sondern nur mit Steinpflaster befestigt. Ich hatte nicht die geringste Ahnung, wie ich dort hingekommen war. Totaler Black-Out! Ich war offenbar selbst in den gefährlichen Zustand zwischen wach und schlafend gefallen. Wir hatten einfach nur großes Glück, dass an dieser Stelle eine Schneise in den Wald geschlagen und ein Parkplatz gebaut wurde! Das hätte böse ausgehen können! Auf der anderen Seite des kleinen Rastplatzes, den ich ja nicht mit Absicht angesteuert hatte, konnte ich unsere Fahrt ohne Anzuhalten fortsetzen. Mein Sozius hat nicht mal etwas davon mitbekommen, denn er hatte dieses sonderbare Manöver komplett verschlafen. Zumindest wusste er davon nichts mehr, als wir schließlich zu Hause angekommen waren.

Als wir Berlin erreichten, fuhr ich ihn zuerst zu sich nach Hause. Dort heizte er seinen Ofen und wir hingen die nassen Lederklamotten zum Trocknen daneben auf. Anschließend stellten wir einen großen Topf mit Wasser auf den Herd, in dem für zwei Packungen Spaghetti Platz war. Zu den Nudeln aßen wir nachher gebratene Jagdwurstwürfel und so ziemlich alles, was sonst noch im seinem Kühlschrank herumlag. Nach dem üppigen Fressgelage schliefen wir beide ein. Jeder in einer Ecke des Sofas. Wir wurden erst wieder wach, als der Ofen und das Zimmer längst wieder ausgekühlt waren.

Es lagen nun erlebnisreiche Tage hinter uns und unser Appetit auf Motorradrennen war fürs Erste gestillt…

Kapitel 4

1984 – Mit Freunden an die Ostsee

Wer noch aus den sechziger Jahren den alten Skoda MB 1000 kennt, oder heute vielleicht in Google seine Beschreibung findet, der weiß, dass er wirklich nicht als Raumwunder konzipiert war. Es war ein sogenanntes „Fahrzeug mit Heckantrieb". Das heißt, der gesamte Antriebsstrang war, wie der Name schon ahnen lässt, hinten verbaut. Also ein Heck-Motor und noch davor die angetriebene Hinterachse, was diesem Fahrzeugtyp seine sehr hecklastigen Fahreigenschaften verlieh. Heute setzen die Automobilhersteller kaum noch auf dieses Konzept. In der Gegenwart ist die Firma PORSCHE eine derjenigen Konstrukteure, die diese sportliche und traktionsfreudige Antriebsart im Modell 911 erfolgreich vermarktet. Ähnlich wie auch beim früheren VW Käfer, war der Kofferraum wegen dieser Bauweise in der Front des Autos untergebracht. Durch die darunterliegende Vorderachse verbleiben jedoch nur relativ geringe Abmessungen zur Unterbringung eines Gepäckabteils übrig. Bei Personenwagen dieser Bauart muss sich das auch noch den verbleibenden Platz mit dem Tank, und wenn vorhanden, mit dem Reserverad teilen. Als Resultat fasste der Bug des tschechischen Oldtimers aus Mladá Boleslav gerade mal theoretische dreihundertvierzig Liter. Das ist gerade mal so viel oder so wenig, wie man heutzutage in einen kleineren Kompaktwagen einladen kann. Beim Skoda konnte man noch ein kleineres zusätzliches Handgepäck hinter den Rücksitzlehnen verstauen, welches dort als positiven Nebeneffekt gleich noch die Motorgeräusche dämpfte. In unserem Auto war dort allerdings das immer wieder benötigte Minimum an Werkzeug verpackt. Das Kürzel für den Herstellungsstandort „MB“ wurde im Volksmund auch gern als „Mährisch-Böhmischer Schnellroster“ verstanden…

Trotzdem waren wir voller Stolz auf unseren MB! Dies unter anderem deshalb, weil er weit genug von allem entfernt war, was uns ein Trabant hätte bieten können! Wir wollten uns auch damals unter keinen Umständen mit dem großen Heer an Trabantfahrern auf eine Stufe stellen lassen. Vor allem weigerte ich mich, diese staatlich vorgegebene Grenze des Machbaren zu akzeptieren. Wir waren also froh, keinen Trabbi fahren zu müssen! Immerhin hatten wir einen wassergekühlten Vierzylinder-Viertaktmotor an Bord! Wenn auch hinten.

So ausgestattet begaben wir uns zu fünft auf eine Urlaubstour an die Ostsee. Vier Personen hatten vorerst bequem Platz, doch dann holten wir auf dem Weg noch die fünfte Passagierin von zu Hause ab. Damit wurde es auf den hinteren Sitzen zu dritt eher kuschelig. Hätten sich unsere drei Heckpassagiere gut verstanden, wäre ihnen vielleicht die Enge nicht unangenehm gewesen. Aber die Geschichte hat ja ihren Weg in diese lustigen Erzählungen gefunden. Dementsprechend ist es naheliegend, dass dem auf Dauer nicht so war.

Um das Gepäckaufkommen von fünf Personen trotz der geringen Beladeмöglichkeiten des Autos zu bewältigen, liehen wir uns einen Anhänger, in dem wir einiges an zusätzlichem Reisegepäck unterbringen konnten. Aber auch den mussten wir bis an die Grenzen seiner Tragfähigkeit vollpacken, um nichts zurücklassen zu müssen! Nachdem wir alles mehrfach anders sortiert und immer wieder ein-

und ausgeladen hatten, war schließlich irgendwann alles an Bord, was wir für die kommenden drei Wochen brauchen würden. Bis hin zum Bierkasten und dem Grill und was sonst noch wichtig war.

Anfangs konnten sich unsere Mitreisenden noch unter Anstrengungen tolerieren. Wenig später steigerten sich jedoch die Diskrepanzen unserer Fahrgäste und eskalierten schließlich darin, dass sich die solo mitfahrende Jenny nach nur einer Woche von uns verabschiedete. Wir fuhren sie zu einem nahegelegenen Bahnhof, von wo aus sie die Heimreise mit dem Zug antrat. Ab diesem Zeitpunkt waren wir als ein sehr harmonisches Quartett unterwegs und hatten alle unseren Spaß für die verbleibende Zeit. Ihr Gepäck brachten wir ihr im Nachhinein nach Hause.

Bevor wir in unseren gemeinsamen Urlaub starteten, hatte ich das Auto in langer und aufwändiger Handarbeit karosserietechnisch komplett repariert. Es fehlte nur noch der Lack. Damit es kein kunterbunter Kakadu aus beschaffbaren Teilen verschiedener Autos wurde, pinselten wir es komplett in einem hübschen matten Rostschutzbraun an. Nicht schön, nur einfarbig. Auch in der DDR gab es nämlich etwas Ähnliches wie den heutigen TÜV. Die Institution nannte sich „KTA“, also „Kraftfahrzeugtechnisches Amt“. Mit bunten Autos konnte man dort nicht leben und so hätten wie niemals eine Betriebserlaubnis dafür bekommen. Wir können also mit Fug und Recht von einem wirklichen Unikat sprechen.

Die marode Technik begann uns jedoch recht bald, erst kleineren, dann größeren Kummer zu bereiten. Es begann damit, dass ein laut klopfendes Geräusch jede Federungsbewegung der Vorderachse akustisch begleitete. Der Haltebock des vorderen rechten Stoßdämpfers hatte sich vom Querlenker verabschiedet. Der Grund war eine abgerissene Schraube, deren Rest noch festgerostet in der Gewindeaufnahme steckte. Unmöglich, diese ohne die Hilfsmittel einer richtigen Werkstatt daraus zu lösen. Ein entsprechendes Ersatzteil war auch im Skoda-Teile-Fachhandel in Greifswald nicht zu bekommen, wohin wir extra einen Tagesausflug unternommen hatten. Also musste es vorerst ohne gehen. Ich habe also den Dämpfer permanent mit einem Stück Draht hochgebunden, so dass er nirgendwo mehr gegen schlagen konnte und damit die Ursache des klopfenden Geräusches vorerst gebannt war. Gleichzeitig verhinderte dieser Kunstgriff, dass es zu Folgeschäden kommen konnte. Nur eine Schwingungsdämpfung gab es auf dem betreffenden Vorderrad nun nicht mehr. Darauf musste ich eben meine Fahrweise anpassen.

Später fuhren wir im Regen von einem Tagesausflug nach Saßnitz zurück zum Campingplatz nach Juliusruh-Altenkirchen. Immer wenn der Wischer im Intervall zu arbeiten begann, wurde anfangs das Licht dunkler, in der Folge setzte sogar der Motor in diesem Rhythmus aus. Genau das gleiche passierte dann auch, wenn ich beim Abbiegen den Blinker setzte. Anscheinend war die Stromversorgung durch die Lichtmaschine unzureichend oder ganz ausgefallen, so dass wir das Auto nur noch mit dem restlichen vorhandenen Batteriestrom am Laufen halten konnten. Momentan, so entschieden wir, hatte der Motor Priorität. Er war gerade wichtiger als die Wischer, die Blinklichter oder die Beleuchtung. Alles blieb aus, was nicht elementar zum Fahren wichtig war. Mit meinem linken Arm, den ich aus dem geöffneten Fahrertürfenster hielt, wischte ich die

Frontscheibe wenigstens partiell, um zu sehen, wohin ich fahren muss. So kamen wir zumindest mit der einsetzenden Dämmerung unversehrt, aber ohne Licht an.

Wir erreichten zwar das Ziel, aber die Lichtmaschine produzierte keinen Strom und konnte den Starterakku des Autos nicht aufladen. Also musste ich mich unter widrigen Umständen an ihre Reparatur unter feldmäßigen Bedingungen wagen. Wie gesagt, eine kleine Auswahl an verschiedenen Werkzeugen hatte ich immer hinter der Rücksitzbank dabei, auch wenn ich notgedrungen dafür ein paar Flaschen Bier zu Hause lassen musste. Im Osten sozialisiert, war mir auch der Spruch vertraut: „Hast du Hammer, hast du Draht, kommst du auch bis Leningrad!" Improvisation war Programm!

Gemeinsam mit Dieter begann ich die Operation am offenen Herzen. Wir demontierten erst alles Notwendige, um die Drehstromlichtmaschine, den vermeintlichen Übeltäter, freizulegen. Sie unter diesen Bedingungen zu reparieren, war eine Herausforderung nach unserem Geschmack! Nach Stunden gelang uns aber das eigentlich für unmöglich Geglaubte! Ihr Herz aus Magneten und Kupferdrähten schlug wieder! Mit Heftpflasterstreifen, Draht und unter Einsatz eines extra dafür geopferten Kugelschreibers konnte der alte Stromerzeuger jetzt wieder seinen Dienst aufnehmen. Die vielen Folgen von „Mac Gyver" zu schauen, war also doch nicht ganz umsonst. Sicher hätte er aber das Problem in einem Bruchteil der Zeit und unter Verwendung von Kaugummi gelöst.

Um aber den Motor wieder starten zu können, hätte in der Batterie noch ein dafür benötigtes Kapazitätsminimum übrig sein müssen. Dem war jedoch nicht so. Also schoben wir das Auto zu viert an und ließen es mit laufendem Motor ein wenig benötigte Ladung in den leeren Akku pumpen. Gut, dass in unmittelbarer Nähe niemand weiter zeltete, den wir mit den Motorengeräuschen hätten stören können! Von den unvermeidbaren erzeugten Abgasen ganz zu schweigen!

Am nächsten Morgen hatten wir die Überfahrt zur schönen Insel Hiddensee geplant. Dafür mussten wir bereits um acht Uhr am Hafen in Schaprode sein! Hoffentlich springt das Auto an! Das war die Sorge Nummer eins, aber es gab noch ein weiteres schwerwiegendes Bedenken. Von uns vier Urlaubern hatte niemand einen Wecker dabei. Das wäre heute, seitdem jeder ein Handy mit all diesen vorinstallierten Funktionen in der Tasche hat, gar kein Problem. Damals aber schon! Verschlafen war keine Option! Dann wäre die Fähre eben einfach ohne uns gefahren... Was blieb uns also? Einer musste ständig Wache halten. Damit ist das Wachbleiben im tatsächlichen Wortsinn gemeint. Hierzu wechselten wir uns in Abständen ab, damit nicht einer allein die ganze Nacht auf seinen Schlaf verzichten musste. Das klappte auch bis zirka 5:00 Uhr hervorragend. Dann sind dem „Wachhabenden" leider doch die Augen zugefallen, so dass wir in letzter Konsequenz tatsächlich verpennten. Nicht übermäßig viel und auch nicht so dramatisch, dass wir das Schiff nicht mehr erreichten. Wir wurden nur eben um so viel später wach, dass zum Essen, zum Waschen und für sonstige dringende Verrichtungen des frühen Morgens, absolut keine Zeit mehr blieb. Alle stürzten ins Auto und rieben sich während der Fahrt den Schlaf aus den Augenwinkeln. Gut, dass wenigstens unsere provisorische Reparatur Erfolg hatte und der Motor deshalb ohne Schwierigkeiten ansprang!

Nun jagten wir die mährisch-böhmische Karosse vom fast äußersten Norden der Ostsee-Insel bis nach Schaprode, dem westlichsten Zipfel Rügens, über die noch menschenleeren Landstraßen. Dort erreichten wir die Fähre im allerletzten Moment. Kaum hatten wir mit dem Schiff den schützenden Hafen verlassen, setzte uns ein eiskalter Wind zu. Da wir uns im Sommerurlaub befanden, waren wir auch dementsprechend gekleidet. Im inneren Passagierdeck des Dampfers gab es, Dank unseres späten Erscheinens, keine freien Plätze mehr. Wir mussten somit mit Stehplätzen auf dem Außendeck Vorlieb nehmen und dort dem kalten Unwetter trotzen. Wir dachten in der letzten Viertelstunde der Überfahrt, diese Gänsehaut würde sich dermaßen manifestieren, dass wir sie nie wieder los würden.

Auf Hiddensee angekommen, ließ das missgestimmte Wetter nach und die Sonne setzte sich langsam wieder durch. Wir liefen ein kurzes Stück bis in die Ortsmitte von Kloster, wo es ein paar Imbiss-Stände und zwei oder drei Gaststätten gab. Ärgerlicherweise waren die Stände von anderen Frühstückshungrigen bereits bis auf die nackten Regale leergekauft worden. An den übrigen Gaststätten bildeten sich endlose Warteschlangen, an denen wir stundenlang angestanden hätten. Schließlich ergatterten wir doch ein Brot und abgepackte Wurst in einem Lebensmittelkonsum. Zur Abrundung des Inselfrühstücks gab‘s ein Bier aus der Flasche.

Übernächtigt und nun auch satt setzten wir uns auf eine Parkbank vor dem Konsum und blinzelten müde in die inzwischen viel zu hell strahlende Vormittagssonne. Warm wurde es auch langsam wieder, wodurch sich unsere Gänsehäute zurückbildeten. Aber auch, wenn wir für die kleine Seereise zu wenige Sachen übergezogen hatten, waren es für die nun wieder sehr sommerlichen Temperaturen viel zu viel. Das richtige Maß hatten wir irgendwie nicht gefunden. Als wir darüber noch nachdachten, schliefen wir tief und fest ein…

Mit einem Schreck wurden wir etwas später wach und hatten das Gefühl, gerade erst eingenickt zu sein. Dann schauten wir erst mal auf unsere Uhren und stellten entsetzt fest, dass die für heute letzte Fähre, die uns von der einen zurück zur anderen Insel bringen sollte, schon in einer Stunde ablegen sollte. Was nun tun? Für eine ausgiebige Erkundung Hiddensees blieb uns nicht mehr genug Zeit, trotzdem wir nach dem kleinen Nickerchen absolut fit dafür gewesen wären. In aller Eile liefen wir noch ein paar Wege ab, entfernten uns aber nicht mehr allzu weit vom Hafen Kloster. Um auf der Rückfahrt wenigstens nicht wieder draußen stehen zu müssen, wollten wir diesmal unter den ersten sein, die in den Kahn steigen. Wenn das kein schöner Tagesausflug war! Wir waren uns mit einem kleinen Augenzwinkern einig, dass wir den unbedingt mal wiederholen müssen!

In den folgenden Tagen setzten wir unsere Erkundungsreise auf der anderen großen Ostseeinsel fort. Auf Usedom kamen wir am frühen Nachmittag am Forsthaus Damerow an. Ein kleines, fast unsichtbares Schild zwischen den Orten Koserow und Zempin, wies uns den Weg über die Bahngleise. Einem besseren oder sichtbareren Hinweis darauf gab es nicht und zudem war das Anwesen von der daran vorbei führenden Fernstraße aus nicht sichtbar. Es bedurfte aber auch keiner weiteren Werbung, wie wir bei der Annäherung an das Gasthaus feststellen mussten. Wo es damals gute Gaststätten gab, war eine Warteschlange vor der Tür durchaus normal und ein hervorragender Indikator für deren Begehrtheit. Die Dimension dieser hier angetroffenen Wartegemeinschaft überraschte uns dann aber doch! Wir stellten uns also am Ende an und hatten bereits ordentlichen Hunger im Bauch. Es gab auch einige Plätze im Außenbereich des Restaurants, nur bei weitem nicht so viele, wie man für diese Warteschlange benötigt hätte. Wir richteten uns also auf eine extrem lange Wartezeit ein und rechneten mit bestimmt einer ganzen Stunde. Lange Zeit stellten wir uns wartemüde von einem Bein aufs andere und sahen in immer kürzeren Abständen auf unsere Uhren. Die Zeit verging nur im Schneckentempo, was natürlich immer so ist, wenn man lange auf etwas warten muss. Der Hunger drängte sich immer weiter in den Vordergrund und die nicht enden wollende Warterei sorgte dafür, dass unsere Laune in den Keller ging. Nun standen wir hier inzwischen schon neunzig Minuten und sind nicht einen einzigen Meter weiter in Richtung Eingang gekommen! Der Wunsch, hier doch noch irgendwann gut essen gehen zu können, löste sich nach und nach in heiße Luft auf. Wir waren uns längst nicht mehr einig, ob wir hier noch weiter anstehen sollten. Vielleicht wären wir besser gegangen und hätten uns nach irgendetwas anderem umgesehen. Schnell spalteten sich unsere Meinungen in zwei Lager. Die eine Partei meinte, wir müssten hier stehen bleiben und wären bestimmt bald an der Reihe. Die andere war eher der Meinung, wir sollten anderswo unser Glück versuchen. Dann jedoch hätten wir die lange Zeit umsonst angestanden und vor anderen Gaststätten möglicherweise auch noch mal mit einer Warteschlange rechnen müssen. Während wir uns darüber etwa ins Streiten gekommen wären, öffnete sich nach fast zwei Stunden die Pforte und ein ganzer Schwung Leute wurde hereingelassen. Endlich! Aber genau vor uns schloss man allerdings die Tür wieder. Nun waren wir uns wieder einig und uns allen war klar, dass wir hier nicht noch weitere Stunden verbringen würden! Gerade, als wir uns zum Gehen abwenden wollten, kam eine Kellnerin heraus und meinte in nicht übertrieben freundlichem Ton: „Einen Tisch für vier Personen hab ich noch.“ Wir konnten nun doch eintreten und wurden gemäß dem damals gängigen Gaststätten-Standard am einzigen noch freien Tisch platziert. Niemand musste sich mit der lästigen Frage aufhalten, ob uns die Plätze recht gewesen wären…

Im Innenraum war alles bis auf den letzten Platz belegt. An keinem Tisch stand noch ein freier Stuhl. Immerhin hatten wir vermutlich Glück, dass unsere Gruppe aus vier Personen bestand und wir damit einen kompletten Tisch beziehen konnten. Hätte es noch vereinzelte freie Plätze an verschiedenen Tischen gegeben, wären wir vielleicht, wie es zum Teil in HO-Gaststätten üblich war, entsprechend aufgeteilt worden. Schließlich kam man auf diese Weise der Einhundert-Prozent-Zielerfüllung näher…

Nach kurzer Zeit kam eine Kellnerin fortgeschrittenen Alters und teilte wortlos Speisekarten aus, denen man ihren längeren Gebrauch bereits deutlich ansah. Das Speisenangebot passte bequem auf eine Seite, trotzdem wir uns schon in einer gehobenen Klasse der Gastronomie befanden. Da es sich eigentlich um eine Wildgaststätte handelte, wurde die Karte von entsprechenden Gerichten dominiert.

Wir wären aber vermutlich auch ohne Karte ausgekommen, denn auf dem Kittel der Wirtshausgehilfin war gut zu erkennen, welche Speisen und Getränke sie im Laufe dieses Sommers schon serviert hatte.

Ein schmuckloses und abgegriffenes Einlegeblatt wies uns mit einfachen Worten und groß geschriebenen Buchstaben auf das saisonale Extra-Angebot hin. Mit Kugelschreiber stand dort geschrieben: „HEUTE: große Kohlroulade“ Wir verstanden die Botschaft und mussten es uns nicht ein zweites Mal sagen lassen. Beim nächsten Erscheinen der wenig freundlichen Bedienung bestellten wir diese und freuten uns mit großem Heißhunger auf unser Essen. Dass es wie immer eine gefühlte Ewigkeit dauern sollte, bis unsere Bestellungen eingelöst werden würden, war uns von vornherein klar und muss vielleicht nicht gesondert erwähnt werden.

Die Getränke kamen dann zeitnah nach der Bestellung und bis auch das Essen kam, hatten wir bereits die zweite Runde Bier. Nun aber bahnte sich der große Moment an. Auf einem Servierwagen wurde eine Ladung Teller mit Kohlroulade und Salzkartoffeln aus der Küchenklapptür geschoben und per Abfertigung an die Wartenden verteilt. Wir vier hatten das große Glück, unser Essen gleichzeitig zu bekommen, weil die Portionen auf dem Wagen dafür wie abgezählt ausreichten. An anderen Tischen, wo vielleicht nur eine Person dieses Gericht geordert hatte, wurde auch vorerst nur dieser Gast beliefert. Die anderen mussten warten bis im übernächsten Durchgang auch das Menü ihrer Wahl planmäßig fertiggestellt wurde. Alles hatte eben seine sozialistische Ordnung!

Unsere großen Augen richteten sich erwartungsvoll auf die großzügig gefüllten Teller, die vor uns standen, und hatten die grausam lange Wartezeit angesichts dessen fast vergessen. Endlich konnte die üppige Mahlzeit beginnen! Das Essen roch lecker und der Hunger war riesig! Ein Anblick, auf den wir seit Stunden fieberhaft warteten. Wir nahmen also das bereitliegende Alu-Besteck auf und wollten den ersten Bissen auf der verbogenen Gabel platzieren. Nun aber kam eine weitere Angestellte des Wirtshauses mit einem großen Glas und einem Esslöffel. Ihre Aufgabe bestand zu unserem Entsetzen darin, ohne zu fragen einen ganzen Esslöffel Kümmel auf jeden Kohlrouladenteller zu streuen. Ohne dass wir uns dagegen hätten wehren können, flog eine Ladung des Gewürzes über unsere Schultern auf das unschuldige Essen. Jetzt wurden unsere Augen sogar noch größer! Diesmal war es kein Ausdruck von Freude, sondern des Ekels, gemischt mit purem Entsetzen! Niemand von uns mochte damals Kümmel! Am wenigsten vermutlich ich. Die drei anderen am Tisch aßen um den Kümmel herum. Ich sammelte jedoch in mühevoller Akribie alle sichtbaren Kümmelkörner von meinem Teller und konnte erst mit meinem Essen beginnen, nachdem es bereits weitgehend abgekühlt war. Mein Ärger war riesig! Ich schäumte innerlich vor Wut!

Heute bin ich diesem Gewürz nicht mehr abgeneigt und es gehört inzwischen als fester Bestandteil und Ergänzung in unsere Reiseküche. Trotzdem glaube ich nicht, dass mich dieses Erlebnis auf den Geschmack gebracht hat. Ich denke eher, dass es der gut gekühlte Akvavit war, mit dem wir nach unserer Rückkehr auf den gemeinsamen Urlaub anstießen…

Kapitel 5

1991 – Die erste Reise nach Italien

Wir waren unterwegs auf der Autobahn in Richtung Süden und konnten es kaum begreifen. Im letzten Herbst gab es noch die DDR, dann lebten wir in einer Art Niemandsland. Im Sommer 1990 hatten wir dann die erste D-Mark in der Tasche. Und noch im Oktober des gleichen Jahres sollten wir schon zu frischgebackenen Bundesbürgern konvertieren. Das war erst einmal große Umstellungen für uns und es gab viele Eindrücke zu verarbeiten. Alles das ermöglichte uns aber nach der lange aufgezwungenen Reiseabstinenz erst, dass wir in unserem ersten selbstgekauften „Westwagen“ sitzen konnten und der Sonne entgegen fuhren. Unser avisiertes Ziel war Italien. Genauer hatten wir es nicht definiert. Hauptsache Süden, Hauptsache Urlaub, Hauptsache verreisen! Wir fühlten uns großartig!

Der ADAC, dessen Mitglied wir nun geworden waren, hatte uns vor Antritt der Fahrt mit Kartenmaterial, Reiseschecks und mit einem großzügigen Tankkostenzuschuss ausgestattet. In Deutschland gab es zu dieser Zeit den Liter Benzin für etwa eine D-Mark. In Italien musste man dafür umgerechnet mehr als das Anderthalbfache berappen! Aus damaliger Sicht war Bundesbürgern eine solche Mehrbelastung einfach nicht zuzumuten, auch wenn man darüber heute anders denkt. Mit diesen Zuschüssen fing der Automobilclub die Differenzen zum Teil auf und verschaffte uns entsprechend mehr Reisefreiheit und Spaß am Urlaub im anderen Land. Hätten wir damals geahnt, dass sich die Benzinpreise dreißig Jahre später auf mehr als das Dreifache hochschaukeln würden, hätten wir Kraftstoff selbst zu italienischen Preisen gebunkert und heute ein Vermögen damit machen können.

Seinerzeit war es im Urlaub ständig notwendig, die Währungen umzurechnen, wenn man ins Ausland fuhr. Heute kann sich ja kaum noch jemand vorstellen, astronomische Lira-Beträge in der Brieftasche mitzuführen und an jeder Grenze Kontrollen über sich ergehen lassen zu müssen. Gestartet sind wir mit Deutscher Mark im Portemonnaie, in Österreich haben wir das Nötigste in Schilling umgetauscht und in Italien noch mal in italienische Lire. Jedes Mal hat der entsprechende nationale Fiskus oder die Wechselstube die Hand aufgehalten und sich einen Teil abgezwackt. Wer angesichts dessen gegen ein vereinigtes Europa ist, muss sich irgendwann mal die richtigen Fragen stellen…

Es war ein tolles Gefühl, als wir dann endlich zum ersten Mal in Italien angekommen waren! Wir nahmen uns die ADAC-Landkarten vor und schauten, was sich für uns Ziel als anbot. Wir hatten uns dann recht schnell auf Venedig verständigt. Schon der Klang des Namens löste Erwartungsfreude in uns aus! Da wir noch nie mit einer Autobahn-Maut konfrontiert waren, stellte diese für uns ein großes Mysterium dar. Das ständige Umrechnen im Wechselkurs zwischen D-Mark und italienischer Lira machte das auch nicht einfacher. Umso besser, dass es heute in Europa fast überall eine einheitliche Währung gibt, ohne andauernd Tauschverluste hinnehmen zu müssen. Zumindest aus dieser Perspektive spricht vieles für den Euro.

Um die Maut, die wir schwer planen konnten, nicht zur alles bestimmenden Größe werden zu lassen, setzten wir unsere Fahrt auf der Landstraße fort. Das dauerte natürlich viel länger als auf der Autobahn, aber schon damals war ja der Weg das Ziel. In Italien mussten wir auch erst mal begreifen, dass hier unsere erlernten Verkehrsregeln gegenstandslos waren. Egal, ob es eine Vorfahrtsbeschilderung gab oder nicht, zählte nur das Recht des stärkeren. Oder es setzte sich einfach der Fahrer mit der größeren Willenskraft durch. Nachdem wir das irgendwann verinnerlicht hatten und uns den diesbezüglichen landestypischen Gepflogenheiten angepasst hatten, klappte es im Straßenverkehr ganz gut.

In der autofreien Stadt Venedig angekommen, mussten wir unseren Wagen in einem gigantischen Parkhaus abstellen und hatten große Sorge, unser Vehikel später nicht wiederzufinden. Zumindest damals empfanden wir dieses Parkhaus als riesig. Heute haben bestimmt manche Kaufhäuser noch größere. Anschließend wurden wir gefragt, ob wir vom venezianischen Gondoliere in die Lagunenstadt gefahren werden wollten oder mit dem Linienschiff. Eine romantische Gondelfahrt war natürlich sehr verlockend, aber leider um ein Vielfaches teurer. So entschlossen wir uns für den Dampfer mit Stehplätzen, der den Kanale Grande wie ein Linienbus entlang fuhr und an mehreren Stationen Halt machte. Er war auch das schnellste Verkehrsmittel innerhalb der Kanäle. Wir fuhren am Kunstmuseum Ca'Pesaro vorbei, etwas weiter durch die Rialtobrücke bis zum Markusplatz und waren von all den Faszinationen wie gefesselt! Wir durchkreuzten nachher die Stadt zu Fuß und erklommen auch die Treppen, die uns auf den fast einhundert Meter hohen „Campanile di San Marco", den Glockenturm des Markusdoms, führten. Gerade als wir oben waren und die Aussicht über die Lagunenstadt in uns aufsaugen wollten, startete sein bekanntes Glockenspiel.

Die ohrenbetäubenden Schwingungen des riesigen Geläuts durchdrangen unsere Körper spürbar mit tiefen Vibrationen.

Es war ein besonders schwüler Hochsommertag und ein Gewitter, das kurz vor seiner Entladung stand, lag in der warmen Luft. Wir suchten uns ein für unsere Maßstäbe bezahlbares Restaurant und bestellten Pizza und Lambrusco. Beide italienischen Originale wollten wir hier genießen, denn die Landesküche war für uns schon immer Teil vom Gesamterlebnis! Während wir uns das Essen schmecken ließen, spielte unaufdringlich ein Geiger für uns auf. Da wir aber vom lauten Glockenspiel und der Wetterlage noch unter Kopfschmerzen litten, gaben wir ihm Geld, um ihn zufriedenzustellen. Wir hofften damit auch, er hätte sein Ziel erreicht und würde sein Glück an einem anderen Tisch versuchen. Doch wir hatten uns verrechnet! Gaben wir ihm zu wenig? Oder vielleicht zu viel? Das Ergebnis war jedenfalls, dass er dichter zu uns heran kam und sich nun besondere Mühe gab, auch noch die letzten Winkel unserer Gehörnerven zu erreichen. Er spielte dann auch noch etwas lauter und auch noch viel ausdrucksvoller als zuvor. Extra für uns…

Am anderen Ende des Markusplatzes kauften wir für die legendären venezianischen Tauben eine Handvoll Maisfutter und fütterten die Tiere aus der Hand. Damals konnte und durfte man das noch. Diese Vögel hatten erstaunlich weiche Füße, die auch gar nicht kalt waren, wie wir eigentlich vermuteten.

Wir verbrachten einen wunderschönen Tag mit vielen tollen Erlebnissen in dieser herrlichen Stadt in der Lagune, in der langsam abendliche Stimmung aufkam. Wir schlenderten in der einsetzenden warmen Abenddämmerung über den Kunstmarkt am Rande des Platzes und bewunderten die Maler, die dort mit großem künstlerischem Geschick Passanten portraitierten. Einer malte wunderschöne Aquarellbilder mit Motiven seiner Stadt, die genau unsere Eindrücke dieses wundervollen Tages widerspiegelten. Keine Frage, so ein Kunstwerk mussten wir haben und kauften es dem Maler von unserem letzten Geld ab, das wir noch in den Taschen hatten.

Jetzt war es aber langsam an der Zeit, die Rückfahrt zum Parkhaus mit dem Vaporetti anzutreten. So werden diese Wasserbusse liebevoll genannt. Es heißt so viel wie „kleiner Dampfer“. Wir begaben uns dafür zur Anlegestelle gegenüber dem Kunstmarkt, wo wir auch am Vormittag angekommen waren. Wir betraten den Steg zum Dampfer und hielten dem Kontrolleur unsere Tickets sichtbar entgegen. Aber wir wurden sogleich wieder mit freundlichen Worten weggeschickt, um uns gültige Fahrkarten zu kaufen. Wir waren eigentlich der Meinung, dass man sie uns am Vormittag für Hin- und Rückfahrt verkauft hatte. Da dem jedoch augenscheinlich nicht so war, hatten wir jetzt ein ernstes Problem. Zuvor hatten wir noch eine Schachtel HB-Zigaretten gekauft und anschließend die restlichen Lire für das Bild ausgegeben.

Und nun? Um zu laufen, war es für die fortgeschrittene Tageszeit zu weit. Bis wir am Parkhaus gewesen wären, hätte es bereits für heute geschlossen.

Wir schauten uns hilfesuchend um, als könnten wir irgendwo eine versteckte Lösung für unser Dilemma finden. Und so war es dann auch. Wir bemerkten, dass sich der Maler, der uns kurze Zeit zuvor das Bild für einen nicht unerheblichen Preis verkaufte, eine Feierabendzigarette anzündete und im Begriff war, seinen Stand einzupacken. Ich lief also zu ihm und bot ihm unsere gerade gekaufte und ungeöffnete Schachtel HB zum Vorzugspreis an. Es musste lediglich der Ticketpreis für den Vaporetti herausspringen, der unter dem Wert der Zigaretten lag. Ich kann leider kein Italienisch sprechen, aber er hat verstanden was ich wollte und gab uns einfach mit einem freundlichen Lächeln das Geld für die Bootsfahrt in die Hand, ohne unsere Zigaretten als Gegenwert anzunehmen. Das empfanden wir als große Geste und bedankten uns überschwänglich!

Das war ein wirklich sehr schöner Tag, der uns noch immer in guter Erinnerung ist! Und die Erlebnisse steigerten unsere ohnehin schon große Sympathie für dieses schöne Land und seine Einwohner! Bella Italia! Bella Venezia!

Am nächsten Tag nahmen wir uns erneut das Kartenmaterial vor die Nase und suchten nach unserem nächsten Zielpunkt. Wir kannten uns im Land nicht aus, aber von der berühmten Stadt Pisa hatten wir schon gehört. So wurde diese Stadt mit dem Schiefen Turm schnell zu unserer neuen Destination. Nur liegt sie auf der genau entgegengesetzten Seite. Nicht an der Adria, sondern mittelmeerseitig an der italienischen Riviera. Und ohne die Autobahn zu nutzen, war es ein ganz schönes Stück zu fahren! Außerdem mussten wir für diese Route ein paar hohe Berge der Apenninen überqueren.

Wir machten uns also frisch und fröhlich auf den Weg, denn wir schreckten ja so schnell vor nichts zurück! Was sind schon die paar Kilometer! Was soll‘s, so lernen wir Land und Leute besser kennen! Vielleicht hatten wir uns auch einfach nur verschätzt und nicht sofort realisiert, dass es eine anstrengende Tagesreise werden würde. Nach sich endlos durch die Berge schlängelnden Serpentinen und Richtungswechseln hatten wir im Gebirge irgendwann völlig die Orientierung verloren. Wir kamen durch ein ganz kleines Dorf in den Bergen, in dessen Zentrum es genau eine einzige Kreuzung gab. Auch die Karten, die wir freundlicherweise vom ADAC mitbekommen hatten, stießen hier deutlich an ihre Grenzen. Ratlos standen wir da und studierten die spärlichen Wegweiser an der Straßenkreuzung. Keiner der angezeigten Orte sagte uns auch nur das Geringste. Unsere Richtung schien irgendwie nicht dabei zu sein.

Vor einem kleinen Tagescafé saßen drei Männer unter einer Markise an einem kleinen runden Tisch und hatten Kaffee vor sich zu stehen. Sie beäugten uns Fremde und schienen unsere Ratlosigkeit bemerkt zu haben. Schließlich stand einer der drei auf und kam zu uns ans Autofenster. Er fragte uns in seiner Landessprache, ob wir uns verfahren hätten oder wie er uns helfen könnte. Zumindest entnahm ich das seiner Mimik und dem Klang seiner Stimme, ohne ihn auch nur ansatzweise zu verstehen. Wir fragten ihn, wie wir wohl weiterfahren müssten, um nach Pisa zu kommen. Ich bin mir sicher, auch er verstand uns nicht besser als wir ihn. Bestimmt hatte er von unserer Frage lediglich das Wort „Pisa“ aufgeschnappt. In typisch hitziger italienischer Art erklärte uns der hilfsbereite Mann ausführlich den Weg. Natürlich überaus gestenreich, wie alle seine Landsleute, was wir aber nicht als unangenehm empfanden. Wir bedankten uns von Herzen für seine unaufgeforderte Hilfe und wollten weiterfahren. Aber in welche Richtung bloß? Ging es jetzt geradeaus? Dann irgendwo abbiegen und wieder an einer Gabelung rechts? Oder war es doch links? Wir bekamen es wirklich nicht mehr zusammen und wandten uns erneut an die drei Herren am Tisch des Cafés.

Nun ging ein anderer der drei, vermutlich der Inhaber des Cafés, in seine Bar und brachte nach kurzer Zeit zwei Tassen mit leckerem Cappuccino für uns und für Benjamin eine kalte Fanta. Einfach so als Geschenk und ohne Bestellung. Das ist doch mal eine liebe Gefälligkeit! Der andere Mann, der uns schon zuvor den Weg erklärte, bedeutete uns, ihm zu folgen. Er nahm uns mit um die Ecke und schloss seinen Laden auf. Tabakwaren und Zeitungen gab es bei ihm. Einem Angebotsständer entnahm er eine Nord-Italien-Karte und Benjamin bekam von ihm noch einen großen bunten Lutscher, wie er jedes Kinderherz erfreut hätte. Er begleitete uns mit der Karte wieder zurück an den Kaffeetisch, klappte sie auf und zeigte darin, wo wir uns gerade befanden. Mit einem Stift zeichnete er dann den Weg ein, den wir fahren sollten. Zum Abschluss überließ er uns diesen Plan als Geschenk. Nun bildete er aber wegen seines großen Maßstabs nicht so genaue Details ab und darum hatten wir immer noch einige Fragen. Diese Faltkarte zeigte die nördliche Hälfte Italiens und vor allem sein Autobahnnetz. Vielleicht waren wir auch nur zu müde vom Kurvenfahren und matt von der Mittagshitze. Auf jeden Fall waren wir völlig blockiert und es war uns schon sehr peinlich, dass wir einfach nichts mehr begriffen hatten. Wofür mussten uns diese freundlichen Italiener halten? Dieser Moment wurde wohl zu unserer persönlichen Pisa-Studie…

Unseren bemühten Helfern war all dies jedoch kein Grund zur Kapitulation! Damit bei unserer Weiterfahrt auch wirklich nichts mehr schief gehen konnte, setzte sich der dritte aus der Runde auf seine Vespa und deutete uns an, ihm einfach zu folgen. Über eine Viertelstunde eskortierte er uns über mehrere Abzweigungen der Landstraßen, bis er der Meinung war, dass wir uns nun nicht mehr verfahren konnten. Wir bedankten uns und waren überaus froh, dass es solch hilfsbereite und selbstlose Menschen gibt! Dieses Erlebnis war für uns prägend und bestärkt uns bis zum heutigen Tage in unseren guten Gedanken an Italien!

Auch Pisa war ein tolles Erlebnis! Wir campierten am Rande der Stadt auf einem kleinen Campingplatz. Hier bauten wir unser Zelt für ein paar Tage auf. Wir waren schon früher immer mit einem kleinen Zelt unterwegs und meinten, das Prozedere eigentlich zu kennen. Also ankommen, als Bittsteller zur Rezeption gehen und vielleicht einen Platz zugewiesen bekommen. Nur war hier alles besser organisiert! Früher dachten wir immer, in Italien herrschte Wildnis, hier würde einem alles geklaut werden, was nicht irgendwie abgeschlossen oder angeschweißt war. Unsere Finanzen und Ausweispapiere trugen wir direkt am Körper in einem kleinen ledernen Brustbeutel bei uns. Wir erkannten jedoch schnell, dass hier alles deutlich geordneter und zivilisierter zuging, als wir es von zu Hause kannten! Schon nach kurzer Zeit verschlossen wir unser Zelt schon nicht mehr mit einem extra dafür mitgebrachten kleinen Vorhängeschloss und ließen die Scheiben vom Auto zum Lüften unten. Und wir kannten auch „Unisex“ in Waschräumen nicht. Bis dahin waren wir nur getrennte Duschen und Toiletten gewohnt.

Voll mit all diesen positiven Erlebnissen setzten wir unsere Reise an der Riviera fort, nachdem wir Pisa und seine Attraktionen kennengelernt hatten. Eine weitere Station machten wir bei La Spezia. Hier feierten wir meinen dreißigsten Geburtstag. Wir drei waren die einzigen deutschsprachigen Gäste auf dem kleinen Campingplatz. Abends kamen die Kinder der Italiener und fragten, ob sie unseren Sohn zum Spielen abholen dürften. Sie nahmen ihn mit unserer Zustimmung auch mit, kamen jedoch nach nur wenigen Minuten mit ihm zurück, weil sie nicht wussten wie er heißt. Sie konnten ihn beim Spiel nicht ansprechen. Und er selbst konnte nicht antworten, weil er die Frage nicht verstand. Wir gaben Hilfestellung und meinten: „Das ist Benjamin." Sie schauten sich gegenseitig ratlos an, dann ihn und uns und drückten damit aus, uns nicht verstanden zu haben. Wir wiederholten das mehrmals, was jedoch keine besseren Ergebnisse lieferte. Schließlich kamen wir auf die Idee, einfach ein „o" an seinen Namen anzufügen und dachten, damit vielleicht italienischer zu klingen. Genau das war der Schlüssel zum Erfolg! Die Kinder tanzten um ihn herum und riefen im Chor: „Benjamino, Benjamino..." Jetzt konnte das Spiel losgehen und sie waren bis weit in den tiefen Abend damit beschäftigt! Sie spielten miteinander, als wären sie schon immer Freunde gewesen. So einfach kann es sein...

Nach drei Tagen in diesem Ort fuhren wir weiter in Richtung Frankreich. Die damals noch nicht offene innereuropäische Grenze war von den dort arbeitenden Beamten optisch sehr schön gestaltet worden. Wir durchfuhren den italienischen Kontrollpunkt mit einem kurzen Halt, wo man uns mit einem freundlichen Lächeln und einem „Arrivederci!" verabschiedete. Nun legten wir ein kurzes Stück kurvige Straße durch die felsige Küstenlandschaft zurück.

Wir gelangten zu einem kreisverkehrsartigen Platz, der offenbar den geographischen Grenzpunkt zwischen beiden Ländern symbolisierte. Inmitten eines bunten Blumenbeetes standen zwei Fahnenmasten. An jedem war eine Fahne gehisst. Eine von Italien und eine von Frankreich. Ein wie für unsere Urlaubsfotos geschaffenes Motiv! Berge, blauer Himmel, und im Hintergrund das Meer. Und im Vordergrund natürlich die Flaggen der beiden Länder. Genau passend für das spätere Album und gedacht als Überleitung von einem Land zum nächsten.

Dann sahen wir auch schon das Grenzpostenhaus der Franzosen. Hier stand ein Grenzbeamter und forderte mit einer kleinen Handbewegung unsere Ausweise, ohne dabei einen einzigen Muskel seines ausdruckslosen Gesichts zu bewegen. Seine Uniform sah wie gemalt aus! Kein Fussel darauf und keine Falte, wo sie nicht hingehörte! Der mimikfreie Ausdruck wurde durch seine verspiegelte Sonnenbrille noch verstärkt. Während er uns irgendwelche Anweisungen gab, schien er auch auf eine unpersönliche Weise an uns vorbeizuschauen. Seine letzte Aufforderung unterstrich er mit fordernd aufgehaltener Hand am ausgestreckten Arm. Er wollte wohl, dass wir den Fotoapparat öffnen und ihm den Film aushändigten. Das alles fasste er im einsilbigen Befehl „Film!“ zusammen. Wir wussten nicht so recht, warum er das tat, gaben aber trotz zahlreicher Diskussionsversuche nach und reichten ihm die Filmkassette, die wir zuvor vom Apparat zurückspulen ließen. Er warf sie wortlos in eine Ecke seiner Amtsstube, wo schon mehrere Filme lagen.

Unser Stimmungsbarometer war nun in wenigen Momenten von Hundert auf Null gefallen. Wir waren einfach nur fassungslos! Eine Erklärung dafür hatten wir nicht. Lediglich eine einzige Begründung versuchten wir uns zusammenzureimen. Vielleicht lag es daran, dass wir unerlaubterweise Fotos innerhalb der Grenzanlagen machten. Aber auf unseren Bildern sollte doch nur der Kreisverkehr mit den beiden Fahnen zu sehen sein. Missmutig fuhren wir weiter. Kirsten weinte und konnte nicht verstehen, warum der Mann so unfreundlich zu uns war. Wir wollten doch nichts Böses! Wir hatten doch lediglich vor, sein Land zu besuchen.

Nach kurzer Fahrt kamen wir nach Monaco und legten dort eine Pause ein. Noch immer mit dem Frust von der Grenze im Kopf. Wir suchten uns ein Café und nahmen an der Bar Platz, um dort „due Cappuccini" zu bestellen und versuchten dafür, in Blickkontakt mit dem Personal zu treten. Dies gelang uns erst nach relativ langer Wartezeit, obwohl kaum Gäste im Lokal waren. Wir ahnten jedoch zu diesem Zeitpunkt nicht, dass dies die absolut letzte Interaktion mit den Kellnern sein sollte. Nichts passierte mehr! Es kam auch nie ein Kaffee. Vielleicht hatte er unsere Bestellung mit Zaubertinte geschrieben, die sich kurz danach in eine unsichtbare Schrift verwandelte. Somit gaben wir unser Vorhaben nach einer guten halben Stunde auf und verließen das Café. Wir fuhren noch ein Stück weiter, aber unsere Laune verbesserte sich nach den heutigen Erlebnissen nicht wesentlich. Etwas später fuhren wir noch immer wortlos vor uns hin, was nicht den geringsten Spaß machte. Noch immer hatte Kirsten Tränen im Augenwinkel. Da wir die Reise in dieser Stimmung nicht fortsetzen wollten, stimmten wir uns schließlich ab, hier umzudrehen und zurück zur Grenze zu fahren. Fest entschlossen wollte ich auf den Grenzer einreden und entweder unseren Film zurückbekommen oder ihm… Ich weiß nicht was! Ich war voller Hass in meinen Gedanken!

Nun kamen wir aus der entgegengesetzten Richtung wieder am französischen Kontrollposten an und hatten vermutlich beide einen sehr entschlossenen Gesichtsausdruck. Dann stiegen wir mit knallenden Türen aus dem Auto und liefen geradewegs auf den französischen Beamten zu. Kirstens Augen sahen furchterregend aus, was durch die von Tränen verlaufene Schminke noch verstärkt wurde. Der Uniformierte musste das Schlimmste befürchten! Erstaunlich, dass er nicht sofort die Waffe gezogen hatte! Ich redete sofort und ohne jeden Respekt auf ihn ein. Ich fragte ihn auf Englisch, welches Recht er habe, unseren Film zu kassieren. Ich sagte ihm, dass es eine sehr unschöne Begrüßung war und dass auf dem Film unsere Urlaubserinnerungen wären. Außerdem hatte ich gestern meinen dreißigsten Geburtstag und auch davon waren die Bilder auf dem fast vollen Film! All das soll jetzt weg sein? Das würden wir auf gar keinen Fall akzeptieren!

Ich würde nicht behaupten, dass dieser Grenzpolizist nach meiner Rede und Kirstens Auftreten besonders stark emotional berührt wirkte. An ihm schien unser Auftritt einfach abgeprallt zu sein. Er hatte noch immer seine Spiegelbrille auf der Nase, die sein halbes Gesicht verdeckte. Ich weiß daher nicht, was ihn mehr beeindruckt hat. War es vielleicht unsere Entschlossenheit? Oder doch ein Anflug von Mitgefühl, das er als Repräsentant der französischen Nation nicht zu zeigen imstande war? Oder wollte er uns nur einfach möglichst schnell wieder loswerden? Wir werden es nicht erfahren.

Er deutete mit einer kleinen Geste seiner Hand auf die Ecke seiner Amtsstube, in der die Filmkassetten lagen. Ich verstand dies als Zugeständnis, mir unsere Filmspule dort wieder heraussuchen zu dürfen. Das tat ich auch, bevor er es sich anders überlegen konnte und bedankte mich nüchtern. Damit stiegen wir schnell ins Auto, um ihm keine Zeit zu geben, auf noch andere Gedanken zu kommen. Eine menschliche Regung, welcher Art auch immer, hat er sich bis zum Schluss nicht anmerken lassen. Bestimmt war er darauf trainiert und machte aus seiner Sicht einen guten Job.

Wie konnten wir so etwas werten? Ich denke, im besten Fall als schlechte Erlebnisse, auf die man durchaus verzichten könnte! Er war die erste Person und Vertreter seines Landes, mit der wir „Le Grand Nation“ in Verbindung brachten und auch so in der Erinnerung behielten. Also eine Art Aushängeschild. Ich bin mir nicht im Klaren, ob er sich dieser Funktion im Geringsten bewusst war. Oder war das vielleicht so gewollt?

Wir versuchten nun, zügig an Monaco vorbeizukommen, wo man uns zuvor keinen Kaffee bringen wollte und uns in voller Absicht ignorierte. Dann fuhren wir in Richtung Nizza, um dort nach einem passenden Campingplatz Ausschau zu halten. Wir steuerten mehrere an und begaben uns zur jeweiligen Rezeption, wo wir unseren Übernachtungswunsch so gut es ging vortrugen. Sofort bemerkten die Bediensteten am Schalter, dass wir der französischen Sprache nicht mächtig waren. Viel schlimmer noch, dass wir aus Deutschland kamen. Schnell und wortlos wurde ein Vorhang zugezogen oder ein Schild mit der Aufschrift „COMPLET“ umgedreht. Das hieß so viel wie „AUSGE-

BUCHT“. Viele Worte wurden hier nicht gemacht und doch kam die Ablehnung gut verständlich bei uns an. Der letzte angefahrene Platz gab uns dann wenigstens eine Adresse, an die wir uns wenden konnten. Der Ort lag etwas weiter vom Meer entfernt, aber das machte uns nichts aus. Erstens wollten wir dort einfach nur schlafen und zweitens waren wir mit dem Auto beweglich genug, um zum Baden ans Wasser zu fahren.

Wir kamen dort in der Abenddämmerung an und es gab einen offenen Kiosk im Format eines Gemüsestandes. Dieses Häuschen beherbergte offenbar Rezeption, Bar und Campingplatztoilette gleichzeitig unter einem Dach. Wir versuchten abermals nach einer Übernachtung zu fragen und fließend Französisch hatten wir unterdessen auch noch nicht gelernt. Der Mann von etwa fünfunddreißig Jahren drehte uns den Rücken zu, nahm wortlos eine doppelläufige Schrotflinte von der Wand hinter sich und legte sie sich abgeknickt über seine Schulter, bevor er sich uns wieder zuwendete. Der Lauf des Gewehrs wies nun in unsere Richtung. Ohne uns aus den Augen zu verlieren rief er nach hinten: „Papa, voici les Allemands!“, was wir mit Befremdung zur Kenntnis nahmen. Er rief also nach ihm, weil hier Deutsche seien. Der Vater erschien sofort und der Mann übergab ihm die Flinte.

Der „Papa“ nahm uns mit und zeigte uns wortkarg einen Platz, an dem wir unser Lager aufschlagen konnten. Rings um uns herum hatten kuttentragende Motorradclubfans ihre Zelte aufgeschlagen. Die dominierende Farbe war deshalb auch schwarz. Sie beäugten uns misstrauisch aus sicherer Distanz und wir taten es ihnen gleich. Der Platzwart mit der Schrotflinte sagte etwas für uns Unverständliches zu ihnen, worauf sie teilweise rebellisch reagierten. Ob es mit uns zu tun hatte, wussten wir nicht. Die halbe Nacht herrschte großer Krach! Das reichte vom Motorenlärm bis Heavy-Metal-Musik. Ein paar Frauen gesellten sich später zu uns und zeigten großes Interesse, Einzelheiten zu den Verhältnissen in der ehemaligen DDR zu erfahren. Man hatte ja schließlich gerade gehört, dass wohl die Grenze zu Ostdeutschland gefallen sei. Dass dies schon etwa zehn Monate zuvor passierte, hatte ihre Ohren bis dahin scheinbar nicht erreicht. Und auch die Berliner Mauer musste wohl weg sein. Sie sprachen immer von „Le Mur" und belustigten sich über unsere Aussprache, als wir es versuchten. Ich denke, sie haben es wirklich erst zu diesem Zeitpunkt erfahren oder sie waren bis dahin einfach zu bekifft, um derartige Neuigkeiten zu verarbeiten. Wir amüsierten uns im Stillen darüber, klärten sie aber auf und tranken dabei gemeinsam Bier und etwas nicht Definierbares aus einer Schnapsflasche, die sie mitgebracht hatten. Dabei behielten sie aber ihre Kutten-Männer im Umfeld stets wachsam im Auge.

Die Nacht war demzufolge kurz und wenig schlafergiebig. Am Folgetag machte uns der abends herumgereichte Alkohol so durstig, dass wir irgendwo Wasser in Flaschen kaufen wollten. Hier auf dem Areal, wir sollten es vielleicht nicht wirklich Campingplatz nennen, gab es nichts und der Multifunktionskiosk war geschlossen. Wir mussten für unser Vorhaben also zu Fuß in den benachbarten Golf-Club gehen. Unweit vom Eingang gab es dort einen Laden, ähnlich einer Spätverkaufsstelle. Auf dem zwanzig Meter langen Weg vom Tor des Vereins bis zum Geschäft wurden wir bereits von bewaffneten Security-Leuten gestoppt und nach unserem Ziel befragt. Sie trugen schwarze Kampfanzüge und hatten einen Knopf im Ohr. Wohin waren wir hier nur geraten? Tobte hier ein Krieg von dem wir nichts wussten? So oder ähnlich hätte ich es mir vielleicht in Israel vorgestellt. Im Laden, der eher klein war, gab es auch Getränke in Plastikflaschen. Unabhängig welche Sorte, der Literpreis betrug immer umgerechnet zehn D-Mark. Selbst stilles Wasser hatte diesen Preis.

Dass es mit Sicherheit kostspielig ist, einen Liter Wasser mit einer Rakete auf den Mond zu bringen, war mir klar! Aber wir befanden uns hier in einem der reichsten Länder Mitteleuropas und Wasser zählte auch in dieser Region nicht als knappes Gut. Aber es nützte nichts, der Durst trieb uns zu einer Flasche Fanta für eben diesen Preis.

Alle diese Erlebnisse, die wir in kurzer Zeit in Frankreich in uns aufnehmen konnten oder mussten, vermittelten uns alles andere als Urlaubsfreude! Nicht mal Abenteuerlust! Für den Dienst in der Fremdenlegion hätten wir uns einfacher bewerben können. All die herzliche Freundlichkeit, die uns in Italien entgegengebracht wurde, hatten wir auch hier erwartet. Unsere Erfahrungen waren aber nur gegenteiliger Natur. Umso größer war die Enttäuschung! Hier kam einfach kein Urlaubsgefühl auf. Wir fühlten uns hier nicht willkommen. Wir kamen uns sogar fast wie Eindringlinge vor. Als fossile deutsche Zombies vielleicht, die zwei Generationen später plötzlich aus dem ehemaligen Nazi-Deutschland auftauchten, um die Südfranzosen zu bedrohen. Uns schien, als sei hier der inzwischen schon Jahrzehnte zurückliegende Weltkrieg noch nicht lange genug vorbei, um aus den Köpfen zu verschwinden. Nicht verwunderlich, die Maueröffnung kam hier ja auch, wenn überhaupt, erst mit vielen Monaten Verzögerung an.

Um doch noch so etwas wie Urlaub weiter genießen zu können, gab es für uns nur eines zu tun. Umkehren und zurück dahin zu fahren, wo wir ein gutes Gefühl hatten. Nach Italien! Dort erlebten wir noch ein paar wirklich schöne Tage, bevor wir endgültig unsere Heimreise antreten mussten.

Auch mit den Erlebnissen aus Frankreich, war es doch insgesamt ein schöner und zugleich aufregender Urlaub! Wir kamen später zu dem Schluss, dass auch diese Ereignisse zu einem Abenteuerurlaub nach unserem Geschmack gehörten. Es sind ja gerade diese Momente, die sich in die tiefsten Schichten unserer Erinnerung einprägen und ohne die es unsere spannenden Geschichten in diesem Buch nicht gegeben hätte. Man kann immer ein positives Fazit ziehen, wenn man es will…

Kapitel 6

1992 – Am Mittelmeer nach Portugal

Wir hatten mit guten Freunden beschlossen, mit dem Auto nach Portugal an die Algarve zu fahren. Aus der DDR-Zeit nicht gerade übermäßig mit europäischen Reiseerfahrungen verwöhnt, wollten wir uns möglichst viele Eindrücke verschaffen und wie ein ausgetrockneter Schwamm in uns aufsaugen. Natürlich mussten wir erneut Frankreich passieren, um dort hin zu gelangen. Aber wir mussten uns ja dort nicht so lange aufhalten. Wir erinnerten uns noch gut an die Eindrücke aus dem vergangenen Jahr und wollten möglichst erneute negative Erfahrungen vermeiden!

Die Freundschaft der beiden Frauen ging bereits auf ihre gemeinsame Zeit in der Lehre zurück. Sie wurden gemeinsam zu Apothekerinnen ausgebildet und wohnten sogar eine gewisse Zeit zusammen in einer Zwei-Mädchen-WG. Sie waren unzertrennlich, bis Antje ein Kind erwartete und im Verlaufe ihrer Schwangerschaft zu dessen Vater zog. Nicht lange danach verwirklichte Antje mit Mann und Kind ihren im Geheimen gefassten Plan, in den Westen des damals noch zweigeteilten Berlins zu flüchten. Von nun an gab es keinen nennenswerten Kontakt mehr zwischen ihnen.

Mit dem Fall der Mauer am 09. November 1989 war Antje Kirstens allererster Anlaufpunkt! Gleich am Folgetag konnten wir zum ersten Mal nach West-Berlin fahren, stiegen dort in einen Bus und kreuzten am Abend unerwartet bei ihr auf. Es folgte eine nicht enden wollende Umarmung. Bei ihr lernten wir dann auch ihren Sohn Arne und ihren Freund Norman kennen. Sofort flammte die alte

Freundschaft wieder auf und wir alle verstanden uns gut. Darum planten wir auch einen gemeinsamen Urlaub miteinander.

Eigentlich war die Fahrt mit vier Erwachsenen in zwei Fahrzeugen geplant. Genau genommen zwei Familien, beide mit je einem Sohn unter zehn Jahren. Nun kam es mal wieder, wie es öfter im Leben passiert, auch dieses Mal anders als gedacht. Norman konnte seinen geplanten Urlaub aus betrieblichen Gründen leider nicht antreten und musste vorerst zu Hause bleiben. Er hatte jedoch vor, zwei Wochen später per Flug nachzureisen, um sich uns dann anzuschließen. Also waren wir vorerst auf uns drei gestellt. Kirsten, ich und ihre beste Freundin aus früheren Zeiten, Antje. Und Natürlich war sie mit ihrem Sohn Arne und wir mit Benjamin unterwegs. Die Kinder saßen oft zusammen in einem unserer Autos, damit ihnen während der endlos erscheinenden Fahrt weniger Langeweile aufkam.

Unsere zwei Autos waren recht verschieden. Antje war mit Arne in Normans altem Passat unterwegs, der aufgrund seiner Größe sehr viel Gepäck bewältigen konnte. Dieses Auto hatte ich in diversen Sitzungen in der Werkstatt für die lange Fahrt fit gemacht und hoffte, dass es durchhalten würde. Unser Auto war ein fast noch als neuwertig zu bezeichnender Seat Ibiza, der schon im vorigen Jahr während der Reise nach Italien seine Langstreckentauglichkeit unter Beweis stellen konnte. Für diese Fahrt hatten wir vier Wochen Urlaub eingeplant. Da niemand ohne Unterbrechung eine so lange Tour fahren kann, haben wir hin und wieder die Fahrer getauscht, so dass immer einer von uns dreien pausieren konnte.

Zu Beginn unserer Tour fuhren wir zunächst eine lange Strecke durch Deutschland, dessen südwestlicher Teil uns ebenfalls noch überwiegend unbekannt war und uns somit schon ein wenig Urlaubsgefühl vermittelte. Wir hatten vor, Deutschland bei Strasbourg zu verlassen und dann auf dem kürzesten Weg, an der Mittelmeerküste entlang, in Richtung Spanien zu fahren. Aus bekannten Gründen wollten wir Frankreich möglichst schnell durchqueren, bauten aber trotzdem eine Übernachtung im Auto ein. Das ist nicht immer bequem und die nächtliche Wärme, die wir so nicht kannten, setzte uns zu. Erholsamer Schlaf ist etwas anderes!

Mitunter war die Fahrt anstrengend. Wir fuhren immer nahe am Meer in Richtung Westen. Ständig in Sichtkontakt, denn das Handy war noch nicht unser ständiger Begleiter, wie es heute üblich ist. In der Gegenwart hält es für alle Probleme dieser Welt die augenscheinlich passende Lösung bereit. Darauf konnten wir damals nicht zurückgreifen. Einziges Verständigungsmittel während der Fahrt war die Lichthupe. Ohne Mobiltelefon hatten wir natürlich auch keine elektronische Navigation per GPS, das zu dieser Zeit auch gerade erst im Aufbau war. Wir mussten uns ganz analog mit einer Fülle wenig detailreicher Landkarten auf Papier behelfen. Da diese groß und sperrig waren, mussten wir jedes Mal anhalten, um die weitere Strecke zu planen. In späteren Jahren gab es dann mobile Navigationsgeräte in Form eines separaten kleinen Bildschirms fürs Auto, die in Abständen aktualisiert werden mussten. Die gibt's heute zwar auch noch, aber eigentlich ist inzwischen das Handy mit all seinen Funktionen für jedes Schulkind der gängige Standard. Und für die meisten Leute, die damit aufgewachsen sind, ist ein Leben ohne Mobiltelefon nicht mehr vorstellbar. Aber wenn es doch mal dazu kommt, dass vielleicht der Akku leer ist, stehen sie hilflos weinend da und finden nicht mehr nach Hause…

Es war Hochsommer im Jahre 1991 und entsprechend herrschte brütende Hitze an der spanischen Mittelmeerküste. Keines unserer Autos hatte damals eine Klimaanlage, die uns Abkühlung hätte verschaffen können. Wir mussten, wo es eben ging, die Scheiben herunterkurbeln und uns etwas Lüftung durch den Fahrtwind verschaffen. Wichtig war es natürlich, immer viel Flüssigkeit zu uns zu nehmen. Aber wir waren jung genug und es machte uns nicht viel aus.

Barcelona, die Hauptstadt von Katalonien, ist wie ein Raster aus Einbahnstraßen aufgebaut. Für Ortsunkundige, wie wir es waren, ist sie mit dem eigenen Auto schier undurchdringlich. Schon bei der Einfahrt über die Autobahn gerieten wir in einen mehrspurigen Stau, wie wir ihn nicht kannten und auch nicht für möglich gehalten hätten. Mehrere Zufahrtsstraßen liefen hier vor dem Stadtrand zusammen und bildeten eine breite Stadtautobahn mit vielleicht acht Fahrspuren. Auf den kochenden Asphalt waren viele wirre Leitlinien gezeichnet. Real standen aber mindestens zwölf Fahrzeuge nebeneinander, denen man keine Fahrspuren mehr zuordnen konnte. Die Fahrer der Autos klappten sich gegenseitig die Spiegel an, um auch diese paar Zentimeter noch nutzen zu können. Auch uns verschonte man nicht. Die Fahrzeuge standen so dicht beieinander, dass die Türen der Karossen nicht mal mehr zu öffnen waren. Zur Erinnerung, über uns schien die Mittelmeersonne aus einem wolkenlosen Himmel unablässig auf die Dächer der Autos und garte deren Insassen im eigenen Saft. Die offizielle Temperatur lag in diesen Vormittagsstunden um die vierzig Grad! Natürlich im Schatten, den es nicht gab. Nichts für schwache Gemüter! Ich mag mir nicht vorstellen, was bei einem Brand oder einer Panik geschehen wäre…

Etwa hundert Meter hinter uns stand ein Feuerwehrfahrzeug im gleichen Stau und beschallte die kochende Blechlawine unablässig mit seinem Martinshorn. Dies schien jedoch nur der Unterhaltung zu dienen, denn nichts konnte sich in dieser festgefahrenen Blechlawine bewegen, um dem Einsatzfahrzeug irgendwie eine Durchfahrt zu ermöglichen. Eine Rettungsgasse zu bilden, hatte hier niemand vor. Als Sahnehäubchen kam unsere Sorge um unser fast neues Auto hinzu. Nun kamen zwei Busse mit wechselnd blinkenden Lampen an der Front. Für diese ermöglichten die Stauteilnehmer dann doch irgendwie die Durchfahrt. Wie sie das anstellten, kann ich heute nicht mehr sagen. Später stellte sich heraus, dass es sich um Flughafen-Transfer-Busse handelte. Warum diese bei den Katalanen eine höhere Priorität als die Feuerwehr hatten, wird wohl ihr Geheimnis bleiben.

Nach dieser Erfahrung haben wir das Auto in einer Nebenstraße abgestellt. Vor allem, nachdem unser Auto inzwischen mit Röstaromen angereichert war, die von unseren eigenen an den Knochen gegrillten Körpern stammten.

Vom Straßensuchen und vom Stau genervt stimmten wir überein, dass eher die Metro das geeignete Verkehrsmittel in dieser undurchdringlichen Stadt wäre und begaben uns zum nächstgelegenen U-Bahnhof. Die ersten angenehmen Eindrücke waren, dass bereits der Bahnhof, dann aber auch die kompletten Züge klimatisiert waren. Schnell fanden wir wieder zurück zum klaren Denken und hin zum Park Güell. Für uns fünf Personen zahlten wir jedoch ein recht derbes Beförderungsentgelt. Vielleicht aber aus Unwissenheit über die genauen Tarife. Andere deutschsprachige Touristen im Park rieten uns nachher, einfach ein Taxi heranzuwinken. Die Anzahl der Personen war dem Taxifahrer dabei völlig egal, solange alle irgendwie bei geschlossenen Türen ins Auto passten. Da der Wagen natürlich nicht über eine Klimaanlage verfügte und auch die Fensterkurbeln vorsichtshalber abmontiert wurden, war es unglaublich eng und heiß in diesem Taxi. Die menschlichen Ausdünstungen des Fahrers ließen uns ahnen, was er zum letzten Abendbrot gegessen hatte. Aber der Weg vom Park zurück zur Sagrada Familia war preiswerter als mit der Bahn. Und obendrein war der Taxifahrer viel schneller, auch wenn wir auf jedweden Komfort verzichten mussten.

Nach dem Besuch im Park Güell wollten wir uns diese Kathedrale anschauen. Beides sind sehenswerte Meisterwerke des berühmten und unverwechselbaren spanischen Architekten Antonio Gaudí. Die Schlange vor dem unvollendeten Bauwerk war uns jedoch viel zu lang. So viel Geduld wollten wir uns, aber vor allem den Kindern, bei dieser Hitze nicht abverlangen und änderten kurzerhand unsere Pläne für diesen Tag. Wir liefen stattdessen auf der legendären La Rambla, der Prachtstraße der Katalanen, in Richtung Hafen und fanden tolle Eisspezialitäten. Das bereitete den beiden Jungs sicher mehr Spaß als stundenlang anzustehen, um dann eine muffige Kirche anzuschauen, in der man nicht mal herumtoben konnte.

Nachdem wir den Tag in dieser prächtigen Stadt verbracht hatten und uns die Sonne sogar durch die Kleidung hindurch Schultern und Rücken verbrannte, wollten wir unsere Fahrt entlang der Küste fortsetzen. Wir bauten darauf, dass wir leichter durch die Stadt kämen, wenn wir den Berufsverkehr erst vorüberziehen ließen. Also beschäftigten wir uns noch bis etwa 19:00 Uhr mit Eis und Kaffee und ließen den Jungs Freiraum, ihrem Bewegungsdrang nachzukommen. Danach stiegen wir dann wieder in unsere Autos und wollten Barcelona mit schönen Eindrücken verlassen. Unsere Hoffnung, mit dem Einbahnstraßennetz nach dem Berufsverkehr besser zurechtzukommen, wurde jedoch schnell im Keim erstickt. Da man in dieser Region zwischen Mittag und frühem Nachmittag die Siesta hielt, verlagerte sich die Abend-Rush-Hour genau in unsere Abreisezeit! Das hätten wir wirklich nicht schöner hinbekommen können. Hätten wir uns vorher auch nur im Ansatz damit auseinandergesetzt, wären wir in diese Falle vielleicht nicht gestolpert.

Wir kämpften uns also durch den dichten Verkehr aus Barcelona hinaus und erreichten nach nur relativ kurzer Fahrzeit Tarragona, wo wir auch gleich einen schönen Campingplatz am Meer bekamen. Wir konnten unser Glück kaum fassen! Grund war jedoch eine Verwechselung, die uns auf dem eigentlich vollen Campingplatz ein Trumpf in die Karten spielte. Ein Irrtum sorgte dafür, dass wir überhaupt einen Stellplatz bekamen. Die Dame von der Recepción hielt uns für die schon erwarteten Besucher eines deutschen Dauercampers und quartierte uns freundlicherweise just neben diesem auf einem extra dafür reservierten Platz ein. Dieser war vorerst verwundert, ließ uns jedoch gewähren, denn er erwartete seinen Besuch aus dem fernen Deutschland erst in ein paar Tagen.

Ich weiß nicht, ob in Spanien nachts katzenkopfgroße Steine vom Himmel fallen und sich wie von selbst auf den Sandstränden verteilen. Jedenfalls mussten diese täglich weggeräumt werden. Natürlich nicht in der Mittagshitze oder der heiligen Siesta, wie wir gelernt hatten, sondern früh am Morgen, wenn die Temperaturen solche Tätigkeiten noch zuließen. Und selbstverständlich bemühte sich niemand, dies möglichst geräuschlos oder wenigstens leise zu tun. Nein! Mit einem Traktor, der einen für genau diesen Job auf den Feldern konstruierten Anhänger hinter sich her zog, wurden die Steine aus dem Sand gesiebt und per Förderband in die blecherne Mulde des Nachläufers fallen gelassen. Die logische Folge war ein ohrenbetäubender Lärm! Wie sich an dieser Stelle vermuten lässt, musste dies natürlich täglich passieren! Offenbar wuchsen die Klamotten über Nacht nach. Wir nahmen es einfach in Kauf, denn etwas anderes blieb uns ja nicht übrig. Wer will schon um sechs Uhr noch schlafen?

Nach diesem Zeltplatz hatten wir als nächstes größeres Ziel die Insel Gibraltar für uns eingeplant, aber unterwegs dort hin haben wir noch verschiedene amüsante Eindrücke aufschnappen können. Wir sind abschnittweise auf der gut ausgebauten Autobahn gefahren, aber zum Teil auch über küstennahe Landstraßen. Zwischenzeitlich bekamen wir mal richtigen Hunger und hielten entlang der Piste Ausschau nach einem nicht zu teuren Restaurant oder einem geeigneten Imbiss. Nach längerer Zeit des Suchens, so erscheint einem bei heftigem Hunger zuweilen auch eine kürzere Zeitspanne, wurden wir fündig und hielten an. Hier gab es direkt neben der Straße eine Art Fernfahrerimbiss mit einem begrenzten Angebot an warmen und kalten

Speisen. Die Karte bestach durch eine Menge Text, jedoch ausschließlich in Spanisch. Nichts, ja wirklich gar nichts war darin für uns verständlich oder an bekannte Worte angelehnt. Als einzige Bezeichnung, die ich als große Ausnahme darin halbwegs einordnen konnte, las ich „Hamburgues". Ich hatte großen Hunger und wenigstens eine etwaige Vorstellung davon, wie mein zu erwartendes Essen aussehen würde. Vor meinem geistigen Auge sah ich in gieriger Erwartung ein goldbraunes Brötchen, das mit Salat, etwas Sauce und gegrilltem Hackfleisch bestückt war. Entsprechend dieser Vision im Kopf bestellte ich also einen Hamburger und fieberte seiner baldigen Bereitstellung entgegen. Kirsten war dem weniger zugetan und suchte im Laden nach etwas Appetitlichem. Sie sah über die wenig ansprechende vordere Auslage und die schmuddelige Bedienung hinweg und erspähte im Hintergrund ein Wandregal. Darin standen mehrere Tabletts mit verschiedenen Salaten. Wenn es schon draußen so warm war, hätte ein frisches Kaltgericht sehr lecker sein können! Sie entschied sich dafür. Wir bezahlten und nahmen im Freien Platz, wo uns schon nach einer nur kurzen Wartezeit das Bestellte serviert wurde.

Die große Cola auf Eis habe ich auf den ersten Durst fast in einem Zug geleert. Die Wärme machte mich so durstig, dass ich das Glas einfach nicht absetzen konnte, bevor es restlos leer war. Kirstens optisch an Tomaten erinnernder Salat entpuppte sich jedoch als die zähen rötlichen Tentakeln eines Kalmars, deren Saugnäpfe sich hartnäckig an ihren oberen Gaumen festsaugten und nicht wieder loslassen wollten. Die Befreiung davon gelang ihr nur knapp, bevor ein hartnäckiger Brechreiz einsetzte. Diesem Gericht, das auch geschmacklich keine Offenbarung war, verlieh sie spontan das Prädikat „Ungenießbar“. Auch mein Hamburger wurde inzwischen geliefert. Das Wort „geliefert“ trifft es einfach viel besser als „serviert“. Er kam auf einem ovalen Teller, auf dessen linker Seite sich etwas Matschiges in viel Öl lümmelte, das aus einiger Entfernung an Pommes Frites erinnern sollte. Diese hatte der Gastwirt dort vermutlich am Vortag platziert und im Kühlschrank vor dem schnellen Lebensmitteltod bewahrt. Ich frage mich ernsthaft, was an denen durch ihr Verderben noch schlimmer hätte werden können. Jetzt oberflächlich in der Mikrowelle aufgewärmt, waren sie ein klarer Fall für den Bio-Müll! Der eigentliche „Hamburgues“ bestand meiner Vermutung nach aus einer Hundefutterdose. Man stelle sich vor, eine Büchse vom besagten Futter beidseitig zu öffnen und ihren knorpeligen Inhalt zu einer Seite um einen Zentimeter herauszuschieben, um ihn mit einem scharfen Messer entlang der Dosenöffnung vom Rest zu trennen. Das Ganze zwei Mal. Beim Abschneiden müssen die entstandenen Paddys direkt in die Fritteuse gefallen sein, in der gestern zuletzt die Pommes vorbereitet wurden. Das Auto des Betreibers hatte seinen Ölwechsel bestimmt öfter als das benutzte Küchengerät. Als Abrundung eine gute Prise Kräutersalz gegen den üblen Geruch drüber. Fertig!

Ich glaube, der Rasthof war von einen Michelin-Stern so weit entfernt, wie ein Schwein vom Topflappenhäkeln... Auch mein, ich will es gar nicht „Essen“ nennen, fiel ebenfalls in die Kategorie „Absolut ungenießbar“. „Zum Wegwerfen zu schade“ wäre bei diesem Menü falsch ausgedrückt. Um aber einer kostenpflichtigen Entsorgung zu entkommen und gleichzeitig vielleicht noch jemandem etwas Gutes damit zu tun, wollte ich es dem armen streunenden Hund unterm Tisch zukommen lassen. Ich stellte ihm also den gesamten liebevoll angerichteten Teller auf den Boden. Ich nahm an, er würde sich freuen und augenblicklich alles verschlingen. Diese Podencos sahen wir auch in großer Zahl am Rande der Städte. Sie ernährten sich zumeist von Lebensmittelabfällen, die sie im Müll fanden. Nachdem er sich der ihm zugedachten Mahlzeit mit seiner empfindlichen Hundenase näherte, musste er sich jedoch heftig schütteln. Langzähnig versuchte er dennoch, sich einen der Paddys vom ovalen Teller zu zotteln. Nachdem er dann noch mit der Zungenspitze kostete, verschlug es ihm auch noch das letzte Quäntchen Appetit. Das will bei diesen wildlebenden Hunden, die ein extrem hartes Leben gewöhnt sind, schon etwas heißen! Dann doch lieber Müll fressen, dachte er, wobei hier die Unterschiede nur marginal ausfielen…

Wir verließen den Kiosk hungriger als wir kamen und gingen lieber im nächsten Supermarkt einkaufen, um unserem Hunger etwas entgegensetzen zu können.

Am Folgetag machten wir uns auf den Weg in den spanischen Süden, nachdem wir wieder einmal im Auto übernachteten. Unser Ziel war immer noch Gibraltar. Wir waren schon gespannt auf den Affenfelsen und die Englische Hoheit über die Insel, die sogar einen eigenen Flughafen hat, den man als Tourist überqueren muss. Doch lag bis dorthin noch eine lange Wegstrecke vor uns.

Die Landschaft entlang der Küste, vorbei an Malaga und Marbella, ist atemberaubend schön! Es wäre fatal, hier die Autobahn zu nutzen und all die schönen Eindrücke an sich nur vorbei fliegen zu lassen. Deshalb nutzten wie eine

Landstraße die sich durch rotbraune Hügel, Olivenhaine und Pinienwälder schlängelte. Zwischendurch konnten wir immer wieder unsere Blicke auf das Meer schweifen lassen. Herrlich! Wir waren auch fast allein auf dieser Straße unterwegs. Wer schneller vorankommen wollte oder musste, setzte eher auf die gut ausgebaute Autobahn etwas weiter im Landesinneren, auch wenn er die schöne Aussicht dabei nicht wahrnehmen konnte. Wir aber wollten die Gegend und den Ausblick genießen und nahmen das deutlich langsamere Fahren in Kauf. Wir konnten auf der fast kreuzungsfreien Straße gemütlich cruisen. Wir sahen nach einiger Zeit zwei Polizisten am Straßenrand stehen. Sie unterhielten sich neben ihren Motorrädern und rauchten vermutlich eine Zigarette während sie ihre Pause verbrachten. Ohne denen größere Beachtung beizumessen, fuhren wir weiter. Eine Zeitlang später hatten sie scheinbar ihr Päuschen beendet und überholten unsere beiden Autos wieder. Bestimmt zwanzig Kilometer weiter standen erneut zwei Polizisten neben ihren Motorrädern am Straßenrand. Waren es dieselben? Zumindest glichen sich die Bilder, weil sie nun mal die gleichen Uniformen trugen, was ja bei Polizisten nicht unüblich ist. Vielleicht sollte die Strecke auf ein abzuwartendes Kommando für einen Transport gesperrt werden. Auch sie fuhren an uns kurze Zeit später vorbei. Das Ganze wiederholte sich dann aber noch ein Mal. Deshalb nahmen wir an, dass es sich doch immer um dieselben beiden Beamten handelte.

Ein paar Minuten später kamen wir an der Straßenabzweigung an, wo es geradeaus weiter in Richtung San Roque, also Richtung Sevilla und nach links zu unserem Ziel, La Línea und Gibraltar ging. Und wer wartete da bereits auf uns? Natürlich unsere beiden Motorrad-Cops. Ich kann heute nicht mehr sagen, welcher spanischen Behörde die beiden angehörten. Guardia Civil, Policia Local oder einer anderen Abteilung der Polizei. Sie ließen Antje mit dem Berliner B-Kennzeichen passieren und stoppten nur uns, die wir zu dieser Zeit noch ein Ostberliner-DDR-Kennzeichen am Auto hatten. Als Erstes forderten sie, wie immer bei solchen Kontrollen, unsere Dokumente. Wir händigten sie ihnen selbstverständlich bereitwillig aus. Allerdings steckte einer der Polizisten die Papiere einfach in die Brusttasche seiner Uniformjacke und verschloss den Knopf derselben, ohne überhaupt einen Blick hinein zu werfen oder sie näher zu inspizieren. Das hatte schon irgendwie eine endgültige Anmutung. Anschließend prasselten gefühlt eine Million schnellgesprochene spanische Worte auf uns nieder, von denen ich nur wenigen einen möglichen Sinn zuordnen konnte. Ich schnappte aus dem Redeschwall ein paar Wortfetzen auf wie „Injustificado, Continua Linea“ und „pagar“. In Anlehnung an andere Sprachen meinte ich, sie vielleicht zuordnen zu können. Sie schienen mir jedenfalls einen Sinn zu ergeben. Wir wären also, so entnahm ich seinen Worten, unberechtigt über eine durchgezogene weiße Linie gefahren oder hätten jemanden widerrechtlich im Überholverbot überholt. Dafür sollten wir jetzt bezahlen. Und das ordentlich! Er holte eine Liste im A4-Format, die bereits auf einem Klemmbrett fixiert war, aus dem Seitenkoffer seiner BMW. Diese hielt er uns am nach oben abgewinkelten Arm entgegen, sah uns vermutlich unter seinem Helm durch eine vollverspiegelte Sonnenbrille in die Augen und tippte mit seinem Finger aufs Papier. Ganz oben.

Im Wesentlichen bestand der Inhalt auf dem angehefteten Zettel aus einer seitenfüllenden Tabelle. Im linken Bereich standen kurze Texte. Vermutlich Ordnungswidrigkeiten und Verkehrsverstöße. Im rechten Teil der Auflistung wurden den möglichen Delikten die entsprechenden Bußgeldsummen zugeordnet. Sie wurden nach unten immer größer und größer. Nun begann er, diese Summenliste langsam von ganz oben nach ganz unten mit dem Zeigefinger abzufahren, wobei er uns nicht aus den Augen ließ. In der untersten Zeile angekommen, tippte er mit Nachdruck auf die Tabellenspalte mit der größten, ja einer wahrhaft astronomischen Zahl. Dort stand ein unsagbarer Betrag, ausgedrückt in Spanischen Peseten. Uns wurde abwechselnd heiß und kalt! Simultan überschlagen, ergab dies einen Umrechnungsbetrag von zirka 5.000 Deutschen Mark.

Sofort begannen wir, energisch zu protestieren! Was wäre ein adäquater Verstoß bei einer solchen Strafe? Wir haben keine Linien überfahren und auch nicht gegenseitig die Position getauscht. Und schon gar nicht haben wir irgendwen überholt! Nichts dergleichen! Zu jener Zeit waren wir die einzigen beiden Fahrzeuge auf dieser Straße! Da war sonst niemand! Wir verstanden die Welt nicht mehr!

Er trat erneut an sein Motorrad und zauberte noch einen Bogen Papier hervor. Sinngemäß stand in sechs Sprachen darauf, dass er ein ausführendes Rechtsorgan seiner Majestät, dem König von Spanien, sei und man seinen Anweisungen besser Folge leisten solle. Anderenfalls wären erhebliche Unannehmlichkeiten auf uns zugekommen.

Als einfach nur unfassbar, empfanden wir diese Situation! War das die neue Freie Welt, die wir gerade erst kennenlernen wollten? In diesem Moment sahen wir uns nur noch als Spielball der Willkür zweier Polizisten. Wie hätten wir jemandem beweisen können, dass wir keine Verkehrsgefährdung begangen hatten? Deren Darstellung hätte doch jeder, schon aufgrund ihrer Position, eher Vertrauen entgegengebracht, als unseren Erklärungsversuchen. Von der Sprachbarriere ganz zu schweigen. In diesem Spiel konnten wir nur verlieren! Und das wussten die beiden Uniformierten genau.

Natürlich hatten wir keine derartige Summe dabei. Unsere VISA-Card hatten wir in der Tasche und ansonsten nur einen relativ kleinen Bargeldvorrat. Wir würden also hier nicht bezahlen können, gaben wir ihnen zu verstehen. Daraufhin machten uns die beiden klar, dass sie in diesem Fall das Auto konfiszieren würden. Unsere Papiere hatten sie ja noch in der Brusttasche. Spätestens jetzt wurde uns der Ernst der Lage restlos klar! Sie wollten Kohle! Oder sie würden einfach unser neues Auto einbehalten, wofür sogar noch der Kredit lief. Wie nennt man das? Erpressung? Oder Nötigung? Unglaublich! Unser Puls lag bei Zweihundert!

Wir beschlossen also, vorerst zu bezahlen und unser gutes Recht anschließend an anderer Stelle einzufordern. Wir wollten ja weiter, aber auf sich beruhen lassen konnten wir das auch nicht! Und von Antje, die bei der Kontrolle ihre Fahrt fortsetzte, war auch nichts mehr zu sehen. Sie hat uns in dieser Situation einfach allein gelassen, dabei hätten wir sie gut als Zeugin brauchen können. Tolle Freundin! Vielleicht konnten die beiden Cops die Situation nur ausnutzen, weil sie mit uns allein und unbeobachtet waren.

Um zu ihrem Geld zu kommen, meinten die Beamten, sie würden uns zu einem nahegelegenen Geldautomaten eskortieren, was sie dann auch taten. Sie brachten uns zu einem kleinen Dorf, das weniger als zehn Autominuten entfernt lag. Vor dem Eingang zur Gemeinde hielten wir an. Vor uns stand eine uralte Stadtmauer mit einem geschmiedeten Eisentor, das wir quietschend öffneten. Durch die brütende Hitze flirrte die Luft! Wir betraten, durch die gerade abgehaltene Siesta, eine menschenleere Kulisse. Etwas Staub flog über die trockene Straße. Nur ein rollendes Reisigbündel hätte das Bild abrunden können. Noch eine kleine schwermütige Melodie aus einer Mundharmonika, und die Szenerie hätte wie nachgestellt aus „High Noon" gewirkt.

Nach etwa einhundert Metern gab es eine Kreuzung, an der sich ein Haus mit einem Geldautomaten darin befand. Wir traten zum Geldabheben ein und schoben wie immer unsere VISA-Card in den Kartenschlitz. Wir hatten uns während der begleiteten Fahrt dort hin darauf verständigt, nur einen Teil der geforderten Summe abzuheben, um wenigstens eine Anzahlung leisten zu können. Quasi, um unseren guten Willen zu demonstrieren. Natürlich in der guten Hoffnung, die Polizisten milder zu stimmen, unsere Dokumente zurückzubekommen und endlich unsere Reise fortsetzen zu können. Der Automat hatte jedoch andere Pläne. Wie immer, musste zuerst die Frage nach der Landessprache per Tastendruck beantwortet werden. Also tippten wir auf „Deutsch". Von nun an sprach die Maschine unsere Sprache. Dann das Vorhaben „Auszahlung". Wir gaben die gewünschte Summe im umgerechneten Peseten-Betrag ein. Wir wählten den vorgegebenen Betrag, der unserem gesetzten Limit am nächsten kam. Die Antwort der Maschine war jedoch über mehrere Versuche immer die gleiche: „Interupción de Proceso". Welche Vorgehensweise und welche Auszahlungssumme wir auch versuchten, das Ergebnis war immer das Gleiche: „Abbruch des Vorgangs“.

Was nun? Unsere Hoffnungen, aus dieser Misere doch noch bald und unbeschadet heraus zu kommen, schwanden langsam. Wir hatten noch ein paar Peseten in den Taschen und einen nicht allzu großen DM-Betrag. Zusammen vielleicht Zweihundert Deutsche Mark. Die größeren DM- und Peseten-Scheine entnahmen wir der Summe und versteckten sie unbeobachtet in unserer Unterwäsche. Dann sammelten wir die restlichen kleineren Scheine und Münzen zusammen. Nachdem wir zurück am Eisernen Tor ankamen, warteten die beiden dort noch gelangweilt auf uns. Wir übergaben ihnen dieses Sammelsurium aus verschiedenen Scheinen und Münzen und legten alles auf den Sitz des einen Motorrades. Es war eine ganze Handvoll, zusammen geschätzte fünfzig Mark. Wir versuchten sie mit den Worten „Automat Interrupt“, „Sorry“ und „No more Money possible“ und einem traurigen Gesicht zu beschwichtigen. Mögliche Emotionen ihrerseits waren aber durch ihre Helme und Sonnenbrillen nicht auszumachen. Sie besprachen sich für einen Moment in spanischem Flüsterton. Dann waren sie sich einig und einer wischte das gesamte Geld mit einer äußerst abfälligen Geste vom Sitz des Motorrades, so dass alles im Staub der sandigen Straße landete. Der andere holte dann unsere Papiere aus seiner Jackentasche und warf sie ebenfalls wortlos zu unseren Füßen in den Dreck. Ohne weitere Worte setzten sie sich auf ihre Maschinen, starteten die Motoren und fuhren mit durchdrehenden Rädern davon.

Was war das denn? Was sollten wir nun von diesem gut zweistündigen Intermezzo halten? Vorerst waren wir völlig sprachlos und mussten zunächst die Wirkung des gerade erlebten Schauspiels verarbeiten! „Das kann doch nicht wahr sein!“ Als frischgebackene Bundesbürger, ausgestattet mit gewissen Rechten, beschlossen wir, genau diese einzufordern. Mit diesem Vorsatz im Gepäck, traten wir die Weiterfahrt an und brachten in Erfahrung, wo sich das nächstgelegene Deutsche Konsulat befand. Unsere Freundin Antje schienen wir endgültig verloren zu haben. Ein Handy gab es ja noch nicht. Wie hätten wir uns also je wiederfinden sollen?

Unsere Suche nach dem Konsulat gestaltete sich insofern schwierig, als dass wir nur ungenaues Kartenmaterial in Papierform hatten. Mit den heutigen Hilfsmitteln wie zum Beispiel Google Maps oder der in jedem Mobiltelefon integrierten Navigation wäre das kein Problem gewesen. Aber vor allem in der damaligen DDR hatten wir gelernt, zu improvisieren. Wir fuhren also in die Richtung, von der wir meinten, dass sich dort das Konsulat befinden könnte. Zu unserer großen Verwunderung, landeten wir aber statt dessen an einem Strand. Ein nur sehr schmaler Asphaltweg, Straße wäre zu viel gesagt, zog sich durch den sonst sandigen Untergrund. Wenden war unmöglich, ohne im losen Sand des Strandes stecken zu bleiben. Wir mussten also vorerst auf diesem Weg bleiben und auf einen Abzweig oder eine Wendemöglichkeit hoffen. Den ganzen Weg rückwärts fahren? Nein, danke! Wir fuhren also weiter in die Strandbucht hinein.

Plötzlich tat sich aber vor unseren Augen ein ganz anderes Problem auf. Wohin wir auch schauten, sahen wir nur noch schwarze Kutten! Hunderte Anhänger irgendeines Motorradclubs hatten sich dort versammelt und blockierten unseren Weg. Einige standen in Gruppen zusammen, andere starrten uns mürrisch aus den Sitzen ihrer schweren Maschinen an. Sie murmelten für uns unverständliches Zeug in ihre Zottelbärte. In unseren Köpfen probten wir bereits die abenteuerlichsten Fluchtszenarien, hofften aber vorrangig, unversehrt aus dieser ausweglosen Situation zu entkommen. Völlig unerwartet teilten sich nun aber plötzlich die Fluten. Wie auf ein geheimes Kommando machten die Clubmitglieder für uns Platz und sie ließen uns mehr oder weniger gern passieren. Wir atmeten tief durch! Ein Glück! So einfach hatten wir uns das gar nicht vorgestellt. Gottseidank schien diese Motorrad-Gang weniger an Gewalt interessiert zu sein, als wir dachten. Hinter dieser Ansammlung endete jedoch der befestigte Teil der Straße und mündete direkt am Strand. Hier bestand der Untergrund zum Glück aus einer Art festgefahrenem Lehm, auf dem wir wenden konnten. Den Sand darüber hat vermutlich der Wind im Laufe der Zeit mitgenommen. Wenden hieß aber, dass wir nun erneut vor dem völlig verständnislosen Mitgliedern des Clubtreffens standen. Nur jetzt in der entgegengesetzten Fahrtrichtung. War das jetzt wirklich die erhoffte Lösung? Wenn sie uns zuvor schon fragende Blicke zuwarfen, wie sollten wir die Steigerung jetzt nennen? Übermäßig amüsiert sahen sie jedenfalls nicht aus. Abermals machten sie angewidert Platz für uns. Aber dann schlug uns das Herz plötzlich bis zum Hals, als uns immer mehr der bärtigen Kuttenträger im Vorbeifahren mit der flachen Hand in Lederhandschuhen aufs Autodach trommelten. Es machte ihnen einen Riesenspaß, uns zu erschrecken. Im Inneren vernahmen wir das wie das Auftreffen einer Lawine. Leicht hätte sich hier eine Art Gruppendynamik entwickeln und die Stimmung kippen können…

All das passierte jedoch nicht. Sie hatten lediglich ihren Spaß auf unsere Kosten. Und solange nicht schlimmeres geschah, spielten wir einfach mit. Hört sich wohl an, als wenn wir eine andere Chance gehabt hätten…

Wir fanden schließlich zu unserem geplanten Weg zurück und fuhren weiter in Richtung Gibraltar. In einer vorgelagerten Stadt, es könnte La Línea de la Concepción gewesen sein, sahen wir das Gebäude des gesuchten Konsulates. Erkennbar an einem Schriftzug über den Fenstern des Erdgeschosses. Oder an dem, was noch davon übrig war. Darauf war „Consulado Alemania“ gerade noch zu erkennen, trotzdem das Schild arg beschädigt war. Viele der Wandfliesen, die das Gebäude in besseren Zeiten zierten, waren inzwischen abgefallen und lagen als Schutt auf dem Gehweg. Die meisten Fenster waren vermutlich mit Steinen eingeworfen worden. Vor dem Haus saß ein alter und sichtlich ungepflegter Mann auf einem Stuhl und stützte seine Hände auf den Knauf seines Gehstocks vor sich. Der Blick durch eine offenstehende Toreinfahrt offenbarte aufgetürmtes altes Mobiliar. Man hätte auch „Sperrmüll“ dazu sagen können. Würden wir hier wie erhofft die Gelegenheit finden, unser Recht einzufordern? Unsere gedachten Antworten darauf sprachen wir gar nicht erst aus. Wir hatten auch gar keine Lust mehr, erst noch lange auszusteigen. Ein wirklich ernüchternder Moment! Wortlos drehten wir um und waren entschlossen, unsere Reise ohne den erhofften deutschen Rechtsbeistand fortzusetzen und machten uns auf den Weg. Nun allerdings nicht mehr nach Gibraltar, sondern auf dem schnellsten Weg hinaus aus Spanien. Von diesem Land hatten wir einfach vorerst genug gesehen und es war auch nicht mehr allzu weit bis zur portugiesischen Grenze.

Später am selben Tag trafen wir Antje wieder. Mehr durch Zufall als gewollt. Wir waren bereits unterwegs nach Sevilla, das auf unserer Strecke lag. Sie hatte von dem, was in der Zwischenzeit geschehen war, überhaupt keine Notiz genommen. Und fragte nicht mal richtig nach, wo wir so lange waren. Ich glaube heute, dass diese Episode unserer Freundschaft schon erste Brüche zufügte, die wenig später tatsächlich zerbrach.

Natürlich war diese Begebenheit dafür nicht der alleinige Auslöser. Vielmehr waren es Unstimmigkeiten in Bezug auf ihre Art, ihren Sohn Arne zu erziehen. Oder sollte ich sagen, nicht zu erziehen?

Ein Schlüsselerlebnis hatten wir auf einem Campingplatz an der Algarve. Hier wurden die defekten bunten Glühlampen ausgetauscht, die entlang der Hauptwege als Girlanden aufgehängt worden waren. Die nicht mehr funktionierten, lagen später in den Mülleimern neben den Wegen. Die beiden Jungs fanden sie logischerweise und begannen, damit zu werfen. Einige knallten beim Auftreffen, was den Spaßfaktor in die Höhe schnellen ließ. Nachdem wir ihnen aber erklärt hatten, dass Glasscherben zurück bleiben und sich Leute an den Füßen verletzen könnten, hörte Benjamin sofort damit auf. Nicht weil er durch uns eingeschüchtert wurde, sondern weil er den Zusammenhang verstanden hatte. Antje sagte nichts und Arne setzte sein Spiel damit fort, bis wir einschritten. Dann wechselte er zu Sandklumpen, die es reichlich in den umgegrabenen Blumenbeeten gab. Benjamin tat es ihm gleich. Wir verstanden das ja irgendwie. Bestimmt hätten wir das als Kinder ganz genau so getan. Es macht ja schließlich Spaß! Dumm war nur, dass die leichte Seebriese den Staub zu uns auf die Butterbrötchen unseres Frühstücks trug. Wir mussten die Jungs leider erneut zur Ordnung rufen, obwohl wir am liebsten mitgespielt hätten. Arne machte jedoch weiter und es knirschte schon gehörig zwischen unseren Zähnen, als wir vom Brötchen abbissen. Antje störte das alles nicht. Sie ließ ihn wieder gewähren, so dass wir es mal wieder waren, die ihn davon abhalten mussten. Da er aber nicht auf uns reagierte und auf ein Signal seiner Mutter wartete, das nicht kam, schlugen wir einen lauteren Ton an. Aber nun plötzlich schaltete sie sich ein und hielt ihre schützenden Hände über ihn. Das war ja prinzipiell richtig, aber in diesem Moment leider völlig fehl am Platze. So gab in der Folge ein Wort das andere, vieles bis dahin Unausgesprochene kam auf den Tisch. Das Ende war ein handfester Streit, den wir auch in der weiteren gemeinsamen Zeit nicht beilegen konnten.

Dazu kam, dass Antje große Rückenprobleme hatte, von denen sie schon vor der Fahrt wusste. Trotzdem sorgte sie sich nicht um eine passende Schlafunterlage. Sie hatte ein riesiges Auto mit massenhaft Platz zur Verfügung. Sie hätte sich alles einpacken können, was ihr das Liegen hätte bequemer machen können. Aber nein, sie quälte sich lieber mit ihren Rückenschmerzen auf einer dünnen und harten Isomatte. Das führte irgendwann dazu, dass sie sich fast gar nicht mehr bewegen konnte. Wir mussten von diesem Zeitpunkt an, täglich mit ihr zum Arzt fahren, wo sie sich eine Spritze abholte. Für sie war das natürlich genau so unangenehm, oder vielleicht sogar unvergleichbar schlimmer. Der Kern ist aber, dass es vermeidbar gewesen wäre.

Die Arztpraxis befand sich in einem städtischen Krankenhaus und dies wiederum in Lagos. Da die Straßen deutlich schlechter als heute waren, benötigten wir die doppelte Zeit, die man heute brauchen würde. Das hieß, jeden Tag neunzig Minuten dort hinfahren, neunzig Minuten zurück und dazwischen bis zu zwei Stunden Wartezeit. Wer sich jetzt fragt, wann wir entspannt am Strand liegen konnten, stellt die Frage zu recht. Dafür blieb kaum Zeit. Maximal blieben uns die späten Nachmittagsstunden oder der Abend. Wenn man dem trotz allem etwas Positives abgewinnen wollte, wozu ich in der Regel bis heute neige, dann hätte man sagen müssen, es beschützte uns zu hundert Prozent vor einem Sonnenbrand! Man könnte zynisch sagen, Bandscheibenvorfall mit Lichtschutzfaktor…

Wir setzten den Urlaub und die Reise in Portugal noch gemeinsam fort. Später holten wir den machgereisten Norman am Airport in Lissabon ab, wodurch sich das aus den genannten Gründen inzwischen sehr angespannte Verhältnis zwar ein wenig auflockerte, aber es war nicht mehr dasselbe.

Mit Norman zelteten wir dann noch mal in der Nähe von Cascais, wo es einen herrlichen Strand gab. Ein starker Seewind blies hier unablässig und peitschte den Sand waagerecht über den Strand. Trotz Sturm und Badeverbot warfen wir uns in die Wellen, bis uns ein Rettungsschwimmer der Strandwache mit einem Megaphon aus dem Wasser verbannte. Bestimmt hatte er recht, aber irgendwie mussten wir unseren Badehunger stillen, der sich an der Algarve angestaut hatte.

Auf der Weiterreise besuchten wir noch gemeinsam die Stadt Porto, wo unter anderem viele Sherry-Brennereien ansässig sind. Die alte Straßenbahn verschaffte uns fast das Gefühl, in San Francisco zu sein. Inzwischen hatten wir beinahe das Empfinden, als hätten sich die Wogen in unserer Beziehung ein wenig geglättet. Das war zum großen Teil Normans Verdienst, der als Ruhepol erheblich dazu beitrug.

Nachdem wir wieder zurück in Berlin waren, lud ich Antje, Arne und Norman zu einem gemeinsamen Brunch ein. Ich wollte meinen Geburtstag mit ihnen feiern. Bei dieser Gelegenheit erklärte uns aber Antje, dass sie diese Freundschaft hiermit als beendet betrachtete…

Es zeigt sich ein Mal mehr, dass es immer Gründe gibt, warum sich Menschen aus den Augen verlieren. Es ändert auch oft nichts, wenn man eingeschlafene Freundschaften versucht, wiederzubeleben. Natürlich bestätigen wie immer Ausnahmen die Regel…

Kapitel 7

1993 – Reise nach Elba

In den Sommerferien 1993 zog es uns erneut nach Italien. Das Land entwickelte sich nach und nach zu unserem Reisefavoriten. Bis heute lieben wir die Lebensart, die freundlichen Menschen und das gute Essen! Und nicht zuletzt die überwältigend schöne Landschaft!

Zu Beginn unserer Reise legten wir wieder einen Stopp am Gardasee ein, den wir bereits kannten. Ein paar Tage später starteten wir nach Pisa, wo wir auch drei Jahre zuvor schon einmal waren. Hier bewunderten wir erneut den Schiefen Turm und schlenderten ein wenig durch die Altstadt. So aufregend wie beim ersten Mal, war es jedoch beim zweiten Besuch der Stadt nicht mehr. Aber das hatten wir nicht anders erwartet. Deshalb gehen wir eigentlich lieber auf Entdeckungstour in unbekannten Gefilden. Später wollten wir von dort aus weiter nach Piombino fahren. Von diesem Hafen aus sollte uns die Autofähre auf die Insel Elba bringen. Dieses Schiff versorgte auch die gesamte Insel mit Waren. Alles, was auf dem Eiland benötigt wurde, kam dort mit diesem Wasserfahrzeug hin. Angefangen von Polizei- und Feuerwehrfahrzeugen, die auf dem Festland repariert wurden, bis hin zu Erntemaschinen für den Einsatz auf den Feldern der Insel. Alles wurde in atemberaubender Geschwindigkeit dicht an dicht und Spiegel an Spiegel von routinierten Einweisern eingeparkt. Alles fand im Bauch der Fähre Platz und wurde von ihr in Portoferario, dem Inselhafen, wieder ausgespuckt.

Wir wollten uns nebenbei auch auf die Spuren des wohl berühmtesten Inselgastes begeben, den es dort je gab. Im

Jahre 1814 landete kein Geringerer als Napoleon in Portoferario und hisste seine Flagge auf dem höchsten Punkt der Stadt. Per Vertrag wurde ihm die Insel als Fürstentum zugesprochen. Nur kurze Zeit später musste er jedoch als Folge der verlorenen Völkerschlacht bei Leipzig abdanken und wurde in seinen einstigen Zufluchtsort verbannt. Dies geschah auch, um ihn vor erwarteten Anschlägen auf seine Person zu schützen. Sein Geist soll heute noch, so ranken sich die Legenden, auf der Insel wohnen und hier und da in Erscheinung treten.

Die Überfahrt nach Elba haben wir genossen! Wir suchten uns Sitzplätze auf dem offenen Bug-Deck und ließen uns die frische Gischt ins Gesicht sprühen. Das hochsommerliche Wetter lies es uns als angenehm empfinden. Das Schiff hob und senkte sich mit dem relativ starken Wellengang und vermittelte uns eine Art Achterbahngefühl mit einem leichten Kribbeln in der Magengegend. Jedoch nur soviel, wie es auch Spaß machte.

Auf der Insel angekommen, hielten wir Ausschau nach einem Campingplatz. Schnell fanden wir einen, aber der war uns zu teuer. Der nächste war bereits voll belegt. Beim sechsten Versuch hatten wir Glück und konnten einchecken. Nur war dieser Platz nicht am Meer, sondern mitten auf der Insel. Aber gut, das nahmen wir in Kauf. Schließlich waren wir ja motorisiert und konnten, um zum Strand zu fahren, das Auto benutzen. Seine „zentrale Lage“ machte diesen Platz für die meisten Besucher, die in Strandnähe campieren wollten, weniger attraktiv und damit aber für uns erschwinglich.

Es gab hier nur wenige Camper. Genau genommen waren wir fast die einzigen und mussten uns nicht räumlich einschränken. Das Auto konnten wir gleich neben dem Zelt parken, was uns ermöglichte, den 12V-Anschluss darin für unsere Kühlbox zu nutzen. Eigentlich empfanden wir das soweit als gemütlich und komfortabel, wenn da nicht unsere kleinen Mitbewohner gewesen wären. Nach kurzer Zeit verlief mitten durch unser Vorzelt eine Ameisenstraße. Das Wort trifft es nicht so ganz. Eher war es ein Waldameisen-Boulevard. Eine emsige Flaniermeile.

Diese Tiere sind auf ihre Weise immer wieder faszinierend! Es war erstaunlich, mit welcher Präzision sie unsere Lebensmittelvorräte aufspürten und später begannen, sie zu ihrem Bau abzutransportieren. Eine logistische Meisterleistung und ein großes Vorbild für jegliche Art menschlichen Teamworks! Wir verbrachten viel Zeit damit, die fleißigen Tierchen bei ihrer Arbeit zu beobachten und mit Brotkrümeln zu versorgen. Für Benjamin war es bestimmt interessant und auch lehrreich.

Darüber hinaus wollten wir aber auch noch mehr von der Insel sehen und erleben! Also machten wir uns auf, Elba zu erkunden. Wir fuhren zu den verschiedensten Badestränden und kehrten in die unterschiedlichsten Gaststätten ein. Irgendwann fanden wir eine Pizzastube, die wir für die beste der Welt hielten. Ein eigentlich schmuddeliger Laden ohne viel Schnickschnack. Auch besonders sauber war es hier nicht und die Möblierung war lieblos zusammengestellt. Offenbar wurde alles gesammelt, was anderenorts weg musste. Aber das war uns erst mal egal. Die Pizzen waren der absolute Hammer! Das waren wirklich die besten, die wir bis dahin kennen gelernt hatten! Wenn wir es einrichten konnten, fuhren wir bei Alfredo vorbei, um eine seiner Spezialitäten zu genießen. Ganz nebenbei nahmen wir bei ihm auch die Erkenntnis mit nach Hause, dass nicht die schönsten und am teuersten eingerichteten Gaststätten mit herausgeputzten Kellner-Pinguinen, zwangsläufig auch immer die beste Küche haben müssen. Nein, oft ist es eher umgekehrt!

Auf unseren Exkursionen fuhren wir auch gern abseits der freigegebenen Straßen. Da gab es beispielsweise eine, die direkt am Meer in luftiger Höhe am Rande eines Berges verlief. Sie war nicht befestigt, sondern grob geschottert. Dieser Parcours über gut fünf Kilometer ersparte uns einen gewaltigen Umweg über die Mitte der Insel, weshalb wir ihn immer wieder absolvierten. Wichtig war hierbei nur, wir mussten einen kleinen Tick schneller sein als der Staub, der uns verfolgte!

Auf unseren Erkundungstouren entdeckten wir auch eine Bar, die direkt über einem Strand gebaut war. Hier konnten wir zum ersten Mal eine Piña Colada probieren. Zum Knabbern gab es eine Schale mit Erdnüssen und noch eine zweite mit eingelegten Oliven, die uns hier zum ersten Mal gut schmeckten. Auf diese Art verwöhnt, kam auch eine richtige sommerliche Urlaubsstimmung auf.

Im Anschluss spazierten wir noch ein wenig am Strand entlang, der mit flachgeschliffenen Steinen jeder Größe übersät war. Diese flächigen Steine waren geradezu dafür geschaffen, sie über das spiegelglatte Wasser hüpfen zu lassen. Wir versuchten, sie so zu werfen, dass sie so oft wie möglich auf der Wasseroberfläche auftippten. Der damals achtjährige Benjamin bekam auch Lust darauf. Er beobachtete eine Zeit, wie wir das machten und versuchte dann ebenfalls sein Glück. Nach nur kurzer Übung hatte er den Dreh raus und freute sich darüber. Nun brauchte er natürlich die nächst größere Herausforderung in Form von viel größeren flachen Steinen. Auch das probierte er aus, bis er es mit so großen versuchte, die er kaum noch bewältigte. Den letzten konnte er gerade so mit beiden Händen tragen. Ihn auf dem Wasser springen zu lassen, war natürlich undenkbar, aber er versuchte es dennoch. Wie ein Hammerwerfer nahm er den flachen Findling auf, hielt ihn mit gestreckten Armen vor seinen Körper und verlieh ihm durch gekonnte Drehungen seines ganzen Körpers die nötige Energie für einen ballistischen Flug. Im Unterschied zum geübten Sportler ließ er ihn jedoch im falschen Moment los, was seine Flugbahn nur schwer vorherbestimmbar machte. Um ihn in die Richtung des Wassers fliegen zu lassen, wäre eine Vierteldrehung mehr notwendig gewesen. Da, wo er nun hinflog, stand dummerweise ich. Als ich das kiloschwere Geschoss in meiner Magengrube spürte, verschlug es mir kurzzeitig den Atem. Aber auch Benjamin und Kirsten bekamen kaum Luft. Sie beide aber, weil sie sich wegen eines anhaltenden Lachkrampfes krümmten. Ich sah für einen kurzen Moment wirklich den Geist Napoleons und hatte mit einer Hand auf dem Magen fast schon seine typische Körperhaltung angenommen…

Am nächsten Morgen wollten wir, nachdem wir die letzte Nacht auf dem Campingplatz verbrachten, unsere Weiterreise antreten. Dafür hatten wir das Auto in den Schatten eines Baumes gestellt, um es beim Losfahren nicht zu warm zu haben. Dieser Baum hatte gelbe Blüten, die auch reichlich gelben Blütenstaub auf unserem Auto verteilt hatten. Das gesamte Erscheinungsbild des Wagens war gelb. Man hätte von weitem meinen können, er wäre umlackiert worden. Die Scheiben waren auch nicht mehr durchsichtig. Wir mussten sie zwangsläufig reinigen, um wenigstens etwas sehen zu können.

Nicht weit vom Auto entfernt gab es eine Standwasserleitung, an der ein Schlauch angeschlossen war. Kurzerhand nahm ich sein Ende, drehte den Hahn auf und begann das Auto abzusprühen. Der Pollenstaub erwies sich jedoch als hartnäckiger, als wir dachten, so dass etwas mehr Handarbeit und mehr Wasser notwendig wurden. Gerade hatten wir die Scheiben soweit sauber, dass wir hindurch schauen konnten, kam auch schon der Zeltplatzwart laut brüllend auf uns zu und entriss uns den Schlauch unter reichlich italienischem Protest. Unsere Erklärungsversuche auf Deutsch prallten an ihm ab. Das wäre vermutlich auch nicht anders gewesen, wenn er verstanden hätte, was wir zu unserer Rechtfertigung vorbringen wollten. Er verwies uns sofort des Platzes. Da wir das aber ohnehin vorhatten, was er nicht wusste, traf uns die Strafe nicht so empfindlich.

Als wir schließlich all unsere Sachen und das Zelt eingepackt hatten, fuhren wir zur Rezeption um auszuchecken. Inzwischen hatte sich sein italienisches Temperament beruhigt und er versuchte uns, sein übermäßiges Aufbrausen zu erklären. Zuerst jedoch gab er uns einen Cappuccino und dem Jungen eine Cola auf Kosten des Hauses aus. Er gab uns in ruhigem Ton zu verstehen, dass es eine Trinkwassernot auf der Insel gäbe und eine Autowäsche strafbar sei. Er bat auch um Verzeihung für seinen schroffen Tonfall. Das verstanden wir natürlich und versuchten uns zu entschuldigen. Wir gaben ihm unsererseits die Erklärung mit den verschmutzten Autoscheiben, wofür er ein Einsehen hatte. Zum Abschluss pflückte er uns frische Feigen vom Baum neben der Rezeption und zeigte uns, wie man die reifen Früchte genießt. Sie schmeckten wirklich sehr lecker!

Nachdem uns die Fähre wieder auf dem Festland abgesetzt hatte, fuhren wir in Richtung Rom. Dort suchten wir uns einen passenden Campingplatz am Meer. Wir bauten unser Zelt in Lido di Ostia, einem Vorort der Metropole, auf. Deutsche Touristen gab es hier gar nicht. Hier machten die Römer mit ihren gesamten Familien Urlaub. Die Verständigung war dem entsprechend erschwert.

Um uns die Stadt anzuschauen, fuhren wir mit dem Auto zum nächstgelegenen Bahnhof und von dort mit dem Zug ins Zentrum von Rom. Das Collosseum war wirklich atemberaubend! Wir sahen den Petersdom auf dem Petersplatz, einige andere Sehenswürdigkeiten und eine historische Ausgrabungsstätte. Aus einiger Entfernung konnten wir auch den legendären Schornstein sehen, aus dem immer dann weißer Rauch aufsteigt, wenn ein neuer Papst gewählt wird. Auch eine traditionelle Hochzeitsprozession durften wir miterleben. Lustig fanden wir auch die in mittelalterliche Gewänder gekleidete Schweizer Garde, die an den Toren zum Vatikan wachte.

Als es Abend wurde, mussten wir die Rückfahrt zum Campingplatz antreten. Die Bahn, mit der wir gekommen waren, fuhr zu unserem Entsetzen um diese Tageszeit nicht mehr. Also mussten wir uns stattdessen eine Buslinie suchen. Vom Vatikan fuhr eine Linie zum zentralen Busumsteigeplatz vor dem Hauptbahnhof. Dort standen wenigstens zehn Linien in Fahrspuren an ihren Haltepunkten und luden die Fahrgäste mit offenen Türen zum Mitfahren ein. Welche aber konnte uns ans gewünschte Ziel bringen? Wir fragten die Busfahrer, die in einer Gruppe zusammen standen und Pause machten. Alle meinten, wir sollten erst mal in ihren Bus einsteigen. Entweder verstanden sie unser Anliegen nicht, oder sie bekamen Provisionen für jeden Fahrgast. Ein zufälliger Passant bekam unsere Ratlosigkeit mit und gab uns eine gute Empfehlung. Wir sollten in eine bestimmte Linie steigen und bis zur Pyramide fahren und dort in eine andere umsteigen, die uns dahin bringen sollte, wo wir hin wollten. Bis dahin wussten wir nicht mal, dass Rom eine Pyramide hat. Wir folgten seinem Rat und baten den entsprechenden Busfahrer, uns an der Cestius-Pyramide Bescheid zu geben und uns dort heraus zu lassen. Das klappte gut und nach nur einer halben Stunde Wartezeit hielt tatsächlich ein Bus. Er brachte uns in Richtung Ostia zu unserem Auto, das dort am Bahnhof Cristofero Colombo abgestellt stand. Weit nach Mitternacht kamen wir mit dem schon seit der ersten Busfahrt schlafenden Kind an unserem Zelt an.

Rom müssen wir uns später noch einmal gesondert als Reiseziel vornehmen. Vielleicht direkt als Städtereise mit einer qualifizierten Führung. Wir hatten ja auch den Vatikanstaat nur von außen sehen können. Das wird bestimmt interessant!

Die Tage auf Elba waren für uns neben den vielen schönen Impressionen der Insel, eine gute Schule in italienischer Lebensart. Sie vermittelte uns, dass man dem plötzlichen überschießenden Aufbrausen von Italienern nicht allzu viel Bedeutung beimessen sollte. Sie folgen meist nur ihrem sprichwörtlichen Temperament und lassen alles spontan heraus, was sie verärgert. Aber dann ist es auch raus und belastet sie nicht mehr. Das ist eine gute Voraussetzung für einen neuen Gesprächsstart. Wir können alle davon lernen und weniger nachtragend sein, wenn uns mal etwas auf der Seele liegt…

Für den Moment mussten wir jedoch unsere Reise an diesem Punkt beenden und Station für Station die Heimreise antreten. Schade, denn wir hätten gern mehr Zeit gehabt, um noch viel mehr kennenzulernen! Aber wir kommen wieder! Versprochen!

Kapitel 8

1994 – Unsere Hochzeitsreise

Im Mai des Jahres 1994 haben wir geheiratet. Und wie man das so macht, unternahmen auch wir eine Hochzeitsreise. Nun gibt es Paare, die für zwei Wochen nach Miami fliegen oder vielleicht auch nach Singapur. Andere geben sich das Ja-Wort und begeben sich als Brautpaar auf eine Safari in Afrika oder verleben ihre Flitterwochen in Mexico am Strand bei Cocktails und einer Mariachi-Kapelle. Auf jeden Fall planen alle etwas Unvergessliches, das die schönste Zeit im Leben krönen soll und woran man sich das ganze Leben erinnert. Das war schon immer so.

Genau das wollten wir auch! Ich meinte, etwas woran wir uns später erinnern würden. Es musste nur etwas kostengedämpfter ausfallen, weil wir unsere kärglichen Mittel lieber in eine Immobilie investieren wollten. Unser Traum war es zu dieser Zeit, uns von der Mietwohnung zu verabschieden und lieber in ein freistehendes Einfamilienhaus zu ziehen und ein eigenes Grundstück zu bewirtschaften. Natürlich wussten wir, dass uns niemand für unser mögliches Investitionsvolumen eine Fertigvilla hinstellen würde. Eigentlich waren wir schon froh darüber, dass wir eine Bank gefunden hatten, die trotz unseres geringen Eigenkapitals eine Finanzierung mit uns abschloss. Wir wussten ebenfalls, dass wir maximal ein altes Haus erwerben konnten und schwere Jahre mit viel Arbeit, viel Schweiß und wenig Freizeit auf uns zukommen würden. Das alles war uns wirklich bewusst. Trotzdem gingen wir diese Herausforderung gemeinsam an, denn wir wollten es unbedingt! Jede Faser unseres Körpers war dazu bereit!

Für unsere Hochzeitsreise musste nun etwas her, das uns in ewiger Erinnerung bleiben würde, etwas Abenteuer beinhaltet und uns ein wenig sportlich fordert. Wir mussten gar nicht lange überlegen. Wir beschlossen, eine Kanutour zu unternehmen. Das Ziel war auch schnell gefunden. Wenn man den Klang der Namen von New York, Acapulco oder Shanghai noch im Ohr hat, kommt man einfach zwangsläufig drauf. Es musste die Müritz sein!

Schnell hatten wir eine kurze Liste der notwendigsten Gegenstände zusammengestellt, die wir dafür brauchten. Darauf standen Luftmatratzen, ein Zelt, Decken und Schlafsäcke, ein paar Lebensmittel und natürlich Zigaretten plus Feuerzeug und dessen Reserve. Die Kühltasche durften wir nicht vergessen und genügend Klamotten zum Anziehen. Auch für Benjamin, der gerade neun Jahre alt war. Regenjacken mussten mit! Man weiß ja nicht, wie das Wetter wird. Sicher, Waschzeug ist obligatorisch sowie eine kleine Hausapotheke mit dem Wichtigsten. Ein bisschen Geld stecken wir natürlich auch ein. Tüten brauchten wir, um trocken zu halten, was nicht nass werden sollte. Schon bald wurde die Liste länger…

Wir hatten an alles gedacht, oder? Tief schauten wir uns in die Augen und waren uns sicher. Ja, wir haben alles! Doch plötzlich schoss es uns wie ein Geistesblitz durch den Kopf. Moment mal, ein Boot wäre auch nicht schlecht! Aber woher so schnell bekommen? Wir wälzten das Branchentelefonbuch. Ja, so etwas gab es früher. Richtig auf Papier gedruckt. Wir fanden ein paar wenige Vermieter. Zumeist waren die Bootsverleiher damals im Gebiet um Spandau angesiedelt. Bei uns im Ostteil der Stadt gab es noch nicht viele. Aber die wenigen, die es gab, hatten für den geplanten Zeitraum keine Boote mehr zur Verfügung. In Spandau gab es noch ein Kanu, das für uns drei geeignet schien. Ich orderte es und holte es später dort ab. Um es transportieren zu können, baute ich einen Dachgepäckträger auf unser Auto, legte es mit dem Kiel nach oben auf selbigen und verzurrte die Leinen an Bug und Heck an den vorderen und hinteren Abschleppösen des Autos. Um die Lackierung des Wagens nicht in Gefahr zu bringen, polsterte ich die möglichen Reibungspunkte der Zurrleinen mit weichen Lappen und ein paar Schaumgummistücken ab. So gesichert, brachte ich das Boot gut nach Hause und ließ es für die geplante Reise auch gleich auf dem Dach.

Wir konnten zum Glück pünktlich starten, weil wir alles am Vorabend der Reise gepackt hatten und das Boot noch auf dem Dach war. Die gesamte Aufzählung der mitzunehmenden Dinge passte bequem in unser Auto. Kein Wunder, es durfte ja auch nicht mehr mit, als im Kanu für das Gepäck Platz war.

Schon beim Losfahren erfasste das rechte Vorderrad das lose herunter hängende Ende des einen Seiles, mit dem ich das Boot am Auto festgezurrt hatte. Das Rad fuhr auf das Ende der Leine und zog sie mit der Kraft des anfahrenden Wagens unter das Auto. Mit einem unschönen Geräusch bog sich die Metallöse am Kanu auf, so dass sich die Halteleine explosionsartig lösen konnte. Mit einem mittelstarken Knall entspannte sie sich und ihre Knoten peitschten auf die Motorhaube, wo sie einen markanten Eindruck hinterließen. Nun hatten wir diese Öse am Kahn eingebüßt und eine Befestigungsmöglichkeit weniger. Zusätzlich mussten wir den ersten Karosserieschaden beklagen.

Wir wären aber nicht wir gewesen, wenn wir uns durch derartige Kleinigkeiten hätten abschrecken lassen. Kurzerhand verknoteten wir die eine Leine mit der anderen und verließen uns darauf, dass die vordere Befestigung damit schon halten würde. Es sah zwar nicht sehr elegant aus, aber erfüllte hoffentlich seinen Zweck.

Wir fuhren das erste Stück auf der Autobahn und setzten die Tour später auf der Landstraße fort. Dort gaben uns die entgegenkommenden Autofahrer sofort aufgeregte Handzeichen. Sie wollten wohl irgendwie signalisieren, dass etwas bei uns nicht in Ordnung sei. Wir bedankten uns im Vorbeifahren und suchten uns ein Plätzchen neben der Straße, wo wir alles noch mal kontrollieren wollten. Schon beim Aussteigen fiel auf, dass das Boot völlig verrutscht war und auch die Seile gar keine Befestigungsspannung mehr hatten. Die Polsterungen, die den Lack des Autos schützen sollten, gab es auch nicht mehr und die Halteleinen gruben sich bereits tief in die Lackschichten des Autos ein. Aber was soll‘s! Wir haben bereits drei Viertel des Weges geschafft. Umkehren? Nein, jetzt auch nicht mehr!

Wir versuchten also, das ungehorsame Kanu zu bändigen und mit den noch zur Verfügung stehenden Mitteln am Wagen zu verspannen, um mit beidem heil am Zielort anzukommen. Weitere Zwischenfälle dieser Art gab es dann glücklicherweise nicht mehr.

Ursprünglich wollten wir in Mirow starten, das Zelt im Boot mitnehmen, um es abends bei Bedarf an einer geeigneten Stelle aufzubauen. Das war unser Plan. Am Paddelcamp in Mirow waren jedoch bereits Warnungen angeschlagen, dass man genau dies nicht tun sollte. Schuld daran war die hohe Waldbrandgefahr zum einen, aber auch die Brut- und Aufzuchtzeit der Wasservögel zum anderen. Darum passten wir unsere Pläne halt an und bauten unsere Behausung in Mirow stationär auf. Dann unternehmen wir eben Touren mit festem Ausgangsort und festem Ziel.

Am nächsten Morgen ließen wir das Boot zum ersten Mal zu Wasser, packten die für den Tag notwendigen Dinge ein und stachen in See. Benjamin hatte seinen gepolsterten Platz im Bug des Kanus eingenommen und wir saßen auf den beiden Querbrettern, die als Sitze für die Paddler dienten. Für den Antrieb hatten wir Stechpaddel dabei, keine Doppelpaddel. Das hatte uns der Verleiher empfohlen. Mit Doppelpaddeln hatte ich viel Erfahrung. Mit diesen Käsestechern jedoch gar keine. Und schon gar keine Erfahrung hatten wir mit gemeinsamem Paddeln und der Koordination des Paddelschlags. Aufgrund dessen fuhren wir auf dem ersten See erhebliche Zickzack-Kurven. Aber irgendwann hatten wir unseren Rhythmus gefunden und hatten gelernt, relativ entspannt geradeaus zu fahren.

Bald schon hatten wir Mirow hinter uns gelassen, sind an Granzow vorbeigefahren und später in den Beuther Kanal eingebogen. Eine herrliche Landschaft und schöne ruhige Gewässer entlang an Naturschutzgebieten beschreiben diesen Weg! In kleinen Paddelpausen, in denen wir uns mit der Kraft der letzten Paddelschläge treiben ließen, war kein Geräusch wahrzunehmen, das nicht zur umliegenden Natur gehörte. Kein Autolärm, keine Eisenbahn, keine menschlichen Stimmen und kein Flugzeug störten diese Ruhe! Im Kanal hatten wir fast schon das Gefühl, Nebenarme des Amazonas zu durchqueren. Jeden Moment hätte ein Krokodil aus den Sümpfen ins Wasser gleiten können, um an uns Beute zu machen…

Schließlich erreichten wir hinter einer kleinen Biegung die Müritz an ihrem Ostufer. Kleine Wellen klatschten an den Strand gleich neben der Ausfahrt des Kanals. Hier zogen wir das Boot auf den Sand und legten eine Pause ein. Das war auch für den kleinen Benjamin gut, denn er musste ja die ganze Zeit stillsitzen. Wir waren vernünftig und verzichteten auf ein Lagerfeuer, weil es ja die hohe Waldbrandstufe gab. Also verputzten wir unsere mitgebrachten Würstchen kalt und aßen trockene Brötchen dazu. Ben spielte am Wasser und baute eine Kleckerburg im Sand, während wir uns ein wenig in der Sonne ausruhten.

Wir vergaßen dadurch ein bisschen die Zeit. Inzwischen war es fortgeschrittener Nachmittag und der Himmel bewölkte sich bedrohlich. Wind kam auf. Ich wusste aus meiner früheren Zeit beim Rudern noch, dass mit derart flachen Gewässern, wozu auch die Müritz gehört, nicht zu spaßen ist. In kürzester Zeit konnten große Wellen entstehen, die ein Befahren lebensgefährlich gemacht hätten. Ursprünglich wollten wir ein Stück auf die offene Müritz hinaus paddeln und dann durch den Beuther Kanal zurück fahren. Wegen des aufkommenden Windes verzichteten wir jedoch darauf und beschlossen, für die Rückfahrt den kürzeren Weg über den Müritz-Havel-Kanal zu nutzen. Dazu hielten wir uns so dicht es ging am Ostufer des Sees, um notfalls jederzeit festen Boden zu erreichen. Schließlich trugen wir auch die Verantwortung für das Kind!

Der Wind frischte inzwischen deutlich auf und Regen kam hinzu. Wir verpackten Benjamin so wind- und regendicht wie möglich und zogen auch uns die Regenpellen über. Wir mussten nun mit unseren Stechpaddeln erheblich gegen den Wind ankämpfen. Jedes Mal, wenn wir mal wegen Erschöpfung ein paar Schläge aussetzten, trieb er uns die doppelte Strecke wieder zurück. Wir mussten also all unsere Kraftreserven einsetzen, um nicht rückwärts oder etwa auf den offenen See getrieben zu werden. Uns war äußerlich eiskalt und unter den Regencapes lief uns trotzdem der Schweiß am Körper hinunter. Wir gönnten uns keine Atempause mehr und wollten einfach nur die Sicherheit am Südufer des Sees erreichen. Benjamin hatte große Angst und weinte fast ununterbrochen. Wasser schwappte dauernd ins Boot und sorgte auch dafür, dass der Junge nass wurde und bitterlich fror. Seine Lippen waren schon ganz blau. Zusätzlich übertrug sich natürlich auch unsere Anspannung auf seinen Gemütszustand.

Unsere Muskeln brannten inzwischen wie großflächige Wunden, die Blasen in den Händen waren längst aufgeplatzt und unsere Rücken waren völlig verspannt von der einseitigen Dauerbelastung. In der späten Dämmerung erreichten wir schließlich völlig entkräftet die Einfahrt zum Kanal, der die südliche Müritz bei Mirow mit den Havelgewässern verbindet. Eine große weiße Bake mit einem auf der Spitze stehenden Quadrat wies uns den Weg durch den dichten Schilfgürtel. Bei Ankunft im Kanal war es bereits stockfinster. Entweder hatte der Wind deutlich an Intensität verloren, oder wir spürten ihn im Schutz der Bewaldung am Kanal einfach nicht mehr. Jedenfalls war das Wasser wieder spiegelglatt und das frostige Gefühl ließ nach. Wir konnten auch die Regensachen ablegen und Benjamin beruhigen. Inzwischen war auch bei ihm der Abenteuergeist erwacht. Eine Bootsfahrt in der Nacht hatte er ja noch nie erlebt! Trotzdem wir vorerst das Gefühl hatten, es geschafft zu haben, war uns bewusst, dass nun noch acht Kilometer Kanal vor uns lagen und die Umfahrung der Stadt Mirow auf dem Wasserweg. Am Ende des Müritz-Havel-Kanals wartete auch noch die Schleuse auf uns.

Da wir mit keinem Gedanken damit gerechnet hatten, noch im Dunklen unterwegs zu sein, hatten wir natürlich auch keine Taschenlampe dabei. Am Kanalufer stand dichter Wald, deren Baumkronen sich teilweise über uns schlossen. Es war noch viel dunkler, als man es sich in einer mondlosen Nacht vorstellen könnte. Keine einzige Lichtquelle warf auch nur den geringsten Schein auf das schwarze Wasser. Des Öfteren sind wir sogar gegen das Ufer gefahren, weil wir es einfach nicht gesehen hatten. Das Boot machte dann heftig halt und wir fielen von unseren Sitzen in dem Rumpf, wo unsere Sachen lagen. Fast wären wir gekentert. Das hätte noch gefehlt! Alle paar hundert Meter saßen Angler am Ufer, die ihre Angelleinen vorsichtshalber einzogen, als wir im Zickzackkurs durch das Gewässer planschten. An eine halbwegs geordnete Geradeausfahrt war nicht zu denken. Wir hätten gern gewusst, was die Angler über uns dachten. Aber wir konnten es uns in etwa vorstellen. Ich schätze, das ungewollte Kurvenfahren auf dem Kanal machte aus den ursprünglich acht Kilometern auf der Karte bestimmt zwölf. Oder wenigstens zehn. Wir stippten die Paddel fast nur noch vortriebslos in das nachtdunkle Wasser. Einfach in der stoischen Gewissheit, dass ja irgendwann Mirow erreicht sein müsse. Und wenn es erst am Morgen wäre. Ich weiß nicht mehr, wie oft wir den Bootsverleiher verflucht hatten, uns zu diesen Stechpaddeln zu raten. Wenn es irgendwie möglich ist, nehme ich beim nächsten Mal wieder die gewohnten Doppelpaddel. Egal, was andere darüber denken!

Hin und wieder hörten wir Tiere, die ins Wasser sprangen oder es verließen. Bestimmt waren es Biber oder Ratten. Aber auch das war uns hier im Amazonas-Delta inzwischen völlig egal. Auch wenn es doch tatsächlich Krokodile gewesen wären…

Da hinten sahen wir ein Licht, später zwei. Das konnte nur die Beleuchtung der Mirower Schleuse sein! Das gab uns erneuten Auftrieb und wir paddelten das Kanu wieder mit etwas mehr Enthusiasmus in Fahrt. Erst als wir endlich anlegten und ausstiegen, konnten wir glauben, dass wir den Weg bis hier geschafft hatten! Aber jetzt verschafften sich auch die Schmerzen wieder neuen Zugang zu unserem Kopf und damit zu unserem Bewusstsein. Der Rücken fühlte sich bei uns beiden wie ein brennender Klumpen an. Die Hände waren blutig, was wir erst im Licht der Laternen sahen. Unsere Muskeln waren völlig überbeansprucht und schmerzten undefinierbar. Alle Gelenke schienen zu glühen. Irgendwie gelang es uns, das Boot, inklusive des Gepäcks darin, mit der „Rutsche" aus dem Wasser zu ziehen. So nennt man diese auf Schienen laufenden Wagen, mit deren Hilfe man kleinere Boote um die Schleuse herum fahren kann, denn die war schon lange zu. Die letzte Schleusung des Tages fand um neunzehn Uhr statt. Jetzt waren wir bereits eine Stunde an Mitternacht vorbei!

Wir polterten die Gleise entlang bis zur anderen Seite der Schleuse und setzten das Kanu wieder ins Wasser ein. Am havelseitigen Steg nahmen wir drei, wenn auch widerwillig, unsere Plätze wieder ein und paddelten weiter. Nach der Pause empfanden wir es dreifach schwer. „Fast geschafft!" dachten wir. Ein Stück Kanal noch, dann nach links Richtung Mirow. Dann aber schien der letzte Rest der

Strecke einfach kein Ende zu nehmen. Dass wir noch den gesamten Mirower See durchfahren mussten, um später noch in seinen Seitenarm abzubiegen, war uns nicht richtig bewusst. Hier lag das Paddelcamp, die heutige Kanu-Station Mirow. Es waren also noch mal etwa zwei Kilometer von der Schleuse aus zu fahren.

Angekommen! Wir zerrten noch eilig das Boot ans Ufer, holten die notwendigsten Dinge heraus und schleppten uns wie von Sinnen zum Zelt. Die Luftmatratzen hatten wir gottseidank schon am Vorabend aufgepumpt, damit wir nach der Tour eine komfortable Schlafstätte vorfinden. Zum Abschluss lassen wir uns nur noch in die wärmenden Schlafsäcke fallen. Zu keinem anderen Gedanken sind wir mehr fähig. Nur eines ging uns kreuz und quer durch den Kopf: „Nie wieder paddeln!"

Wir hatten auch bis heute nie wieder solche Schmerzen in den Muskeln und unseren Gelenken! Insofern hatten wir das große Ziel bereits in diesem Moment erreicht. Wir wollten ja etwas Einmaliges erleben, das alles in den Schatten stellte, was wir bis dahin kennen gelernt hatten und das uns in unvergesslicher Erinnerung bliebe. Also Treffer und Punkt! Alles richtig gemacht!

Am nächsten Morgen wachten wir auf und waren erstaunlich fit. Die Schmerzen, die wir vor ein paar Stunden noch für unerträglich hielten, waren weitestgehend verflogen. Das ist ein unermesslicher Vorteil, wenn man erst Anfang dreißig ist. Nachdem wir unser Frühstück gegessen und etwas Sonne getankt hatten, kam uns eine Idee. Wir könnten ja mal probieren, ob es mit dem Paddeln noch klappt. Sogar Benjamin war von dem Gedanken begeistert! Wir schoben das Kanu, das wir in der Nacht nur soweit auf das

Ufer gezogen hatten, dass es gerade nicht von selbst in den See zurück rutschen konnte, ins Wasser und stiegen hinein. Als wir die ersten Paddelstöße versuchten, konnten wir's kaum glauben. Uns tat erstaunlicherweise kaum etwas weh. Vielleicht so, als wären wir ein wenig eingerostet, aber auch das gab sich nach kurzer Zeit von selbst. Wir verbrachten dann doch wieder mehrere Stunden auf dem Wasser und erkundeten ein paar Nebengewässer, die uns in Gedanken wieder zum Amazonas beamten. Wer war das nur, der wenige Stunden zuvor hundertprozentig der Ansicht war: „Nie wieder Paddeln!“ ?

Mit dem Zelt mussten wir jedoch am späteren Nachmittag umziehen. Der Platz, den wir vorerst nutzen konnten, war vermietet. Also nahmen wir unsere paar Habseligkeiten und zogen etwa hundert Meter weiter auf die Wiese, wo auch schon andere Zelte standen. Hier konnten wir das Auto direkt neben unsere Behausung stellen und seine Stromversorgung für unsere Kühlbox nutzen. Dort war auch eine Feuerstelle von vorangegangenen Campern, die wir wieder anfachen konnten. Da wir auf der Wiese frei standen, spielte hier die Waldbrandgefahr keine Rolle. Außerdem hatte es ja auch kurz, aber ausgiebig geregnet, als wir mit dem Boot unterwegs waren.

Wir blieben am nächsten Tag noch bis in die frühen Abendstunden, denn das Kanu musste erst am Tag darauf wieder zurück nach Spandau. Wir wollten noch die verbleibende Zeit nutzen und möglichst viel von der Natur erleben. Das Lagerfeuer mit gegrillten Würstchen war für Benjamin bestimmt das Highlight. Er besorgte unermüdlich trockenes Holz, um es am Leben zu halten.

Nun war die Zeit gekommen, dass wir unsere Sachen packen und abreisen mussten. Benjamin löschte sein Feuer und wir bauten das Zelt ab, nachdem wir alles andere eingepackt und das Boot wieder auf dem Dach des Autos angebunden hatten. Nun waren wir die letzten, die die Nachmittagssonne nutzten und so lange wie möglich blieben. Wir hatten es nicht eilig! Uns trieb ja auch nichts anderes an.

Wir saßen alle im Auto und wollten starten. Das Auto jedoch hatte andere Pläne. Gut war, dass wir die Kühlbox nutzen konnten. Das hatte jedoch den Preis, dass nun die Batterie des Wagens zu leer zum Starten des Motors war. Ein kurzes Stück neben der Wiese verlief der geschotterte Weg des Campingplatzes, der eine kleine Abschüssigkeit aufwies. Wenn wir es hätten schaffen können, das Auto dort hin zu schieben, wäre es uns sicher gelungen, es mit Hilfe der Wegneigung anzuschieben und den Motor zu starten. Da der Regen aber den Boden der Wiese aufgeweicht hatte, sank das Auto mit allen vier Rädern soweit ein, so dass wir es alleine nicht einen einzigen Zentimeter bewegen konnten. Das wäre mit Motorkraft schon nicht leicht gewesen, aber ohne absolut unmöglich.

Niemand war in der Nähe, der uns hätte helfen können, da wir inzwischen ganz allein auf der Campingwiese standen. Die paar Paddler, die noch hätten Hand anlegen können, waren mit und ohne Boote unterwegs. Die anderen Autos waren inzwischen auch weg, so dass auch niemand Starthilfe mit einem Überbrückungskabel geben konnte. Keine glückliche Situation!

Wir überlegten uns, dass wir das Auto irgendwie leichter machen mussten, um es dann erneut mit Schieben versuchen zu können. Also räumten wir unser Gepäck und das Zelt wieder aus. Wir nahmen auch das schon befestigte Boot wieder vom Dach und stapelten all unser Equipment wieder auf der Wiese neben dem Auto auf. Zusammengenommen war das ein wirklich riesiger Haufen, von dem niemand geglaubt hätte, dass alles zuvor im Auto verstaut war. In der Hoffnung, nun etwas zu erreichen, versuchten wir erneut und mit vereinten Kräften, das Auto aus den Vertiefungen zu wippen, in die alle vier Räder auf dem feuchten Grasboden eingesunken waren. Immer wieder versetzten wir dem Wagen kräftige Impulse, die ihn aufschaukeln sollten. Wäre er erstmal ein paar Zentimeter mit seinen Rädern aus den Senken herausgerollt, die sich durch das Stehen bildeten, hätten wir ihn auch bis zum abschüssigen Weg geschoben bekommen. So war unser Plan. Es erinnerte uns irgendwie an die Fabel, bei der alle verfügbaren Tiere an der Rübe zerren, es ihnen aber nicht gelingt, sie aus der Erde zu ziehen. Erst die kleine Maus vermochte die fehlende Kraft aufzubringen, um die Rübe gemeinsam aus dem Boden zu bekommen. Wo also war unsere verdammte Maus?

Nachdem wir es unzählige Male versucht hatten, verließ uns nicht nur die Kraft, sondern auch der Mut. Die allgemeine Stimmung wechselte auch in eine Richtung, in der wir sie nicht brauchen konnten. Verzweiflung machte sich breit. Tausende Gedanken nisteten sich in unseren Köpfen ein. Hier muss ich wieder ein altes Sprichwort zitieren: „Wenn du denkst, es geht nicht mehr, kommt von irgendwo ein Lichtlein her…“

Gerade, als wir aufgeben wollten, geschah das Wunder! Das Lichtlein gehörte zu einem alten Multicar, mit dem der

Platzwart in diesem Moment zum Zeltplatz zurückkehrte und unsere Misere bemerkte. Sofort bot er an, uns mit einem Abschleppseil von der Wiese zu ziehen und beim Schleppen gleich den Motor zu starten.

Gesagt, getan! Wir waren voller Freude und bedankten uns überschwänglich! Er meinte, dass es doch unter Paddelfreunden eine Selbstverständlichkeit sei, sich gegenseitig zu helfen. Natürlich hatte er recht. Wir hätten in einer umgekehrten Situation auch alles getan, um Hilfebedürftige zu unterstützen!

Als der Motor des Autos wieder schnurrte, packten wir den unglaublich großen Haufen wieder ein, der noch auf der Wiese lag. Das Boot landete wieder Kiel nach oben auf dem Dach und wir befestigten es, den Erfahrungen der Hinfahrt folgend, diesmal ordentlicher. Den Motor ließen wir solange laufen, um nicht die Starthilfe erneut in Anspruch nehmen zu müssen. Das wäre uns dann doch zu peinlich gewesen. Während der Heimfahrt und beim Rücktransport nach Spandau hat sich das Kanu auch nicht wieder losgerissen. Der Verleiher fragte bei der Rücknahme, ob alles in Ordnung sei oder ob es irgendwelche Zwischenfälle gegeben hätte. „Nein“, sagte ich im Brustton der vollsten Überzeugung. „War alles toll! Alles super! Hat einen Riesenspaß gemacht!“

Wir waren uns nur nicht ganz sicher, ob wir das als unsere Hochzeitsreise bezeichnen sollten. Deshalb erklärten wir die Reise nach Portugal, die wir in Kürze mit Freunden antreten wollten, zur dieser.

Kapitel 9

1994 – Mit drei Familien an die Algarve

Eine unglaublich lange Tour lag vor uns! Ziel war wieder die Algarve im Süden Portugals. Das bedeutete, mehr als 3.500 Kilometer Autofahrt! Wir wussten, es würde öde Passagen geben, die wir einfach kilometerfressend hinter uns bringen mussten. Und damit nicht genug. Wir wollten auch noch die gesamte Fahrt über in Sichtkontakt bleiben. Nein, wir mussten! Ein günstiges Handy für Jedermann war noch immer nicht auf dem Markt und mit CB-Funkgeräten zu hantieren, ist auch kein wahres Vergnügen. Vielleicht kamen wir damals auch einfach nicht auf diese Idee. Sollten wir uns verlieren, würde die Reichweite solcher Geräte auch nicht ausreichen.

Wir begaben uns also als drei Familien in drei Autos auf diese lange Reise. Jede Familie mit einem nicht mehr ganz kleinen Kind. Insgesamt waren wir also neun Personen. Das erforderte natürlich, dass wir auch an Eventualitäten denken mussten. Für den Fall, dass wir uns mal irgendwo verloren hätten, hatten wir eine Verabredung getroffen. Wir erstellten die Regel, dass jeder weiter fährt bis zum nächsten Ortseingangsschild auf der Route und dort auf die anderen wartet. Oder er hinterlässt am Schild eine Nachricht in form eines Notizzettels für die abhandengekommenen Mitreisenden. Das hat ja früher beim Trampen auch schon gut geklappt. Und warum nicht auf Bewährtes setzen? Auf diese Weise würden wir in so einem Fall wieder sicher zueinander finden.

Mitunter wurde das ein ganz schön anstrengendes Unterfangen! Die lange Fahrt, die Wärme, die Konzentration auf einander und die Müdigkeit setzten uns bisweilen zu. Wir legten aber oft Pausen ein und wechselten uns in den Autos als Fahrer ab. Mal fuhren alle Männer, mal die Frauen. Das bot dem jeweils anderen Gelegenheit für ein kleines Nickerchen. Aber wir mussten auch der aufkommenden Langeweile bei den Kindern entgegenwirken. Deshalb fuhren sie manchmal zusammen in einem Auto mit.

Auf diese Weise bewältigten wir die erste Etappe bis etwa Mittel-Frankreich, wo wir uns einen gut ausgebauten Rastplatz an der Autobahn suchten. Es gab dort Areale mit ausgedehnten frisch gemähten Wiesen unter Palmen, wo die Straße kaum zu hören war. Wir holten unsere Schlafsäcke heraus und lagen zu Acht nebeneinander auf dem Rasen und schliefen entspannt an der frischen Luft. Wir hatten keine Sorgen, waren müde genug und die Gemeinschaft vermittelte uns eine gewisse Sicherheit, so dass wir schnell einschliefen. Nur unser Freund Peter, der mit uns unterwegs war, hatte panische Angst, Opfer einer Organmafia zu werden und verbrachte deshalb die Nacht im abgeschlossenen Auto. Er wachte als einziger von uns mit schlimmen Schmerzen im Rücken und dicken verquollenen Augenringen auf. Zum einen musste er mit der stickigen Luft im Fahrzeuginneren klarkommen, da er ja auch die Fenster nicht offen hielt. Zum anderen war die Schlafhaltung auf dem Sitz unbequem und zu allem tat die Temperatur ihr Übriges. Dass führte dazu, dass er seinen Tag genauso müde begann, wie er den Abend beendete. Das war es ihm jedoch wert! Er hatte nicht lange vor Fahrtantritt einen Bericht im Fernsehen gesehen, worin es um eine Form des Organhandels ging. Menschen wurden dabei Opfer von skrupellosen Banden, die in erster Linie in Obdachlosen eine leichte Beute fanden, sie entführten und ihnen wichtige innere Organe entnahmen. Diese verkauften sie auf dem Schwarzmarkt und verdienten Unsummen damit. Der Gedanke, morgens ohne Nieren oder andere lebenswichtige Innereien aufzuwachen, trieb ihm die Angst in die Glieder und ließ ihn die nächtlichen Strapazen ertragen. Wenn wir ihn damit aufzogen, sagte immer „Ihr werdet schon sehen, wenn ihr früh ausgeweidet wach werdet …"

Da wir zu dieser Zeit noch alle gern am Glimmstängel hingen, musste das Erste am Morgen natürlich eine Zigarette sein, zu der wir uns gemeinsam auf eine lange Bank am Rande der Schlafwiese setzten. Wir schauten alle in die gleiche Richtung. Genau zum Parkplatz. An uns vorbei zogen viele Leute, die aus der Gastronomie der Raststätte kamen und zu ihren Fahrzeugen gingen oder auch in die Gegenrichtung. Wir ließen die Eindrücke des Morgens gerade noch auf uns wirken, suchten im ausgelassenen Gelächter unsere Körper nach Spuren entnommener Nieren oder Herzen ab und versuchten, mit der ersten Zigarette des Tages richtig wach zu werden. Wir schauten beiläufig auf die vorübergehenden Leute und blieben mit unseren Blicken an einer Gruppe Afrikaner hängen, die in einer Reihe nebeneinander an uns vorbei ging. Sie waren von stattlicher Statur, trugen prachtvolle Trachtengewänder aus hellen festen Stoffen, die in der Morgensonne glitzerten und auf den Köpfen flache Kappen aus dem gleichen Material. Einer der fünf großgewachsenen Männer blieb plötzlich stehen, während die anderen langsam weiterliefen. Wir sahen ihn jetzt nur noch von hinten. Er machte seltsam angestrengte Bewegungen und hob einen Moment später seine Tracht ein wenig an, die wie ein bodenlanger Mantel geschneidert war. Als er einen Schritt weiter gelaufen war, ließ er sein Gewand wieder frei fallen und reihte sich zu den anderen ein, die nach seinem kleinen Pausieren nur wenige Schritte vor ihm liefen.

Anschließend trauten wir unseren Augen kaum und vergaßen sogar, an unseren Zigaretten zu ziehen. Wir hatten schon viel gesehen und inzwischen auch einiges erlebt! Dies aber war neu und hinterließ bei uns allen einen bleibenden Eindruck! Mitten auf dem von vielen Leuten benutzten und kunstvoll mit Ornamenten gepflasterten Hauptweg der Raststätte, blieb die fäkale Hinterlassenschaft des Mannes liegen, um es damit etwas abgemildert zu umschreiben.

Keiner von uns konnte das gerade Gesehene sofort in passende Worte fassen. Alle dachten wir zuerst, wir wären auf eine gut gemachte optische Täuschung hereingefallen. Vielleicht wurde hier auch in diesem Moment gerade eine neue Folge von “Versteckte Kamera“ gedreht.

Unmöglich, das konnte gerade nicht so passiert sein! Schließlich tauschten wir aber unsere Eindrücke aus und es blieben keine Zweifel mehr daran. Der so edel anmutende Trachtenträger hatte hier im Gehen, oder besser im Stehen, eine stattliche Kackwurst abgesetzt. Außer einer gewissen Sprachlosigkeit blieb bei uns allen der unfassbare Gedanke zurück, wie das edle Gewand wohl von innen aussehen musste…

Vor uns lag die nächste lange Etappe durch das französische Zentralmassiv mit seiner atemberaubenden Landschaft. Peter hatte nicht nur erhebliche Angst vor ungewollter Organentnahme, sondern auch vor horrenden

Summen, die hier für Maut auf uns zukommen würden. Deshalb überzeugte er uns, dass wir unseren weiteren Weg bis Spanien parallel der Autobahnen über Landstraßen fortsetzten.

Die Fahrt über die kurvigen Bergstraßen zog sich, weil wir dort nur im Schleichgang vorankamen, sehr in die Länge. Schließlich wurde es bereits Abend und trotzdem wir den ganzen Tag unterwegs waren, hatten wir auf der Karte betrachtet nur ein verhältnismäßig kleines Stück zurückgelegt. Wir mussten unbedingt schneller werden, wenn wir in diesem Urlaub noch zum Ziel gelangen wollten. Nachdem wir fünf zu eins abgestimmt hatten, fuhren wir gegen Peters heftigen Protest, schließlich doch auf die Autobahn. So unendlich teuer wie befürchtet, war es dann am Ende doch nicht. Das musste sogar er einsehen, wenn auch widerwillig.

Nun machten sich aber die Folgen der wenig erholsamen Nachtruhe bei Peter bemerkbar. Er fuhr gerade als erstes Auto voraus, so dass wir ihn von hinten beobachteten. Er konnte die Fahrspur kaum mehr halten und brauchte irgendwann die gesamte dreispurige Breite der Autobahn, die glücklicherweise zu dieser späten Tageszeit vollkommen frei von anderen Verkehrsteilnehmern war. Hupend brachten wir unsere Autos auf gleiche Höhe mit seinem, um ihn zu wecken und am Ende auch zum Anhalten zu bewegen. Dies gelang uns einfacher als gedacht. Vor allem aber, ohne irgendwelche Blessuren an uns und den Autos zu verursachen. Stur wie er war, zeigte er sich überhaupt nicht einsichtig. Trotzdem und auch, weil ihm seine Frau Gudrun heftig ins Gewissen redete, nahmen wir die nächste Abfahrt und richteten uns wieder ein Nachtlager ein. Hier gab es weit und breit keine großzügig gebaute Raststätte mit kuscheligen Schlafwiesen. Nicht mal eine passende Fläche, sondern nur Dornengestrüpp. So schliefen wir alle in den Autos, nur Peter mit Familie bei geschlossenen Fenstern, weil er doch seine Organe einfach nicht hergeben wollte...

Am nächsten Tag, nachdem wir die innereuropäische Grenze im Baskenland bei Irun überquerten, setzten wir unsere Fahrt durch Spanien fort. Es folgte eine lange stupide Autobahnfahrt. Wir mussten einmal quer durch das nicht gerade kleine Land fahren. Nach einer weiteren Übernachtung erreichten wir bei Badajoz irgendwann die portugiesische Grenze und fuhren von dort aus weiter in Richtung Lissabon.

Als wir in der portugiesischen Hauptstadt ankamen, scherte Peter plötzlich hinter uns aus und verließ unvermittelt die Autobahn. Vielleicht hatte er gerade festgestellt, dass wir viel zu weit gefahren waren. Wir bemerkten das auch selbst genau in diesem Moment. Schon viele Kilometer vor der Stadt hätten wir bereits in Richtung Süden abzweigen müssen. Wie auch immer, Peter und Gudrun waren unvermittelt weg. Dumm daran war aber, dass nur allein sie das genaue Ziel kannten. Wir restlichen vier Erwachsenen wussten, dass es sich irgendwo an der Algarve befinden sollte. Mehr jedoch nicht. Auch nicht, in welcher Stadt. „Fahrt mir einfach nach! Ich bringe euch da schon hin!“ sagte er immer, wenn es um den Zielort ging. Nachfahren ist nicht so einfach, wenn er als letzter der Kolonne fährt…

Wie für solche Szenarien verabredet, spulten wir nun unseren vorbereiteten „Plan B“ ab. Und es funktionierte wieder einmal. Wir haben uns an der ersten Raststätte nach der Trennung der Gruppe wieder getroffen. Das dauerte zwar ein wenig, aber hat prima geklappt. Warum genau er das Auto-Trio verlassen hatte, war ihm selbst nicht so recht klar. Ich denke aus heutiger Sicht, die lange Fahrt und die schleichende Müdigkeit forderten ihre Tribute.

In Lagos angekommen, leitete uns Peter sicher zum angesteuerten Campingplatz, der inmitten eines großen Eukalyptushains lag. Die Rinde der Bäume schälte sich mit einer gleichzeitigen Verwindung der Stämme fortwährend und sorgte so für einen flächendeckenden Mulchteppich aus deren abgestoßenen Resten. Diese Bäume verströmten ätherische Öle, deren starken Geruch nicht jeder sofort als angenehm oder wohlriechend beschreiben würde. Eher erinnerte das in der Luft liegende Aroma massiv an Katzenurin. Nach einer gewissen Zeit der Präsenz dieses Duftes empfanden wir ihn jedoch kaum noch. Sicher lag das am Effekt der Gewöhnung.

Wir stellten unsere Zelte wie ein kleines Dorf auf. Alle mit ihren Eingängen zueinander. Die Zwischenräume, die sich zwischen den Zelten bildeten, füllten wir mit je einem Windschutz. So entstand eine kleine Einfriedung. Höhepunkt bildete das große Steilwandzelt von Peter und seiner Familie. Mit Sitzgruppe und Essecke davor, wurde es schnell zu unserem sozialen Mittelpunkt. Dort fand auch der Grill seinen Platz. Neben dem Eingang zum „Dorf“ war nun noch genug Platz zum Spannen einer mitgebrachten Netz-Hängematte. Wir befestigten die Halteseile an zwei ausreichend weit auseinander stehenden Bäumen und hängten die Matte ein. Ein halber Meter mehr zwischen den Bäumen wäre wünschenswert gewesen. So, wie sie nun aber standen, hing mein Hinterteil beim ersten Ausprobieren nur knapp über dem Boden. Das tat jedoch dem ersten Relax-Versuch keinen Abbruch.

Den langen überschüssigen Rest des Seils hatten wir oberhalb der Hängematte an den beiden sich gegenüberstehenden Bäumen befestigt und dazwischen nur locker gespannt. Wir wollten es nicht auseinander schneiden. Dafür war es uns dann doch viel zu schade. Was ließ sich damit tun? Eine Lampe dran hängen? Nein! Ich hatte eine viel bessere Idee! Ich verriet sie aber den anderen nicht und begann stattdessen, eine der frischen kalten Literflaschen Sagres-Bier in das Seil zu knoten, die wir gerade gekauft hatten. Nun dämmerte ihnen, was ich vorhatte und sie feuerten mich an. Anschließend positionierte ich deren Öffnung genau über meinem Mund. Während ich nun die Haltbarkeit unserer Konstruktion testete, ließ ich mir gemütlich den Flascheninhalt wie eine Infusion einplätschern. Ein Liter recht starkes portugiesisches Bier und die vierzig Grad Umgebungstemperatur verrichteten eine gute Arbeit! Ich hätte jetzt eigentlich den Rest des Tages in der Matte verbringen können.

Wichtig war jedoch nur eines. Die Konstruktion hielt mich und die Flasche aus, auch wenn die anderen über meinen geringen Abstand zum Boden lästerten. Als nächster probierte es Frank und auch bei ihm hielt alles. Dann Peter. Er, der am lautesten lachte, als mein Allerwertester nur wenige Zentimeter über den Eukalyptusrinden hing, knallte nur wenige Sekunden nach seiner Besteigung der Hängematte heftig auf den Boden, als eines der Halteseile plötzlich abriss. Die zuvor durch eine volle ersetzte Bierflasche konnte sich ohne das Seil auch nicht alleine in der

Luft halten und folgte ihm. Da sie zum Trinken auch über seinem Gesicht positioniert war, knallte sie Peter aus etwa einem Meter Höhe mitten auf den Schnabel, was ihm eine dicke Lippe einbrachte. Dieses Schauspiel löste bei uns allen einen unkontrollierbaren Lachkrampf aus und Peter bekam spontan den Beinamen „Dicker Deutscher Tourist", obwohl wir damals alle nicht übergewichtig waren. Später folge wegen seiner Kopfbedeckung noch eine passende Ergänzung. Schon seit wir gemeinsam nach Portugal unterwegs waren, hatte er ein Basecap auf dem Kopf, um Sonnenbrände zu verhindern. Darauf stand in bunten Buchstaben „ALGARVE". Deshalb hieß er von nun an „Dicker Deutscher Tourist mit Algarve-Mütze".

Der Campingplatz Lagos lag auf einem Hochplateau direkt am Meer. Hinter dem Zaun verlief noch ein Fußweg und dahinter fiel die Steilküste etwa 70 Meter tief ab. Um vom Platz an den Strand zu gelangen, mussten wir einhundertsiebzig Stufen überwinden. Hinunter war es zwar aufwändig, aber hinauf verlangte uns die Treppe, mit ihrer Stufenhöhe von zum Teil fast einem halben Meter, alles ab. Wenn wir bei Temperaturen um vierzig Grad baden gehen wollten, mussten wir uns schon gut überlegen, ob wir alles dafür eingepackt hatten. Notfalls haben wir aber auch die Kinder motivieren können, das eine oder andere später noch zu holen. Nur allzu oft funktionierte das nicht. Sie kamen schnell dahinter, dass man dafür Forderungen stellen konnte…

Die Algarve ist wirklich ein paradiesischer Ort! In Lagos hat die Küste kleine Buchten gebildet. Fast wie kleine Privatstrände. Auf unserem kleinen Strandabschnitt gab es damals einen kleinen, einfach gebauten und mit Palmenblättern gedeckten, Pavillon. Er hatte auch nur ein paar wenige Sitzplätze. Hier bot die Betreiberfamilie eine kleine Auswahl an kalten Softdrinks an. Wen der kleine Hunger plagte, konnte sich dazu auf einem offenen Rost gegrillten Fisch bestellen. Es gab hier auch das sehr gut schmeckende Sagres-Bier und frischen Sangria in Liter-Karaffen. Vielleicht mixten sie auch Cocktails, aber die interessierten uns weniger. Die Fische, zumeist kleine Makrelen oder auch Heringe, wurden auf heißer Glut scharf angegrillt und später zwischen Zweigen von Eukalyptus gargezogen. Wem läuft bei dieser Vorstellung nicht gleich das Wasser im Munde zusammen? Wir konnten diese leckeren Angebote ein paar Tage nutzen. Dann aber mussten wir leider noch im selben Urlaub miterleben, wie die Polizei diesen Imbissstand schloss. Wie wir vermuten, geschah es vielleicht wegen Schwarzarbeit oder Steuerschulden. Es war auf jeden Fall sehr schade! Der Stand war eine Bereicherung für die Bucht und hatte großen Anteil an unserer Urlaubsfreude!

Dieser Küstenabschnitt mit seinen Grotten und Einschnitten wurde offensichtlich durch die Gezeiten, den Wind, durch das Meer und die Wellen geschaffen, die hier in Millionen von Jahren extra für uns eine perfekte Landschaft gestalteten. Hier waren uns kaum Grenzen gesetzt. Wir konnten während abenteuerlichen Ausflügen tiefe Höhlen erkunden, im lauwarmen Wasser des Golfstroms in den Wellen toben, abendliche Steilküstenspaziergänge unternehmen oder geführte Bootstouren buchen. Nur eines ging nicht gut: Lenkdrachen steigen lassen. Schon der erste Versuch lief richtig schief. Immer wieder fiel das Fluggerät herunter, weil eine Flaute für zu wenig Aufwind sorgte.

Einmal fing der Drachen bereits im Fallen doch noch eine Bö und schoss mit deren voller Energie direkt auf einen Strandtouristen nieder, der ahnungslos auf einem Felsbrocken saß und seine deutsche „BILD“ las. Der Drachen verfehlte sein Opfer nur um wenige Zentimeter und zerschellte mit einem harten Aufprall auf dem Fels. Trotzdem der Zeitungsleser unbeschadet blieb, jagte ihm der Drachen aber dennoch einen Mordsschrecken ein. „Selbst schuld!“ dachten wir. Muss man an der Algarve am Strand unbedingt BILD-Zeitung lesen? Viel schlimmer war, dass dieser Absturz auch gleichzeitig für sein eigenes jähes Ende sorgte. Seine Fiberglasstangen zerbröselten durch den Crash in tausend Teile, was ihn vorübergehend unbrauchbar machte.

Nach einer liebevollen Instandsetzung mit neu beschafften Stangen nahmen wir ihn abermals mit. Diesmal jedoch an einen anderen Strandabschnitt an der Westküste, nicht weit entfernt. Dort waren weniger Badegäste unterwegs und abgesehen davon, dass hier das Wasser etwa zehn Grad kälter war, wehte hier auch ständig eine scharfe Brise. Diese gab ihm den richtigen Auftrieb. Die Zugkraft, die er dadurch entwickeln konnte reichte aus, um mich im Ganzen über meine Fersen durch den Sandstrand zu ziehen. Und das nur bei 1,50 m Flügelspanne des Drachens. Unglaublich! Nicht auszumalen was passiert wäre, wenn der bildzeitungslesende deutsche Tourist von unserem fliegenden Ungetüm aufgespießt worden wäre…

Lagos hielt noch einige wunderschöne Tage für uns alle bereit. Doch irgendwann war die Zeit soweit fortgeschritten, dass wir die Rückreise antreten mussten. Wir hätten es gewiss noch einige Zeit hier ausgehalten!

Wir fuhren dann ein relativ straffes Programm und nahmen den kürzesten Weg. Wir hatten niemanden mehr im Schlepptau, auf den wir Rücksicht nehmen mussten. Frank musste schon eine Woche vor uns abfahren und Peter hatte noch eine Woche länger Urlaub als wir.

Bereits während der Hinfahrt lag uns Benjamin in den Ohren, dass er doch so gern mal nach Disney-Land wollte. Wir konnten jedoch einen Bogen um Paris machen, der das nicht ermöglichte. Er war darüber nicht glücklich, sah es jedoch ein.

Wir fuhren den ganzen Tag über und auch bis in die Nacht durch, um möglichst viel Strecke zu schaffen. Das war für den Jungen auf der Rücksitzbank eine langweilige Sache, was ihn immer wieder einschlafen ließ. Eigentlich hatten wir es uns bereits heimlich vorgenommen, mit Benjamin in den Vergnügungspark zu fahren. Nun aber konnten wir seine kurzen oder auch längeren Nickerchen dafür nutzen, uns entsprechend abzustimmen. Wir beschlossen also, die nächste Pause in der Peripherie von Paris zu machen. Genauer gesagt steuerten wir den Parkplatz vom Disney an und übernachteten dort im Auto. Benjamin ist nach dem Anhalten nicht aufgewacht. Wir legten ihm eine leichte Decke über und ließen ihn schlafen.

Als er früh erwachte, sah er als erstes den riesigen bekannten Schriftzug am Eingang und das Disney-Logo mit dem Märchenschloss. Seine Augen waren riesengroß und leuchteten! Einen schöneren Dank für unsere gelungene Überraschung hätten wir nicht bekommen können!

Den ganzen Tag über schlenderten wir durch den großen Vergnügungspark, nutzten ein Teil der Fahrgeschäfte und Attraktionen, die auch uns recht gut gefielen. Da waren schon Dinge dabei, die fast an die Grenzen gingen. So beispielsweise der Simulator des X-Wing-Flyers aus STAR-WARS. Das war eine so lebensechte Simulation, dass man mit allen Sinnen angespannt war und nur noch schwer Realität von Fiktion unterscheiden konnte. Einen zirka zehnjährigen Jungen mussten Sanitäter sogar am Ausgang der Simulation reanimieren. Ihm war das erlebte offenbar zu viel oder er hatte vielleicht Vorerkrankungen.

Abends gingen wir noch im Disney-Restaurant essen. Damit rundete sich Ben‘s Tag gelungen ab und wurde zu einem schönen und unvergesslichen Erlebnis seiner Kindheit.

Für uns alle drei war die gesamte Tour nun doch noch eine wirklich schöne Hochzeitsreise…

Kapitel 10

2001 – Der Flug nach Istanbul

Der Winter in Berlin und Brandenburg war zum Jahresbeginn 2001 ungewöhnlich kalt und wir hatten in unserer eigentlich sehr gemäßigten Gegend relativ viel mit Eis und Schnee zu tun.

Für Ende Januar hatte ich eine Städtereise nach Istanbul gebucht. Damit hatte ich Kirsten überrascht, auch um ihr damit zu zeigen, dass ich in Bezug auf die Fliegerei kein Feigling sei. Ja, mir war schon mulmig bei dem Gedanken, weil ich, auch wenn ich es immer wieder abstreite, doch ein bisschen unter Flugangst leide. Ich wollte damit zum Ausdruck bringen „Sieh mal, ich traue mich doch!"

Wir hatten schon viel über diese riesige Metropole gehört, was aber nur ein sehr kleiner Bruchteil dessen war, was es über diese Stadt an Wissenswertem gibt. Hier pulsiert wirklich das moderne türkische Leben und die Stadt könnte gut und gern als die heimliche Hauptstadt der Türkei durchgehen. Dieser urbane Schmelztiegel der Kulturen hat wirklich von allem etwas zu bieten! Hier trifft Altertum auf die Moderne. Der Bosporus, also die Wasserverbindung zwischen Marmarameer, einem Binnenmeer des Mittelmeers, und Schwarzem Meer, teilt diese 15,5-Millionen-Einwohner-Stadt in zwei Hälften. Hier verläuft auch die Trennlinie der Kontinente Europa und Asien mitten durch eine Großstadt.

Istanbul, das etwa 660 Jahre vor unserer Zeitrechnung als Byzantion gegründet wurde, diente dem Osmanischen und Byzantinischen Reich fast 1.600 Jahre als Hauptstadt. Der römische Kaiser Konstantin der Große machte es zu seiner

Hauptresidenz Konstantinopel. Heute ist die Weltstadt Istanbul die bevölkerungsreichste Stadt der Türkei und hat durch seine Lage an zwei Meeren eine Küste von zirka 170 Kilometern Länge. Die lange und aufregende Geschichte der Stadt und ihre vielen Sehenswürdigkeiten machten sie zu unserem Reiseziel.

Am Tag des Abflugs von Berlin-Tegel hatte uns die Kälte mit fünfzehn Grad unter Null fest im Griff. Die Fluggesellschaft ONUR-AIR war nicht unbedingt für luxuriöse Flugreisen und Vollkomfort bekannt. Eher bediente man die Billig-Sparte. Ich hatte durch die Buchung, die ein befreundeter Reisebürobetreiber für mich organisierte, keinen Einfluss auf die Wahl des Luftfahrtunternehmens. Ich musste es also so nehmen, wie es kam.

Dieser Reiseveranstalter ist so billig, und hier unterscheide ich jetzt wirklich die Begriffe „billig“ und „preiswert“, dass er seine Maschinen nur am äußersten Ende des Flughafens abstellen konnte. Wir mussten uns zum abgelegensten Platz des Airports begeben und checkten in einem dafür errichteten Extra-Terminal ein. Von dort aus brachte uns nicht mal ein Bus zum parkenden Flieger, sondern wir mussten samt Handgepäck zu Fuß über das ganze Vorfeld laufen. Dort fanden wir eine Maschine des Typs MD88 vor, die dick vereist und eingeschneit war.

Super vorbereitet! Es vermittelte uns den Eindruck, als hätte man nicht vorhersehen können, dass dieses Flugzeug heute noch abfliegen sollte. Im Inneren hatten wir das Gefühl, im Gefrierschrank zu sitzen. An ein Ablegen der dicken Winterjacken war absolut nicht zu denken. Wir hatten gut zu tun, uns einigermaßen warm zu halten. Am liebsten wären wir im Gang springend auf und ab gelaufen. Wir waren genug mit Frieren beschäftigt, so dass wir kein Auge für den allgemein schmuddeligen Zustand hatten. Über eine Stunde saßen wir in dieser Eishöhle ohne Heizung.

Jetzt kam das Bodenpersonal in Gang und arbeitete draußen mit Hochdruck an der Enteisung des Fliegers. Dann wurden auch endlich mal die Triebwerke gestartet, womit auch die Heizung ihren Dienst aufnahm. Die ersten steifgefrorenen Gliedmaßen konnten ganz langsam wieder von außen nach innen auftauen.

Wir saßen mittig links im langen schlanken Rumpf der Maschine und konnten aus unserem Fenster auf die linke Tragfläche schauen. Inzwischen lief auch draußen die Betankung an und im Inneren herrschte reges Treiben durch die Kabinen-Crew. Einzelnen Reisenden wurden letzte Plätze zugewiesen, die Gurte kontrolliert und das Handgepäck verstaut. Endlich waren unsere Zehen und Finger nicht mehr gefroren und die Maschine fertig zum Abflug. Der Captain nuschelte unverständliche Worte in die Bordsprechanlage. Von Englisch über Türkisch bis zu Deutsch hätte es jede Sprache gewesen sein können.

Nun setzt sich das Flugzeug in Bewegung und die Stewardessen begannen ihr Pantomimenspiel zur Bandansage mit den Sicherheitsanweisungen. Zuerst wurde es mit einem Push-Back rückwärts aus seiner Parkposition geschoben, dann rollte es aus eigener Triebwerkskraft. Als wir schon ein Stück fuhren, sah ich eine viereckige Klappe in Größe eines A4-Blattes auf der linken Tragfläche, die noch offen stand. Daraus hing an einer Kette ein handflächengroßer Schraubverschluss. So sah er jedenfalls aus. Ich stellte mir wortlos die Frage, ob das so sein sollte oder sie jemand vergessen hatte zu schließen. Was würde wohl in der Luft damit passieren? Vielleicht verrieten unserem Piloten auch irgendwelche winzigen Kontrolllämpchen ganz beiläufig, dass dort noch etwas verschlossen werden musste. Das Fluggerät stoppte jedenfalls abrupt mit einer Vollbremsung, so dass es uns trotz der geringen Geschwindigkeit in die bereits angelegten Gurte zog. Mein kleines Herz klopfte laut, aber ich wollte mir ja nichts anmerken lasen!

Nun kam draußen jemand mit einer Leiter angerannt, stellte sie nah an die linke Tragfläche und schloss diesen ominösen Deckel per Hand. Das Vorgehen empfanden wir als äußerst befremdlich, aber zu allen sonstigen gewonnenen Eindrücken durchaus passend. Wir erinnerten uns auch an kein ähnliches Prozedere bei vorangegangenen Flügen. Hier gehörte es wahrscheinlich zur normalen Startvorbereitung und passte stimmig in das schlampige Gesamterscheinungsbild dieser damaligen türkischen Fluglinie.

Der Start verlief dann normal. Endlich in der Luft, kamen auch schon die Stewardessen mit ihren obligatorischen Duty-Free-Angeboten. Sie zeigten uns verschiedene Flaschen mit Whisky und anderen Spirituosen, an denen wir allerdings kein Interesse hatten. Irgendwann waren die Duftwässerchen an der Reihe. Die für unsere Plätze verantwortliche Flugbegleiterin zeigte uns ein Parfum zum Preis von damals 68,- DM, das uns bis dahin unbekannt war. Aber woher konnten wir wissen, wie es riecht? Um uns aber doch noch zum Kauf zu verführen, versuchte sie, uns eine Geruchsprobe zu verschaffen. Es war ihr eine Herzensangelegenheit! Ihre Existenz in dieser Firma schien davon abzuhängen.

Es gelang ihr schließlich besser als erwartet! Beim Versuch, das Sprühventil zu betätigen, brach es vom Flacon und fast der komplette Inhalt des Fläschchens ergoss sich über mich. Aber zugegeben, die Geruchsnote war sehr angenehm, auch wenn sie uns wegen der ausgeschütteten Menge viel zu intensiv erschien. Besser konnte sie uns nicht überzeugen und wir sagten ihr spontan den Kauf zu.

Bis auf ein paar normale Holperer verlief der weitere Flug im Rahmen der Möglichkeiten dieser Airline normal. Nach einem etwa dreistündigen Flug landeten wir sanft auf dem Flughafen Istanbul-Atatürk.

Nun hatten wir ein paar Tage Zeit, uns die Sehenswürdigkeiten der Stadt anzuschauen. Hier war einfach alles sehr beeindruckend! Um möglichst viel zu sehen und dazu die eine oder andere Erklärung zu bekommen, schlossen wir uns den angebotenen Führungen des Reiseveranstalters an. Wir sahen die großen Moscheen und Paläste und unternahmen auch eine Busfahrt in den asiatischen Teil der Stadt. Zwischen den verschiedenen Orten der Besichtigungen wurden wir auch auf verschiedenste Weise mit landestypischen Speisen kulinarisch verwöhnt. Die Türkische Küche bietet hier eine große Vielfalt, die uns nur wenig bekannt ist! Wir besuchten den weltberühmten orientalischen Basar und den Kopfbahnhof des ehemaligen legendären Orientexpresses. Durch den Bosporus ließen wir uns mit einer Barkasse schippern und sahen die Stadt aus einer ganz anderen Perspektive. Andere Abende hatten wir außerhalb des Programms „Freigang“. Einmal hatten wir eine gemeinsame Abendveranstaltung im klassischen orientalischen Stil mit allem was dazu gehörte. Unter anderem gab es Damen, die Bauchtanz vorführten und eine Tanzgruppe, die einen türkischen Säbeltanz darbot.

Wir erlebten eine völlig fremde exotische, aber reizvolle Welt! Sehr sehenswert ist auch der Taxim-Platz. Diese ausgedehnte Fußgängerzone lädt mit unzähligen Geschäften zum endlosen Shoppen und Probieren ein. Alle paar Meter wurde hausgemachte Schokolade und türkischer Honig angeboten. Und natürlich Baklava, der türkische „nasse Kuchen".

Die paar Tage gingen sehr schnell vorbei und wir hatten eine Vielzahl schöner Erlebnisse. Aber nun stand noch der Rückflug auf dem Programm!

Die Maschine kam bereits aus Antalya und sammelte nur noch ein paar Fluggäste in Istanbul ein, um sie zu ihrem endgültigen Ziel nach Berlin zu bringen. Wieder mussten wir ohne Bus auskommen und mit dem Handgepäck über das Vorfeld laufen. Das war in Istanbul nicht anders als beim Hinflug in Berlin. Die Temperaturen waren jedoch deutlich angenehmer als in Berlin. Auch wenn sie nur ein paar Grad über dem Gefrierpunkt lagen, dann waren sie damit aber doch fast zwanzig Grad über denen von Berlin.

Zum Anbordgehen wurde eine Stiege an die vordere Kabinentür des im Leerlauf befindlichen Flugzeugs geschoben. Gangway wäre jetzt überzogen ausgedrückt. Diese Luke ließ sich jedoch mit normalen Mitteln nicht öffnen und blieb, trotz erheblicher Bemühungen des Personals, hartnäckig geschlossen. Man beschloss irgendwann, den Versuch abzubrechen und uns stattdessen eben hinten über die Laderampe einsteigen zu lassen. Also folgten wir dem verwegenen Vorschlag und liefen über die schräge Rampe zwischen den tosenden und ölverschmierten Triebwerken in den Innenraum. Zunächst mussten wir die Bord-Kombüse durchqueren. Dies ist bestimmt in keinem Flugzeug ein gemütlicher Ort, nur hier kam noch der Eindruck dazu, es handle sich um eine Sperrmüllsammlung. Kein Zweifel, es war die selbe Fluggesellschaft wie beim Flug vor vier Tagen! Alles passte perfekt ineinander wie die Stücken eines Puzzles. Falsch war hier eigentlich nichts, abgesehen von unseren Erwartungen…

Bezeichnenderweise entzogen die Behörden dieser Gesellschaft im Jahre 2005 wegen gravierender technischer Mängel die Einflugerlaubnis in Deutschland und den Niederlanden. Später folgten auch die Flugsicherungsbehörden Frankreichs und der Schweiz diesem Beispiel.

Unser Platz war in der vorletzten Reihe. Hinter uns nahmen zwei deutschsprachige Flugbegleiterinnen Platz. Sie unterhielten sich über den bevorstehenden Flug und hofften, dass es nicht ganz so turbulent werden würde, wie vorhergesagt. Wir durften dann auch an ihren Gebeten teilhaben. Welchen ihrer Götter haben sie angerufen und was konnte er für sie tun? Vielleicht hätten sie schon früher damit anfangen sollen, um für eine zu öffnende Tür zu beten. Ich denke, das wäre im Fall der möglichst nicht eintretenden Fälle, auch der Notausgang gewesen…

Da wir mit zollfreiem und offenbar wohlriechendem Parfum bereits mehr als eingedeckt waren, konnten wir die Duty-Free-Vorführung diesmal durchwinken. Gleich im Anschluss kam die nächste Frau mit dem Essen und dem zu servierenden Kaffee. Da es aber doch ein paar Flugbewegungen gab, sprang der knaufartige Deckel von der Thermoskanne und gab einen Schwall ihres Inhalts frei. Wieder landete etwas auf meiner Jacke. Diesmal ein großer

Teil des koffeinhaltigen Heißgetränks. Die McDonnell-Douglas und ihre Crew brachte uns dann aber gut und sicher durch die Lüfte, jedoch nicht ohne diverse „Luftlöcher“ auszulassen, die ein gewisses Achterbahngefühl aufkommen ließen. Die Landung in Berlin war wieder butterweich, was scheinbar dieser Maschine und ihren guten Rolleigenschaften geschuldet war.

Nun mussten wir nur noch von Tegel nach Hause kommen und holten unser auf dem Flughafenparkplatz abgestelltes Auto wieder ab. Gegen eine Gebühr von über 200,-DM durften wir es aus diesem Gewahrsam auslösen, um es nicht freikaufen zu nennen. Dies setzte den Reisekosten noch mal einen goldenen Deckel auf. Wider Erwarten hatten wir für diese Parkplatzgebühr keinen Jahresplatz im Abo erworben…

Ich weiß bis heute nicht, ob das Flugerlebnis erheblichen Beitrag zur Überwindung meiner Flugangst leisten konnte. Ein bisschen war es so, als ob man jemandem die Angst vor Hunden mit einem Rudel bissiger Pitbulls abtrainieren wollte…

Kapitel 11

2001 – Das Gartenhaus

Das Haus, das wir uns Mitte der Neunziger Jahre kauften, haben wir inzwischen von Grund auf saniert und modernisiert. Da es für unsere Ansprüche viel zu klein war, mussten wir es auch in verschiedenen Teilen vergrößern. Trotzdem stößt sein Platzangebot immer wieder an Grenzen. Das liegt mitunter daran, dass man einen Keller nur sehr schwierig unter ein bereits stehendes Haus gebaut bekommt. Es musste also was her, wo wir unsere Wintersportausrüstung, die Fahrräder, das Campingequipment und die Gartengeräte unterbringen konnten. Einen stabilen Schuppen vielleicht oder ein anderes geeignetes Nebengelass.

Nun haben die Arbeiten an Haus und Grundstück, gemeinsam mit dem nahegelegenen Baumarkt, unser Eigenkapital fast vollständig verschlungen. Wir brauchten also eine sehr preisgünstige Alternative, jedoch keine, die auf Kosten der Haltbarkeit ging. So kamen wir auf die verwegene Idee, die eBay-Plattform nach einem Gartenhaus oder Ähnlichem zu durchstöbern. Wir wurden schließlich sogar fündig, boten in der Auktion eifrig mit und am Ende bekamen wir den Zuschlag für damals eintausendzweihundert D-Mark. Nagelneu kosteten solche Gartenhäuser in dieser Qualität und Größe bequem sechs bis achttausend D-Mark. Aus heutiger Sicht über viertausend Euro. Da es nicht alt war und sich wie zugesichert im Bestzustand befand, ließen wir uns darauf ein.

Im Angebot war die Rede von „Selbstabbau“. Der Anbieter war im Umkreis von Aachen ansässig. Wir leben, wie schon erwähnt, am östlichen Stadtrand außerhalb Berlins. Schlappe 700 Kilometer waren es bis zum Standort des angebotenen Holzhauses. Die schaffen wir doch locker! Natürlich, die gleiche Strecke mussten wir später auch zurück fahren. Von solchen Kleinigkeiten ließen wir uns doch aber nicht abschrecken!

Wir mieteten uns für diese Expedition einen großen Planen-Anhänger von sechs Metern Länge und einer Gesamthöhe von drei Metern. Dieses Monster hängten wir an unseren damaligen VW Passat Diesel an und brachen in aller Frühe auf. Früh bedeutete in diesem Fall 7:00 Uhr, weil der Verleiher des Anhängers nicht vorher öffnete.

Auf der Autobahn zeigte der Passat dann was er konnte. Oder was er nicht konnte. Egal, wie er sich auch anstrengte, aber über 70 km/h schaffte er das Gespann nicht zu beschleunigen. Und selbst das nur unter günstigsten Voraussetzungen. Die weit über das Autodach hochragende Plane des Hängers setzte der Luft einfach einen zu großen Widerstand entgegen. Nachdem wir uns das Desaster bis zum Autobahn-Dreieck Spreeau mitangeschaut hatten, kehrten wir schon nach nur diesen wenigen Kilometern wieder um. So würden wir ewig nicht ankommen! Per Telefon fragten wir noch von unterwegs unseren Freund Micha, ob er uns seinen VW-MultiVan für unsere Tour leihen würde. Er willigte sofort ein und half uns mit einer bemerkenswerten Selbstverständlichkeit aus der Not, wofür wir ihm bis heute sehr dankbar sind! Kurze Zeit später tauschten wir bei ihm in Neuenhagen die Zugmaschinen. Sein Projektzwo-Bulli brachte es wenigstens auf knapp über 100 km/h, wenn es nicht gerade bergauf ging. Mit Rückenwind erreichte er auch mal Tempo 110! Wollten wir mal einen LKW überholen, der mit neunzig Sachen unterwegs war, bremste uns beim Erreichen der Fahrerhausfront die Windverdrängung des Lasters aus. Wir mussten demnach spätestens vor dem nächsten Anstieg damit fertig sein! Anderenfalls kamen wir nicht an ihm vorbei und waren gezwungen, den Überholvorgang abzubrechen, um uns wieder hinter ihm einzuordnen. Das Fahren mit diesem Anhänger, der eher für einen Klein-LKW geeignet war, gestaltete sich etwas abenteuerlich…

Wir fuhren fast ohne Pausen durch und erreichten am Abend das Grundstück des Anbieters in Herzogenrath bei Aachen. Nun mussten wir das hölzerne Gartenhaus „nur noch" in seine transportfähigen Einzelteile zerlegen. Und zwar so, dass es nach dem Transport wieder zusammensetzbar war. Wir hantierten eine Zeitlang mit Akkuschrauber und Brechstange, sowie mit Zange und Zimmermannshammer. Nur drei Stunden später waren wir völlig durchgeschwitzt und das Haus lag demontiert auf dem Anhänger. Der Verkäufer der gebrauchten Gartenlaube hat tüchtig mitgeholfen und später für uns ein Abendessen aus ein paar Brötchen improvisiert. Das war wirklich sehr freundlich von ihm! Als es dann ans Bezahlen ging, erließ er uns sogar einen Teil des Kaufpreises und reduzierte auf glatt Eintausend D-Mark. Uns freute das natürlich sehr und wir konnten sein unerwartetes Entgegenkommen kaum fassen! Manchmal hat man im Leben einfach Glück und trifft auf solche wertvollen Menschen!

Während der Demontagearbeiten sprach er ansatzweise davon, dass wohl ein Flugzeug in die New Yorker Twin-Towers geflogen sei. Wir vermuteten zu diesem Zeitpunkt, dass es sich um ein kleines havariertes Sportflugzeug handelte.

Nach getaner Arbeit und dem Imbiss bedankten wir uns bei dem freundlichen Mann und machten uns gegen 21:30 Uhr wieder auf den Rückweg. Nun lagen wieder 700 Kilometer vor uns. Jetzt aber mit allerhand Gepäck im Anhänger.

Wir fuhren stupide vor uns hin und versuchten auch nicht mehr, Lastwagen zu überholen. Nicht mal, wenn es bergab ging. Coffein hielt uns lange Zeit wach. Aber als es dann begann hell zu werden, legte sich eine übermächtige Müdigkeit wie eine zentnerschwere Decke über uns. Zumindest mir ging das so. Aber kein Problem, es gab ja genügend Raststäten entlang der Autobahn. Kaffee und Imbiss war dort rund um die Uhr zu bekommen und in den meisten Raststätten gab es auch einen laufenden Fernseher.

Zumindest in dieser Nacht lief fast ausschließlich das Nachrichtenprogramm von n-tv. In den News zeigten sie entsetzliche Bilder aus New York. Vom World Trade Center stiegen dicke schwarze Rauchschwaden auf und zogen über Manhattan. Um die Meldungen ausführlicher sehen zu können, hatten wir nicht die Zeit. Nach einigen kurzen Pausen hatten wir gegen Neun am Vormittag etwa zwei Drittel der Strecke hinter uns gebracht. Die Pausen mussten wir in immer kürzeren Abständen einrichten, um nicht der Müdigkeit zu erliegen.

Bruchstückweise setzte sich in der Vielzahl der Pausen ein Puzzlebaustein der Nachrichten an den anderen. Das ergab schließlich doch ein etwas vollständigeres Bild vom Ausmaß der Katastrophe. Inzwischen war auch klar, dass es sich nicht um eine Cessna oder ein ähnliches Kleinflugzeug handelte, sondern um ein großes Verkehrsflugzeug. Und auch nicht nur um eines, sondern um mehrere Flieger. Und dazu noch in verschiedenen Städten in den USA. Zwei allein in New York! Beide Türme des WTC standen nun schon in Flammen und die Nachrichten zeigten Menschen, die in ihrer Verzweiflung aus den über 400 Meter hohen Twin Towers in den sicheren Tod sprangen. Diese Bilder bekommt man nie wieder aus dem Kopf!

Uns wurde rasch klar, dass es sich vielleicht um den größten Terroranschlag der neueren Geschichte handeln musste. Wir hatten ein überaus schlechtes Gefühl in der Magengegend. Würde damit der dritte Weltkrieg beginnen? Solche und ähnliche Fragen beschäftigten uns nun und ließen das Gartenhaus auf dem Anhänger ziemlich bald zur Nebensache werden…

Inzwischen ist der weitere Verlauf der Geschichte hinlänglich bekannt. Niemand traute sich in der Folgezeit, in ein Flugzeug zu steigen. Die Terrorangst war nun auf der gesamten Welt ein allgegenwärtiger Begleiter. Unseren kurz darauf geplanten Italien-Urlaub konnten wir zwar nicht verschieben, aber wir warteten erst mal ab, was in der Weltpolitik passierte. Wir nutzten die Zeit, um den Aufbau des Gartenhauses vorzubereiten. Dafür musste ich noch einen riesigen Haselnussstrauch ausgraben und später die Stellfläche begradigen.

Eine Woche später fuhren wir tatsächlich noch nach Nord-Italien, aber mit einem sehr flauen Gefühl. Niemand wusste zu dieser Zeit, wie es weltpolitisch weitergehen sollte…

Das Gartenhaus steht nun schon seit diesem Zeitpunkt auf unserem Grundstück und leistete viele gute Dienste. Auch heute befindet es sich noch immer in einem Top-Zustand! Der Verkäufer hat uns ein qualitativ hochwertiges Holzhaus verkauft! Mehr, als inzwischen nur ein Mal die Lasur zu erneuern, mussten wir nicht daran machen. Wir freuen uns jeden Tag, an dem wir an ihm vorbei gehen, dass wir damals diese verrückte Aktion durchgezogen hatten und bis heute erinnert es uns auch an die schrecklichen Anschläge vom 11. September 2001!

Kapitel 12

2004 – Rundreise polnische Ostsee

Einer spontanen Idee folgend, sind wir mit Freunden an die Polnische Ostsee gefahren. Wir kannten den deutschen Küstenabschnitt sehr gut, aber den polnischen Teil gar nicht. Dort waren wir noch nie und wollten hier einfach mal für eine Woche auf eine spannende Entdeckungsreise gehen. Natürlich war Maxi, die Schäferhündin unserer Freunde, immer dabei.

Wir fuhren zuerst die Autobahn in Richtung Szczecin und dann auf dem kürzesten Weg zur Ostsee, den die Fernverkehrsstraße bot. Zur Übernachtung boten sich kleinere Pensionen oder Hotels an und unsere erste Nacht verbrachten wir in der Nähe von Kolberg. Die Buchung von Pensionen oder Hotelzimmern koppelten wir grundsätzlich an einen verschlossenen und umzäunten Abstellplatz für die Autos. Schließlich hörten wir ja so viel von gestohlenen Autos in Polen. Heute wissen wir, dass es sich größtenteils um unbegründete Ängste und alte Klischees handelte.

Zur dritten oder vierten Etappe führte uns der Weg irgendwie in eine Kleinstadt. Łeba ist ein Badeort im Powiat Lęborski der polnischen Woiwodschaft Pommern. Dort sollte es ein tolles Hotel direkt in den Dünen geben. Als wir ankamen, regnete es in Strömen und alles sah mehr als trostlos aus. Auch das Traumhotel bot bei diesem Wetter keinen schöneren Anblick. Zudem lagen die Zimmerpreise jenseits von dem, was wir uns leisten wollten. Wir hatten beschlossen, dort nicht einzuchecken und fuhren auf der Suche nach einer kleineren gemütlichen Pension weiter durch den Ort. An einer Kreuzung sah ich im Rückspiegel ein interessantes Blockhaus. Ich legte kurzerhand den Rückwärtsgang ein und fuhr durch die menschenleere Straße etwa zweihundert Meter rückwärts bis vor die Tür des Hauses. Die anderen beiden folgten uns einen Moment später, nachdem sie bemerkten, dass wir nicht mehr hinter ihnen waren. Als wir näher kamen, erkannten wir ein Werbebanner, auf dem unter anderem das Wort ZIMMER stand.

Dieses Blockhaus sah sehr rustikal aus! Die wegen des Regens unbelebte Straße wirkte nur wenig einladend und das Haus schien auf den ersten Blick auch leer zu stehen. Zumindest sah es von außen so aus, weil die Fenster durch den unbeleuchteten Innenraum einfach nur tiefschwarz wirkten. Trotzdem beschlossen wir, auszusteigen, um uns nach einer Mahlzeit zu erkundigen. Und vielleicht nach Wasser für Maxi, die nach einem notwendigen Spaziergang bis auf die Haut nass war.

Wir betätigten die Klinke am Eingang und stellten fest, dass die Tür nicht abgeschlossen war. Deshalb traten wir ein. Die Gaststube war leer und es roch nach dem abgestandenen Zigarettenrauch vom Vortag. Nach ein paar Sekunden kam der Gastwirt auf uns zu und bot uns sofort Plätze an. Die vor Nässe triefende Maxi bekam eine Decke und eine Trinkschale mit Wasser. Die Inneneinrichtung des noch jung wirkenden und aus rohen Stämmen gefertigten riesigen Blockhauses entsprach exakt seinem äußeren Erscheinungsbild. Wir saßen an Tischen und auf Bänken aus aufgeschnittenen Bäumen. Aufgelegte Felle polsterten die Sitzflächen und die nun angezündeten Kerzen auf dem Tisch sorgten für Gemütlichkeit. An den Wänden waren viele Gegenstände des früheren bäuerlichen Lebens aufgehängt. Wie in einer Art ländlichem Museum. Die vielen Eindrücke, die uns überwältigten, mussten wir erst mal auf uns wirken lassen.

Was wir in diesem Moment empfanden, war pure Begeisterung! Wir bestellten unterdessen unser Essen und die Getränke. Auch die deftigen Speisen wurden in rustikaler Weise auf Holzschwarten serviert. Einfach großartig! Wir dankten dem Zufall, dass wir dieses Haus gefunden hatten!

Nachdem wir mit dem Essen fertig waren, gesellte sich der Gastwirt zu uns und nahm an unserem Tisch Platz. Ihm war nicht entgangen, dass wir aus Deutschland kamen. Auch er hatte eine lange Zeit in Deutschland verbracht und in der Nähe von Frankfurt am Main gewohnt und gearbeitet, wovon er uns Bilder zeigte. Vom verdienten Geld hat er sich dann hier in Łeba eine gute Existenz aufgebaut. Er sprach auch sehr gut deutsch und gab sich sehr gastfreundlich. Im Laufe der Unterhaltung hat er uns ein paar polnische Gepflogenheiten nahegebracht. Zuerst stellte er mal klar, dass man in Kaschubien, wozu der Landkreis gehörte, nach dem Essen einen „Charlottka" zu sich nimmt. Dies ist ein Bisongraswodka im Gemisch mit Apfelsaft. Das genaue Mischungsverhältnis blieb sein Geheimnis, schien aber wenigstens fünfzig/fünfzig zu sein. Jedenfalls wurde beim trinken schnell deutlich, dass Apfelsaft nicht der Hauptbestandteil sein musste. Später servierte er auf einer Maurerkelle fünf geheimnisvolle Gläser mit einem klaren Schnaps und einer roten Deckschicht. Sie waren von der Kälte beschlagen oder sogar von außen vereist. Nachdem wir deren Inhalt nicht erraten konnten, mussten wir probieren. Dann klärte er uns auf. Es handelte sich um Wodka-Tabasco. Beim Trinken entfalteten sich die beiden Aromen mit einer kleinen Verzögerung nacheinander. Der Wodka war durch seine Temperatur fast ölig und lähmte die Zunge ein wenig. Die fünf Millimeter Tabasco-Sauce auf dem Glas sorgten mit ihrem Wärmegefühl dafür, dass die Zunge schnell wieder auftaute. Wenn mir vorher jemand davon erzählt hätte, wäre ich trotzdem kaum in der Lage gewesen, mir diese Geschmacksentfaltung vorzustellen.

Davon tranken wir den Abend über den einen um den anderen. Zwischendurch spülten wir unsere Geschmacksnerven immer wieder mit Charlottka. Ich hatte jedoch zu diesem Zeitpunkt völlig unterschätzt, dass dieser Tabasco-Wodka sein Capsaicin zwei Mal zur Entfaltung bringen würde. Primär auf der Zunge, sekundär am „Auspuff"…

Als wir bemerkten, dass sich die Zunge nur noch mit großen Schwierigkeiten vom Gaumen lösen ließ, sind wir wahrscheinlich irgendwie in unsere Zimmer gegangen. Ich erinnere mich kaum.

Woran wir uns allerdings beide bis heute gut erinnern, sind die ausgelassenen Geräusche der mitunter auch körperlichen Freude aus dem Zimmer unserer Freunde. Es war Poltern und bisweilen Schreie zu vernehmen. Dazwischen immer wieder… Nein, das beschreibe ich hier nicht weiter! Nur so viel war klar, es war nicht der Hund, der für die Wonnelaute verantwortlich war! Wenn wir darauf Rückschlüsse zulassen wollen, hatten sie großen und hemmungslosen Spaß miteinander und wir konnten uns dem nicht vollständig entziehen. Also nahmen wir es mit einem Schmunzeln…

Es war ihnen ja nicht zu verdenken! Lange Zeit hatten sie versucht, für Nachwuchs zu sorgen, doch das Schicksal war ihnen bis hierher nicht gnädig. Inzwischen hatten sie den Gedanken daran schon verworfen und sich mit den Gegebenheiten arrangiert, wie sie nun eben mal waren. Vielleicht hat genau diese entspannte Ausgelassenheit und dieses Fallenlassen gefehlt. Beides nahm ihnen vielleicht den Druck von der Seele und ließ es zu, sich ihrer Liebe völlig frei von störenden Gedanken hinzugeben.

Wenig später nach unserer gemeinsamen Reise verkündeten sie, dass sie nun doch Nachwuchs erwarteten! Ein Kind der Liebe, wie wir bestätigen können! Beim gemeinsamen Abendessen beim nahegelegenen Italiener zeigten sie uns das erste Ultraschallbild vom „Krümel". Das zumindest war der Arbeitstitel, bevor ein richtiger Name gefunden wurde. Inzwischen ist ihre Tochter Liese schon fast erwachsen und nicht nur zu einem sehr angenehmen und intelligenten Menschen gereift, sondern auch zu einer hübschen jungen Frau! Es gibt eben manchmal Reisesouvenirs, die man anschließend nicht einfach zusammen mit den Reisefotos in einer Schachtel ablegt und die dann in Vergessenheit geraten…

Kapitel 13

2005 – Polen

In diesem Jahr hatten wir uns für den Herbst vorgenommen, noch einmal für eine Woche an die polnische Ostseeküste zu fahren. Wir haben hier 2004, wie zuvor schon beschrieben, mit Freunden herrliche Ecken kennen gelernt und wollten nun unsere Eindrücke vertiefen und durch neue ergänzen. Die Reise nach Łeba aus dem Vorjahr war uns noch in bester Erinnerung!

Diesmal machten wir zu zweit vierzehn Tage Urlaub und gingen trotz der teilweise schon bekannten Orte immer wieder auf Entdeckungsreisen. Es gab immer noch viel zu erkunden, wofür beim ersten Besuch die Zeit und die Gelegenheit fehlte.

Mein Dienstwagen, mit dem wir uns auf den Weg machten, stand nur irgendwie nicht unter einem guten Stern. Das schien sich schon eine Zeit vor unserem geplanten Reisestart anzukündigen. Wir hatten ausführliche Herstellerschulungen, weil das Modell ein Facelift bekam und weil im zeitlichen Zusammenhang etliche zusätzliche Sicherheits-Fahrhilfen verbaut wurden. Es konnte in den Seminaren auf so einige brenzliche Situationen sicher reagieren, was uns alle in großes Erstaunen versetzte. Wir waren wirklich tief beeindruckt, was die Ingenieure in der Entwicklung geleistet hatten!

Eines schönen Abends nach dem Besuch bei Freunden, wollte ich meiner Begeisterung für diese Neuerungen Ausdruck verleihen. Ich war voller Stolz auf das, was unser Hersteller hier auf die Räder gestellt hatte! Ich musste Kirsten auf der Rückfahrt unbedingt zeigen, wozu dieses

Gefährt tatsächlich in der Lage war. Mit Worten ließ sich das nicht kurz und verständlich zusammenfassen.

Unser Nachhauseweg führte uns wie immer durch ein um diese Nachtzeit menschenleeres Gewerbegebiet am Rande der Stadt. In einer Kurve wollte ich ihr nun ohne viele Worte demonstrieren, wie die elektronischen Fahrhilfen in einer Grenzsituation eingreifen würden und setzte etwas schneller als sonst zur ungebremsten Kurvenfahrt an. Weil ich mir durch die vorangegangenen Unterweisungen vollkommen sicher war, dass das Auto entsprechend reagieren würde, beschleunigte ich sogar noch weiter. Das hatte in allen Kursen während der Schulung einwandfrei geklappt. Die Testfahrzeuge haben lehrbuchartig reagiert und aus jeder riskanten Kurve eine entspannt ungefährliche gemacht. Menschliche Fahrfehler wurden einfach ausgebügelt.

Sicher lässt sich erraten, dass ich hierüber kein schriftliches Wort verlieren würde, wenn unser eigener Praxistest fehlerfrei verlaufen wäre. Nein, natürlich tat er das nicht!

Der Wagen reagierte überhaupt nicht wie gedacht! Es gab weder ein Eingriff ins Motormanagement, noch hielt ihn die Elektronik mittels ESP, ABS und weiterer Sicherheitssysteme in der gewollten Fahrspur. Er wurde auch nicht wie geplant vom Bordcomputer bis auf eine sichere Kurvengeschwindigkeit ausgebremst. All diese unerwartet ausbleibenden Reaktionen überforderten mich dann doch und ich verlor vollends die Kontrolle über das Auto. Noch viel weniger als mir selbst, gefiel das einem erst vor kurzem gepflanzten Bäumchen von noch geringem Stammdurchmesser. Es fiel dem zickigen Gefährt zum Opfer, rächte sich aber, indem er Teile meiner Karosserie mit in sein dunkles Grab nahm. Da es sich um einen zur privaten Nutzung überlassenen Firmenwagen handelte, musste ich den Schaden am nächsten Tag auch noch meinem Chef beichten. Wie peinlich das war, als er nach dem Schadenshergang fragte, muss ich wahrscheinlich niemandem schildern…

Ich habe das Auto später in der Firma reparieren lassen. Das Ausmaß des Schadens hielt sich gottseidank in überschaubarem Umfang. Die Abdeckung des vorderen Stoßfängers musste ersetzt werden und ein Nebelscheinwerfer. Der Hauptscheinwerfer war doch noch zu retten. Gut, dass an dieser Stelle kein ausgewachsener Baum stand! Der nachgepflanzte ist inzwischen bedeutend stattlicher gewachsen.

Ein paar Tage später konnte ich meinen schönen OPEL GTS dann wieder in Empfang nehmen. Die Kollegen der Karosserieabteilung haben alles wieder chic gemacht und die neuen lackierten Teile solide verbaut. Den ursprünglichen Serien-Stoßfänger ersetzten sie bei dieser Gelegenheit gleich durch einen in sehr sportlicher Optik. Auch die Seitenschweller wurden mit in Wagenfarbe lackierten Blenden aufgehübscht. Ein dezenter Heckspoiler rundete die Rennwagenoptik ab. Nun sah die Fließheck-Limousine mit ihren wie angegossen passenden tieferliegenden Spoilern verdammt heiß aus! Viel besser als vor dem Crash! Das hatten meine lieben Kollegen wirklich sehr schön hinbekommen!

Zum Feierabend konnte ich das Auto dann aus der Werkstatt fahren. Auf Hochglanz poliert, stand er noch auf der heruntergefahrenen Montagebühne, damit der dunkelbaue Lack draußen nicht einstaubte. Einfach gerade herausfahren ging nicht. Hinter dem Auto gab es eine Wand, die in den Fahrweg ragte. Wegen dieser musste ich stark einlenken, um an ihr ohne anzuecken vorbeizukommen. Der linke Arm der Hebebühne fädelte sich hierbei aber elegant und unbemerkt unter die neue tiefliegende Stoßfängerabdeckung ein. Als ich mir sicher war, an der Wand gut vorbeizukommen, fuhr ich vorsichtig im Rückwärtsgang in Richtung Hallenausgang los.

Ich vernahm einen kurzen Ruck, der von hässlichen Geräuschen untermalt wurde und sah das zuvor gerade neu angebaute Karosserieteil vor dem Auto auf dem Boden liegen. Die abgerissenen Kabel der Nebelscheinwerfer und der Einparksensoren hingen aus ihm heraus. Kein schöner Anblick, besonders nach einer eben erst ausgeführten Reparatur! Nun war ich endgültig stinksauer und ließ alles genau so stehen und liegen! Ich knallte die Tür der Werkstatt hinter mir zu, schloss die Halle ab und nahm wieder den Ersatzwagen, um nach Hause zu fahren. Der Aufarbeitung des erneuten Schadens, stellte ich mich dann am nächsten Tag. Dem Gelächter der Kollegen sowie der Schelte meines Chefs auch.

Das vom Auto gerissene Teil ließ sich jedoch relativ leicht reparieren und ohne dass Lackschaden entstanden wäre, wieder am Auto befestigen. Problematischer waren die abgerissenen elektrischen Leitungen. Zwei Tage später stand mein Wagen dann wieder für mich bereit. Diesmal hatte ein Monteur ihn unter Beifall der anderen Kollegen aus der Werkstatt gefahren. Allerdings war der Applaus eher für meine Ohren bestimmt…

Inzwischen war auch der Spätsommer angebrochen und wir konnten endlich unsere geplante Reise nach Polen antreten. Wir suchten uns in den besuchten Orten immer kleine Hotels oder Pensionen und buchten diese spontan. Genau wie beim letzten Mal, nur dass wir inzwischen keinen Wert mehr auf einen umfriedeten Parkplatz legten. So lernten wir viele Leute kennen und sahen auch viel Neues.

Eines schönen Tages kamen wir in eine nicht ganz kleine Stadt namens Darłowo. Hier gab es einen wirklich schönen Strand und wir wollten gern verweilen, um mehr davon zu sehen. Als wir mit dem Auto durch die küstennahen Straßen streiften, viel uns eine kleine Ferien-Siedlung aus Bungalows ins Auge. Das neue Holz der kleinen Hütten war noch ganz hell. So, als wären sie in diesem Jahr erst errichtet worden. Dort standen etwa zehn gerade neu errichtete hölzerne Lauben, die fast ausnahmslos unbewohnt waren.

Ein signalrotes Schild mit dem polnischen Wort „POKOJE“, ergänzt durch das deutsche „ZIMMER“, viel uns auf. Darum gingen wir einen der Bewohner fragen. Die ersten Leute, die wir trafen, waren polnische Gäste. In einer anderen Hütte wohnten die Verwalter der Anlage. Auch Polen. Sie überließen uns einen der Bungalows und wir richteten uns ein. Welchen der leerstehenden wir haben wollten, konnten wir frei wählen.

Wir entschieden uns, ohne lange darüber nachzudenken, für die Hütte neben den polnischen Gästen, einer Familie mit zwei Hunden und zwei Töchtern. Einfach, um keine Anonymität aufkommen zu lassen. Die Kinder waren vielleicht acht und zwölf Jahre alt. Ihre Mutter war eher von zierlicher kleiner Gestalt. Dafür hatte der Familienvater eine Körpergröße von weit über zwei Metern. Ein wahrer Riese, der in der Sonne einen Schatten warf, der so groß wie eine Eiche war! Die zwei Vierbeiner konnten wir ihren Bezugspersonen sofort zuordnen.

Zu ihm passte der eine der Hunde sehr gut. Es war ein Kaukasischer Hütehund. Auch er erinnerte seiner Statur wegen eher an einen Grizzlybären. Der andere Hund, ein kleiner agiler Fox-Terrier, der den großen unter ständigem Gebell umkreiste, lag eher auf ihrer Linie. Er versuchte ohne Unterbrechung, seinen Artgenossen irgendwie zum Spiel zu animieren und bestimmte, wo es lang ging.

Die Leute waren uns auf den ersten Blick sympathisch! Also versuchten wir später, mit ihnen ins Gespräch zu kommen, trotzdem wir kein Polnisch sprachen. Irgendwie gelang es uns aber doch auf die eine oder andere Art. Um etwas Gemeinsames anzuregen, schlugen wir schließlich einen Grillabend vor. Das Equipment war auf dem Platz vorhanden. Wir mussten nur noch das passende Grillgut beschaffen. Also kauften wir in der Stadt Bratwürste und etwas Grillfleisch ein. Natürlich in Dimensionen, von der wir annahmen, dass sie seiner gewaltigen Körpergröße gerecht würden.

Wir dachten uns auch, dass man in Polen bestimmt gern zusammen einen Schnaps nach dem Essen trinkt, womit wir nicht ganz daneben lagen. Um auch in landestypischen Produkten zu bleiben, kauften wir zwei Flaschen Żubrówka.

Freudestrahlend und einer guten Portion Anerkennung gewiss, packten wir unsere Beute nach dem Einkaufen aus und stellten sie auf dem gemeinsamen Esstisch am Grillpatz. Zuerst das große Fleischpaket, dann die Wurst und zum Schluss, um etwas Spannung aufrecht zu erhalten, die beiden 0,7-Liter-Flaschen. Voller Stolz präsentierten wir den polnischen Bisongras-Wodka. Dann holten wir den Apfelsaft aus dem Einkaufsbeutel. Wir strahlten wie Honigkuchenpferde und freuten uns auf ein Gläschen Charlottka wie schon 2004. Der Saft aber hatte bei den anwesenden Polen nur verständnislose Blicke zur Folge.

Der polnische Nachbarriese kam jedoch auch nicht ganz unvorbereitet an den Tisch. Er griff in seinen Jute-Stoffbeutel und holte eine Literflasche ohne Etikett heraus, stellte sie neben unsere auf die Tafel und grinste breit über das ganze Gesicht. Unsere beigesteuerten Żubrówka-Flaschen wirkten jetzt dagegen ziemlich klein. Dann griff er erneut in den Beutel und brachte noch eine Flasche zum Vorschein. Kurz danach noch eine weitere. Und schließlich die vierte. Durch die Form der Flaschen war naheliegend, dass es sich kaum um Leitungswasser handeln würde.

Seine zierliche Frau schien daran nichts Ungewöhnliches zu finden. Mir graute schon jetzt vor dem Abend. Wenn man mathematisch nicht völlig bildungsfern ist, kann man sich bei zirka 5,4 Litern Schnaps und bis Mitternacht verbleibenden sechs Stunden ausrechnen, welche Trinkgeschwindigkeit hier vorausgesetzt wurde. Beim ersten Einschenken wurden aber meine schlimmsten Vermutungen bereits übertroffen. Eine der von uns mitgebrachten Flaschen verteilte er in einer einzigen Runde auf sechs Gläser. Unser mit großem Stolz herangeschaffter Wodka reichte gerade so bis über die zweite Lage. Aber auch nur deshalb weil die Gläser nach polnischen Maßstäben nicht richtig vollgefüllt wurden. Dann kamen seine Reserven ohne Etikett zum Einsatz.

Dass ich das Austrinken der letzten Flasche nicht wachen Auges erleben würde, war mir angesichts der auf dem

Tisch stehenden Menge Alkohol schon sehr bald klar. Nur dass mir der Schnaps so dermaßen schnell die Lichter ausschoss, hatte ich nicht erwartet. Ich verabschiedete mich bereits bei der Hälfte der ersten schmucklosen Literflasche und eilte zur Toilette im Bungalow. Dort blieb ich auch den restlichen Abend und umarmte die Keramik. Mir wurde jedoch nicht besser. An eine liegende Position im Bett war überhaupt nicht zu denken. Bis dahin war mir gar nicht bewusst, dass sich das gesamte Bungalow-Gelände auf einem schwankenden Schiff befand. Später kam Kirsten nach mir schauen und wollte sich vergewissern, dass ich noch lebte.

Am nächsten Tag war den polnischen Mitbewohnern nichts davon anzumerken. Keine Augenringe und nichts, was auf bestehendes oder gerade überstandenes Unwohlsein hindeutete. Der riesige Mann sagte seinem Gesichtsausdruck nach etwas scherzhaftes zu mir auf polnisch und buffte mir mit seiner baggerschaufelgroßen Faust an den Oberarm. In meinem momentanen Zustand kam es mir wie eine Kollision mit einer Diesellok vor…

Wir verlebten noch einen ruhigen Tag am Strand und verabschiedeten uns am nächsten Morgen. Nach meiner vollständigen Ausnüchterung setzten wir dann unsere Fahrt in Richtung Łeba fort.

Als wir im Ort ankamen, nahmen wir diesmal sofort Kurs auf die Blockhütte „Łebska Chata“ und erkannten sofort alles wieder. Es hatte sich eigentlich kaum etwas verändert. Auf den rustikalen Sitzgelegenheiten aus halbierten Stämmen lagen noch immer dicke weiche Felle als Polster und auf den Tischen standen wieder brennende Kerzen. Auch die Küche hatte inzwischen nichts von ihrer guten Qualität eingebüßt! Wie schon beim ersten Besuch, wurden wir hier herzhaft kulinarisch verwöhnt!

Diesmal sahen wir uns mehr im Ort um, denn auch das Wetter war besser. So fanden wir einen wunderschönen Strandabschnitt, der nur wenig außerhalb hinter der Ortschaft lag. Gleich zwei oder drei Kilometer vom Blockhaus entfernt, gab es hier einen Badestrand hinter einem vorgelagerten Dünenwaldbereich. Allem Anschein nach, wurde dieser früher militärisch genutzt. Hier gab es mit Waldboden überdeckte Fahrzeughangars, über die Straßen aus Betonbohlen führten.

Als wir zum späten Nachmittag hier eintrafen und nach einem gut vom Strand erreichbaren Parkplatz für unser Auto Ausschau hielten, kamen uns bereits alle anderen Badegäste zu Fuß, per Rad oder in Autos entgegen. Ganz bestimmt, um sich rechtzeitig die begehrten Plätze in der verschiedenen Gastronomie von Łeba zu sichern. Plötzlich waren wir hier mutterseelenallein!

Wir wollten so nahe wie möglich an den Strandzugang heranfahren, um nicht alle Sachen weit durch den Wald schleppen zu müssen. Zwei solcher zur Hälfte im Waldboden versenkten Hangars hatten wir schon ohne Schwierigkeiten mit dem Auto überquert. Das ist ein merkwürdiges Gefühl, weil man beim Hochfahren keine Straße sieht. Man schaut ausschließlich in den Himmel und die Baumkronen der Kiefern ringsum.

Plötzlich und unerwartet gab es einen heftigen Schlag und das Auto lag fest. Am oberen Scheitelpunkt der Überfahrt fehlte offenbar eine der Betondielen, die die Straße bildeten. Beide Vorderräder fielen ins Freie und passten genau in die Lücke hinein. Der sportlich tiefergelegte GTS lag nun mit seinen verspoilerten Seitenschwellern auf dem nackten Beton der restlichen Bohlen. Dies traf nun auch wieder für die ohnehin schon arg gebeulte Frontschürze zu. Mich erfüllte ein kaltes Entsetzen als ich mir ein Bild von der Lage machte. Auch schoss mir der Gedanke in den Kopf, schon wieder wegen des kaputten Autos bei meinem Chef antreten zu müssen.

Nun lagen wir da fest und konnten nicht vor oder zurück. Die Räder hingen frei und ich musste befürchten, dass die Teile am Unterboden möglicherweise einen erheblichen Schaden genommen hatten. Diesmal aber einschließlich der Auspuffanlage.

Die anderen Badegäste, von denen wir vielleicht hätten Hilfe erwarten können, waren inzwischen weg. Eine Gefühlsmischung irgendwo zwischen Wut und Verzweiflung nahm von mir Besitz. Wir konnten das Auto nicht einfach hier stehen lassen! Morgen wären womöglich Teile abmontiert. Ohne Räder beispielsweise wären wir wohl schlecht im Stande gewesen, mit diesem Auto nach Hause zu fahren. Und meinem Vorgesetzten auch das noch zu erklären, wäre wohl eine komplett andere Hausnummer geworden. Was nun also tun?

Ich zwang mich irgendwie zur Ruhe. Dann brach ich, nach einiger ruhiger Überlegung, dünnere morsche Kiefern ab, die ohnehin bereits abgestorben waren. Bei gesunden Bäumen wäre mir das wohl kaum gelungen. Diese schob ich unter die in der Luft hängenden Vorderräder und versuchte auf diese Weise die Vorderachse nach und nach zu unterfüttern. Da aber das Auto massiv auf seinen Längsträgern lag, rührte sich auch trotz aller Anstrengungen nichts. Eine neue Idee musste also her!

Wieder knickte ich kleine Bäume um und bemühte mich, den verbleibenden Hohlraum unter dem Auto noch weiter auszufüllen. Bald passte nichts mehr drunter, aber es reichte trotzdem nicht aus. Mit dicken Ästen hebelte ich nun die Vorderräder ein Stückweit in ihre Federn und bat Kirsten, weitere Hölzer unter die Reifen zu schieben. Das gelang uns auch nach einigen Anstrengungen und die Mücken hatten uns inzwischen fast blutleer ausgesaugt. Wenigstens ihr Tisch war reich gedeckt.

Irgendwann schafften wir es dann nicht mehr, noch weitere Äste, egal welcher Stärke, unter die Räder zu schieben. Trotzdem lag das Auto noch immer wie zuvor mit der Karosserie auf dem Beton. Unausgesprochen zweifelten wir nun beide an unserem Vorhaben. Es musste unbedingt eine kurze Pause her, um den Druck aus dem Kopf zu bekommen, damit die Gedanken für neue Einfälle wieder frei fließen konnten.

Manchmal hilft es, drei Schritte zurück zu gehen und sein Vorhaben im wahrsten Sinne mit Abstand zu betrachten. Auch in diesem Fall brachte es mich auf neue Geistesblitze und hoffentlich auch einer Problemlösung etwas näher.

Ich erwog also, stabile Äste unter die Querlenker der Vorderachse zu stecken und sie damit etwas nach oben zu hebeln. Vielleicht gelänge es uns auf diese Weise, etwas mehr Andruck auf die Räder zu bekommen und vielleicht noch den einen oder anderen Ast unter die Räder stecken zu können. Bei eingeschlagenen Rädern sollte dafür vielleicht genug Platz zur Verfügung stehen.

Die Idee, das Auto von den Achslenkern aus hoch zu hebeln, schien uns nicht die schlechteste zu sein. Also verfolgten wir den Gedanken weiter. Ich beschaffte immer neue Äste, die stabil genug dafür waren und versuchte mein Glück. Kirsten musste sich nun ins Auto setzen, die Räder so gerade wie möglich lenken und ganz vorsichtig im Rückwärtsgang gemäßigten Schub auf das Automatikgetriebe geben. Ich setzte also die Hebel an und drückte das Auto mit aller Kraft hoch und gleichzeitig etwas nach hinten. Dadurch bekamen die Reifen etwas Kontakt zur Betonkante, auf die sie rollen sollten.

Dies war anscheinend der richtige Ansatz und wir hatten damit sogar nach einigen Versuchen Erfolg. Nach mehreren Fehlanläufen gelang es uns am Ende, das Auto wieder mit allen vier Rädern auf den Beton zu bringen. Wir freuten uns diebisch, das geschafft zu haben! Wir waren und sind eben ein gutes Team! Nach einer kurzen Pause und abgetrocknetem Schweiß, waren wir bereit für eine Bestandsaufnahme. Die erste Schadensanalyse zeigte keine nennenswerten Blessuren an Lack oder Blech, was mich fürs Erste erleichterte.

Wir suchten nun aufs Neue einen Parkplatz, den wir ohne weitere Risiken ansteuern konnten. Freie Plätze gab es ja Dank der Badegäste, die den Strand inzwischen verlassen hatten, ausreichend. Baden mussten wir nach den Anstrengungen nun erst recht! Nur mein Bedarf an negativen Überraschungen war vorläufig gedeckt. Ich bin aber sehr froh, dass wir den verschiedensten Stechinsekten etwas Gutes auf den Abendbrottisch bringen konnten…

All das zeigte uns ein Mal mehr, dass wir fast alles schaffen können, wenn wir uns konzentrieren und es zu hundert Prozent wollen! Wichtig ist, Hand in Hand zu arbeiten und sich durch Rückschläge nicht beirren zu lassen. Nicht aufgeben! Auch wenn es den hundertsten Versuch kostet und zuvor neunundneunzig Misserfolge verkraftet werden müssen!

Auch diese schwierige Aufgabe konnten wir gemeinsam meistern und behalten sie, wie den gesamten Urlaub in diesem schönen Land in bester Erinnerung!

Kapitel 14

2006 – Schweden

Es war Freitag, fast schon Feierabend. Nach der Arbeit wollten wir in unseren September-Urlaub des Jahres 2006 starten. Der letzte Werktag vor dem Urlaub war schon immer der intensivste Arbeitstag überhaupt. Das normale Arbeitspensum stand wie immer an. Und natürlich wollte ich alles perfekt organisiert übergeben. Meine Vertretung sollte ja nicht jeden Tag mit Frust zur Arbeit kommen, nur weil ich so viel halbfertig hinterlassen hatte.

Nun war es 18:00 Uhr. Mit hängender Zunge hatte ich alles geschafft, was ich mir vorgenommen hatte. Nun warf ich noch einen letzten kontrollierenden Blick auf meine to-do-Liste. Ja, ich konnte alle Punkte durchstreichen. Alles erledigt!

Endlich konnte ich nun Feierabend machen und auf dem schnellsten Wege nach Hause düsen! Dort wollte ich die letzten gepackten Sachen für die Reise ins Auto legen und dann konnte es losgehen.

Darunter waren auch Taschen von unseren Freunden, mit denen wir die Reise gemeinsam unternahmen. Sie fuhren mit vier Personen in einem Auto und wir waren mit dem größeren Gefährt nur zu zweit unterwegs. Deshalb lagerten wir ein Teil ihres Gepäcks in unseren Kofferraum aus.

Als ich zu Hause ankam, war es schon 18:45 Uhr und es war noch einiges zu erledigen! Kurz vor 20:00 Uhr konnten wir dann endlich zur Fahrt in den Urlaub aufbrechen.

Wir mussten bereits gegen 23.30 Uhr in Warnemünde am Hafen der Fähre sein! Das Schiff sollte zwar erst 0:50 Uhr ablegen, aber wir sollten, wie beim Einchecken auf dem

Flughafen, mindestens eine Stunde vorher an Ort und Stelle sein.

Bei etwa dreieinhalb Stunden Fahrzeit, blieb keine Zeit für Eventualitäten. Auf freien Autobahnabschnitten hieß es nun, Bleifuß aufs Gas!

Die Autobahn war jedoch für die Tageszeit relativ voll und es gab natürlich die obligatorischen Dauerbaustellen. Wir schauten immer wieder zur Uhr und bangten, es nicht in der gesetzten Zeit zu schaffen. Unsere Anspannung stieg beträchtlich!

Nun aber tauchte die Autobahnabfahrt „Rostock West" endlich vor uns auf. Wir lagen noch knapp in der Zeit. Trotzdem es noch eine Umleitung durch den Warnow-Tunnel gab, erreichten wir das Fähr-Terminal gerade noch pünktlich. Nicht etwa zu früh, denn man sagt ja „Zu früh ist auch unpünktlich!" Unsere Freunde warteten schon wie auf Kohlen, denn sie hatten unsere Tickets und wir einen Teil ihres Reisegepäcks.

Nach nur wenig Wartezeit begann der Check-In. Nun war die Fähre nach ihrer letzten Überfahrt entladen und wir werden mit unseren zwei Autos auf das Fahrzeugdeck gelotst. Alles musste sehr schnell gehen, schien aber in geordneten Bahnen zu laufen. Jeder Handgriff war gut strukturiert und wirkte professionell. Nach dem Verladen mussten wir, wie alle Passagiere, das Roll-On/Roll-Off-Deck verlassen und suchten unsere Kabinen auf.

Dank des ausgeklügelten Systems der Nummerierung fanden wir sie relativ schnell. Zu unserem Entsetzen, handelte es sich um eine Innenkabine. Also um eine solche, die kein Fenster und keinen Zugang zum Tageslicht hatte. Gut, während der Nachtfahrt wäre ein Sonnenstrahl, der durch das Fenster ins Innere der Kabine fiel, sehr unwahrscheinlich gewesen. Und ein Öffnen der Bullaugen der außenliegenden Kabinen war ja auch nicht vorgesehen. Das ist vielleicht nur so ein Gefühl…

Als unangenehm empfanden wir, dass beim Herrichten der kleinen kaninchenstallähnlichen Zimmer extrem auf die geruchsneutralisierende Wirkung von Febreze gesetzt wurde. Ein Teil davon ist flüchtig und wurde größtenteils von den einquartierten Gästen weggeschnüffelt. Der ölige Teil, der auch die Duftstoffe bindet, lagerte sich aber in allen textilen Belägen und Gardinen ab und hinterließ einen unangenehmes Gefühl beim Atmen. Das einzig neutrale in der Kabine war die in aller Eile frisch aufgezogene Bettwäsche.

Ein weiterer Punkt ist sehr gewöhnungsbedürftig. Schlossen wir die Kabinentür und schalteten das Licht zum Schlafen aus, hatten wir das Gefühl, lebendig begraben worden zu sein. Kein Quäntchen Licht drang dann noch hinein. Kein einziges Photon! Automatisch versuchen die restlichen Sinne, den Ausgleich dafür zu übernehmen. Nachdem durch den Geruchsvertilger die Nase blockiert war und auch die Geschmacksnerven nichts zu tun hatten, blieben nur noch die Ohren und der Tastsinn. Zu hören war aber auch nichts, außer das monotone unterschwellige Brummen der Schiffsmotoren.

Besonders der Gleichgewichtssinn versuchte nun, für alle Verluste aufzukommen. Nicht etwa so, dass wir seekrank wurden. Nein, nur die Schwankungen des Schiffes registrierten wir deutlich stärker als zuvor. Es konnte natürlich auch daran gelegen haben, dass das Wasser im Hafenbereich einfach ruhiger war als auf der offenen See.

Wir hatten die Überfahrt in voller Absicht über Nacht gebucht. Erstens hatten wir fast alle einen langen Arbeitstag hinter uns und zweitens mussten wir von Trelleborg noch fast neunhundert Kilometer fahren, bis wir an unserem Ziel zwischen Särna und Idre ankämen. Ausgeruht und vielleicht nach ein paar Stunden Schlaf, sollte uns das leichter und sicherer von der Hand gehen.

Das Schiff rollte nun immer stärker durch die Wellen der herbstlich aufgewühlten Ostsee. Erst hatten wir im Badbereich der Kabine das Licht brennen und die Tür einen Spaltbreit offen stehen lassen. Nur um noch etwas Orientierung zu haben. Aber das ließ die raue See nicht zu. Die Tür schlug unentwegt an den Rahmen. Mit jeder Bewegung gab es somit ein anstoßendes Geräusch. Dann versuchten wir es erneut mit dem Einschlafen und rollten selbst auf dem Rücken liegend in unseren Kojen hin und her. Nur mit breiten Ellenbogen konnten wir verhindern, aus dem Bett zu fallen. Schön fühlte sich das nicht an!

Nachdem wir an die drei Stunden versuchten, in den Schlaf zu kommen, gaben wir das Vorhaben irgendwann genervt auf. Wir packten in aller Ruhe unsere Sachen zusammen und wollten schauen, ob es an Bord etwas zu trinken gab. Aber auch das war eher enttäuschend. Die einzige Bord-Gastronomie hatte zu dieser Nachtzeit geschlossen. Wir sollten voraussichtlich gegen 7:20 Uhr in Trelleborg ankommen und es war erst zirka 5:00 Uhr. Unsere Freunde waren zu dieser Zeit noch in ihren Kabinen. Es stand uns also noch eine lange Warterei ohne jede Ablenkung bevor!

Gegen 6:00 Uhr begann man, das Bordrestaurant zu öffnen und brachte die ersten Frühstücksgerichte in Warmhalteschalen an das Buffet. Ähnlich wie beim englischen

Frühstück, waren Bohnen und Speck darunter, aber auch Rührei und so etwas wie gebratene Würstchen. Aus der Kombüse drangen schreckliche Gerüche in den Gastraum, die auch den letzten Appetit tilgten. Wir beschlossen, es bei einem semi-schmackhaften Kaffee zu belassen.

Nun kamen unsere Freunde Karola und Klaus sowie Petra und ihr damaliger Mann Frank aus ihren Schlafgemächern. Klaus hatte die Reise für uns alle auf die Füße gestellt und auch die Überfahrt und das Haus in Schweden gebucht. Voller Begeisterung kam er mit einem strahlenden „Guten Morgen!“ auf uns zu und fügte an: „Habt ihr diesen grandiosen Sonnenaufgang gesehen?“

Sie hatten, wie sich im Laufe des daraufhin entwickelnden Gesprächs herausstellte, eine 4-Personen-Front-Kabine mit Panoramablick. Wir hingegen die beschriebene Dunkelkammer. Nie um eine Antwort verlegen griff ich mir Klaus bei seiner Jacke und schüttelte ihn eher aus Spaß: „Klaus, wenn du noch ein Wort über den Sonnenaufgang verlierst, ist es soweit! Dafür und für die Buchung einer Innenkabine wirst du auf der Stelle kielgeholt! Tu das nie, nie, nie, nie wieder!“

Alle lachten, aber auch Klaus. Seine Intention war, für uns den geringsten Fährpreis zu ermöglichen, es war also keine schlechte Absicht. Nur bei der Rückreise mussten wir natürlich auch wieder mit der finsteren Febreze-Zelle Vorlieb nehmen.

Nach einem routinierten Anlegemanöver konnten wir dann das Schiff verlassen und begaben uns auf den langen Weg zu unserem Blockhaus im Wald.

Wir rechneten mit etwa zehn bis zwölf Stunden Autofahrt, denn die Geschwindigkeiten sind in Schweden sehr reduziert und mit hohen Geldstrafen bewährt. Auch wurde dort keine Toleranz anerkannt. Stand 120 auf dem Schild, dann war bereits 121 km/h deutlich zu viel und schon kostenpflichtig! Allerdings waren die Blitzer auch immer etliche Kilometer vorher groß und unübersehbar angekündigt.

Anfangs säumten noch mehrere Städte unsere Route. Später fuhren wir durch unendlich große Waldgebiete. Wir unterhielten uns im Auto gerade über die Elche Schwedens und ob wir je einen zu Gesicht bekommen würden. Plötzlich schlenderte eine Elchkuh mit ihrem halbwüchsigen Kalb lockeren Schrittes über die Fahrbahn. Jedoch nicht so nah, dass es uns hätte gefährlich werden können. Nun hatten wir doch den Beweis, dass es sie tatsächlich gibt. Aus der sicheren Entfernung von zirka 150 Meter, konnten wir die wahre Größe dieser Tiere jedoch nicht wirklich einschätzen. Stunden später sahen wir einen jungen Elchbullen, der sich neben der Fahrbahn am Straßenrand die Hufe vertrat. Ja, es musste ein relativ junges Tier gewesen sein, denn er war nicht wesentlich größer als ein Pferd. Falls wir keine sonstigen Begegnungen mehr hätten, wollten wir im weiteren Verlauf des Urlaubs einen Elch-Park besuchen, um mal einige davon aus der Nähe sehen zu können.

Die Landschaft wurde, je weiter wir in Richtung Norden fuhren, immer weitläufiger. Auch begegneten uns nur sehr wenige andere Autofahrer. Ab und zu sahen wir mal ein paar Häuser im klassischen Stil, die rotbraun gestrichen waren und weiße Fensterrahmen hatten. Aber um sie Dorf zu nennen, waren es doch zu wenige. Meist gehörte eine kleine hölzerne Kirche dazu.

Nun wurde die Umgebung ein ganz klein wenig hügliger und es gab hier und da mal eine Lichtung. Auch immer mehr Seen gab es dort.

Endlich waren wir am Abzweig, bei dem wir zu unserem Haus abbiegen mussten. Die Wegbeschreibung, die Klaus ausgearbeitet hatte, war sehr gut detailliert! Nun also noch ein Stück durch den Wald fahren, immer den Sikvägen entlang am Idre-Fjord. Und endlich waren wir da und konnten die Autos nahe am Blockhaus parken! Mitten Im Wald und der See lag vor der Tür! Fantastisch! Die nächsten kleineren Ortschaften waren jeweils siebzehn Kilometer entfernt. In einer Richtung lag Särna, in der andern Idre. Absolute Stille! Absolute Idylle!

Als wir aus dem Auto stiegen, fielen uns sofort die vielen Pilze auf, die hier standen. Zumeist Maronen uns Steinpilze. Wir meinten, im Schlaraffenland angekommen zu sein!

Nun bezogen wir erst mal unsere Zimmer. Klaus brauchte natürlich das mit dem Balkon, damit er ungestört rauchen konnte. Wir anderen teilten die beiden weiteren Zimmer unter uns auf. Im Untergeschoss des rustikalen hölzernen Blockbohlenhauses gab es einen großen Raum, der fast die gesamte Etage umfasste. Darin bildete ein Kamin den Mittelpunkt und trennte gleichzeitig die drei Bereiche Küche, Esstischecke und Sofa-Lounge von einander. Rings um das Erdgeschoss war das Haus mit einer umlaufenden Veranda eingefasst. Was immer man gerade vorhatte, es gab die passende Einrichtung dafür!

Nachdem wir die Pilze neben den parkenden Autos geerntet hatten, wollten wir ausschwärmen, um uns die nähere Umgebung anzuschauen. Es regnete inzwischen ganz leicht. Kaum waren wir einige Schritte gelaufen, hatte bereits jeder schon wieder die Hände voller Pilze. Deshalb liefen wir zum Haus zurück und schnappten uns eine Klapp-Box, um etwas zum Pilzesammeln zu haben. Natürlich jedes Pärchen eine! In weniger als einer halben Stunde hatten wir drei volle Boxen zu tragen und unsere Kleidung war inzwischen durchnässt. Also gingen wir zurück zum Haus und breiteten die Pilze nach dem Säubern zum Trocknen aus. Unsere nassen Sachen hingen wir unterdessen in den dafür vorgesehenen Trockenschrank. In ein Gerät, dass im flüchtigen Hinsehen einem großen Kühlschrank ähnlich sah. Da wir die Pilze nicht alle trocknen konnten, hatten wir kurzerhand den Plan für unser erstes gemeinsames Abendessen geändert und sie gleich dafür verarbeitet. Lecker!

Frank und Klaus waren nicht so fürs Wandern. Sie errichteten lieber zusammen einen kleinen regenfesten Unterstand am See, wo sie in aller Ruhe angeln konnten, während wir anderen Vier die nähere und fernere Umgebung in Wanderschuhen erkundeten.

Die Gegend ist an sich eine direkte Einladung dafür! Hier gab es Berge, Wasserfälle, Wälder und immer wieder verschiedene Gewässer. Die zahlreichen Flüsse muss man sich auch ganz anders vorstellen, als die, die wir von zu Hause kennen. Der felsige Untergrund versetzte das reißende Wildwasser in starke Strömungen. Selbst wenn eine Fläche nach trockenem Dornengestrüpp aussah, standen wir immer knöcheltief im Wasser, das von oben nicht zu sehen war.

Zwischen diesen wechselnden Bildern gab es Unmengen von Blaubeeren! Wenn wir wandern waren, hatten stets alle einen breiten blauen Rand um den Mund, sowie blaue

Zungen und Zähne. Natürlich kam die Wandergruppe dadurch immer wieder ins Stocken. Irgendwann erstellten wir deshalb die Regel, dass beim Wandern keine Beeren gepflückt werden! Was die Vorauslaufenden betraf, wurde die Regel eingehalten, aber drehten wir uns um, war immer wieder jemand aus der Gruppe weit zurück und blau im halben Gesicht…

Aber sollte man es ihnen verdenken? Sie waren einfach so lecker. Anders als die sogenannten „Kulturheidelbeeren" aus dem Supermarkt, die nur weißen geschmacklosen „Füllstoff" im Inneren aufzuweisen haben, hatten diese originalen Blaubeeren einen unvergleichbar guten Geschmack und dunkelblaues Fruchtfleisch. Aber sie färbten sehr stark.

Wir suchten unsere Wanderungen nach den Schwierigkeitsgraden aus, die in einer Wanderkarte der Umgebung beschrieben waren. Hier wurde darauf hingewiesen, welches Equipment dafür unbedingt erforderlich war. So gab es Strecken, die nur mit hohen Gummistiefeln oder Wathosen zu bewältigen waren. Andere setzten alpine Fähigkeiten voraus. Darum entschieden wir uns an einem Tag für eine „leichte Halbtagestour" und machten uns nach dem Frühstück der Beschreibung angemessen gekleidet auf den Weg.

Im Laufe der Wanderung mussten wir aber irgendwo eine Abzweigung verpasst haben. Als wir unsere Position am späteren Nachmittag auf der Karte ausfindig machten, hatten wir schon zwei Drittel einer „anspruchsvollen Ganztagestour" beschritten. Am Ende des Tagesmarsches konnte ich fast nicht mehr laufen, so taten mir die Füße und die Knöchel weh!

Während wir unterwegs waren, sahen wir auch immer wieder Herden von Rentieren. Die Grenzbefestigungen zu Norwegen waren für die Tiere durchgängig. Es handelte sich auch lediglich um eine Art Wildzaun, der in Abständen von vielleicht hundert Metern mit rot-weißem Flatterband markierte Tierübergänge hatte. Die Rentiere hatten das gelernt und benutzten sie entsprechend als Grenzgänger.

Wir hatten in freier Natur keinen Kontakt mehr mit Elchen. Nur in den Wäldern wunderten wir uns manchmal, in welcher luftigen Höhe der Geweih-Bast an den Ästen hing. Sollten die Bäume nach dem Abscheuern der Geweihhaut noch so sehr gewachsen sein? Um das herauszufinden besuchten wir einen Elch-Park. Hier konnten wir zum ersten Mal ein solches Tier aus der Nähe und in voller Lebensgröße betrachten.

Wir wussten ja, dass sie groß waren. Aber mit diesem Format hatten wir auf keinen Fall gerechnet! Ein Erwachsener konnte unter dem Bauch eines Elchbullen bequem stehen! Darüber erstreckte sich ein riesiger Körper und ein metergroßer Kopf plus Geweih. Unfassbar und mit Hirschen oder vielleicht Pferden gar nicht zu vergleichen. Auf noch mehr Nähe, insbesondere beim Autofahren, konnten wir getrost verzichten. Und ab diesem Zeitpunkt fuhren wir noch vorausschauender, um mögliche Kollisionen mit den Tieren zu vermeiden…

Wir erkundeten auf den verschiedenen Tageswanderungen viel vom umliegenden Gebiet. Darunter Naturparks und große Wasserfälle. Eines Tages waren wir zu einem Fluss unterwegs und mussten uns diesem durch einen langen Marsch durch Waldgebiet annähern. Als wir am Fluss mit seinen tosenden Stromschnellen ankamen, wollte Karola ein Foto machen, rutschte jedoch auf einem glatten Stein aus und verletzte sich schwer. Wir trugen sie dann durch den Wald zurück zum Auto. Mehr konnten wir an Ort und Stelle nicht für sie tun.

Petra, ihre Schwester, fuhr anschließend mit ihr in die nächste Stadt zum Arzt, der sie untersuchte und eine Sprunggelenksfraktur diagnostizierte. Leider konnte sie ab diesem Zeitpunkt nicht mehr mit uns wandern. Sie bekam einen Gips und war die restliche Urlaubszeit damit beschäftigt, die Schmerzen zu bewältigen. Schade!

Wir hatten inzwischen eimerweise gepflückte Blaubeeren. Auch Pilze hatten wir im Überfluss und überall im Haus, wo sich irgendwie der Platz dafür anbot, lagen inzwischen Pilze zum Trocknen. Auch den Trockenschrank hatten wir schon für diesen Zweck missbraucht. Wo das Auge auch hinschaute, Pilze, Pilze, Pilze. Wir hatten dann schon beschlossen, nur noch Steinpilze, und auch davon nur die schönsten zu sammeln. Und beim Autofahren würde nicht mehr wegen Pilzen angehalten werden. Aber das klappte genau so wenig, wie unsere aufgestellte Regel, beim Wandern keine Blaubeeren mehr zu essen.

Was noch fehlte, war ein frischer Fisch aus dem Fjord! Aber damit überraschten uns eines Abends unsere beiden geduldigen Angler. Sie kamen mit einem stattlichen Hecht heim und Frank, als gelernter Koch, bereitete ihn für uns alle zu. Das war der leckerste Hecht, den wir bis dahin und auch später gegessen hatten!

Während Karola noch einige Tage mit hochgelegtem Bein aushalten musste, konnten wir anderen die letzten Tage im Blockhaus genießen und noch die eine oder andere Wanderung unternehmen. Aber irgendwann ist jeder Urlaub zu ende und wir mussten uns wieder auf den Rückweg begeben.

Wir fuhren also den langen Weg nach Trelleborg zurück und starteten bereits in den ganz frühen Morgenstunden, als die Spinnengewebe zwischen den Bäumen in der Natur noch mit Tautröpfchen benetzt waren. Frank hatte zuvor noch für den Reiseproviant gesorgt, damit niemand unterwegs verhungerte.

Diese traumhaften Landschaften werden wir nie vergessen! Gut, dass wir seinerzeit all diese Wanderungen unternommen hatten! Man muss alles zu der Zeit tun, wo es einem körperlich möglich ist! Irgendwann werden wir alle älter und werden uns auf ganz andere Dinge fokussieren. Freiwillig oder gezwungenermaßen.

Ich glaube auch, dass dies wirklich noch so gut wie unberührte Natur war. Und wo der Mensch eingegriffen hatte, tat er das, um zum Beispiel Besucherströme zu kanalisieren, damit die Natur ringsum in ihrer Eigenständigkeit unversehrt bleibt.

Nun folgte noch die Rückfahrt mit der Fähre nach Warnemünde, die aber diesmal bei spiegelglattem Wasser wesentlich entspannter verlief. Da wir die zirka sechsstündige Überfahrt gegen 18:00 Uhr antraten, mussten wir auch nicht versuchen, zu schlafen. Aber wegen der kaum spürbaren Schiffsbewegung wäre das aber diesmal möglich gewesen.

Wir werden das Land auf jeden Fall noch einmal bereisen! So viel steht fest! Lieber wäre uns aber, wenn sich beim nächsten Mal niemand verletzen würde! Aber so viel Kameradschaft musste damals sein! Niemand wird im

Wald zurück gelassen! Wäre es einem von uns passiert, hätten wir uns genau so auf die Hilfe der anderen verlassen können. Das wissen wir genau!

Eine Erfahrung war auch, dass man für eine Kabine, wenn man sie schon wegen der Nachtfahrt zum Schlafen bucht, lieber etwas mehr ausgeben sollte. Schon, um sie wirklich nutzen zu können. Und wenn man dadurch als krönenden Abschluss vielleicht noch einen Sonnenaufgang genießen kann, wird auch niemand zum „Kielholen“ ins Wasser geworfen. Wer aber trotzdem Angst hat, nachts bei unruhiger See aus der Koje zu rollen, stecke sich Viagra ein…

Kapitel 15

2008 – Kalabrien

In diesem Jahr wollten wir mal etwas ganz anderes erleben. Ich war ja, wie zuvor schon beschrieben, noch nie so sehr der leidenschaftliche Befürworter von Flugreisen. Es lag aber nicht unbedingt daran, dass mir das Vertrauen in die Flugsicherheit fehlte, oder vielleicht doch? Ich kann kaum sagen warum, aber wenn ich in ein Flugzeug steigen sollte, beschlich mich immer so ein mulmiges Gefühl des Ausgeliefertseins. Ich wusste natürlich genau, dass alle, die das Flugzeug steuerten, ihr Bestes taten, um die Passagiere bequem und sicher ans Ziel zu bringen. Egal ob das fliegende Personal oder die Beschäftigten am Boden. Auch die Flugbegleiterinnen versuchten immer, eine freundliche Atmosphäre zu schaffen. Aber wie oft haben schon all diese Bemühungen in der Vergangenheit nicht ausgereicht?

Es ist mir auch klar, dass alle lebenswichtigen Systeme redundant angelegt sind. So sehr ich auch nach den wirklichen Gründen meiner Flugangst suchte, fand ich auch immer die logischen Argumente dafür. Sowie ich aber meinen Platz im Flieger, wenn es geht am Fenster, eingenommen hatte, war auch die Furcht weg und schaffte dann Raum für meinem technischen Erlebnishunger. Ich fand es schon immer faszinierend, wie sich ein viele Tonnen schweres Fluggerät mit scheinbarer Leichtigkeit in die Lüfte erheben kann und seinen Passagieren die Vogelperspektive ermöglicht. Besser als Reinhard Mey in seinem Meisterwerk „Über den Wolken“, kann man‘s kaum beschreiben!

Wir hatten uns diesmal für Süditalien entschieden und einen Urlaub in Kalabrien gebucht. Oder besser gesagt, meine liebe Frau Kirsten hat das Ziel gewählt und mir die Zustimmung abgerungen. Das, trotzdem die Reise nicht nur einen Hin- und Rückflug voraussetzte, sondern je Richtung gleich zwei Flüge mit einem Zwischenstopp in Rom. Da es keine Direktflüge zu unserem Ziel gab, musste uns ein Anschlussflug nach Lamezia Terme bringen, das auf dem unteren Stiefelteil Italiens liegt.

Nachdem wir unsere Plätze auf der linken Seite eingenommen hatten und auch das Handgepäck verstaut war, fiel uns ein bärtiger Mann in der rechten Seite auf. Er saß am Gang in der Reihe vor uns und war in ein knöchellanges Thawb-Gewand gekleidet, wie es streng gläubige Muslime tragen und hatte eine entsprechende Kappe auf dem Kopf. Auf seinem Schoß hielt er ein in Paketpapier eingeschlagenes verschnürtes Päckchen zwischen seinen Händen. Darauf stand etwas in arabischen Schriftzeichen geschrieben. Der Mann murmelte ständig etwas vor sich hin und bewegte seinen Oberkörper dazu vor und zurück.

Durch sein Aussehen und seine Selbstgespräche hob er sich deutlich von allen anderen Anwesenden ab und zog deren Aufmerksamkeit auf sich. Da bestimmt niemand in der Kabine der arabischen Sprache mächtig war, verstand auch keiner was er sagte. Ich hielt es schließlich für eine Art Gebet und war bemüht, es zu tolerieren. Deshalb wandte ich auch meine Augen irgendwann von ihm ab. Nur als mein Blick wieder seine Sitzreihe streifte, war er nicht mehr da. Nur das verschnürte Päckchen, das er so bewacht hatte, lag noch auf seinem Sitz.

Uns beschlich ein unangenehmes Gefühl und sofort waren wieder alle Bilder von Nine-Eleven in unseren Köpfen präsent. Wir sahen augenblicklich einen islamistischen Attentäter in ihm und ließen diesen Sitzplatz nicht mehr aus den Augen! Wäre es irgendwann in die Startvorbereitungen gegangen und hätte sich die Maschine zur Startbahn bewegt, hatten wir uns vorgenommen, Alarm zu schlagen!

Nach einer Weile der Anspannung kam er jedoch aus der Bordtoilette, die man eigentlich nicht benutzen sollte, solange das Flugzeug am Boden steht. Nun nahm er seinen Platz wieder ein und auch sein Paket wieder auf den Schoß. Wer weiß, was er wichtiges transportiert hatte. Aber darüber wollten wir gar nicht weiter mutmaßen. Unsere Aufregung legte sich dann auch wieder…

Es war ein wirklich ruhiger Flug nach Rom. Alles verlief planmäßig. Es unterschied sich nicht viel von einer Busfahrt in Berlin, bis auf den Blick aus dem Fenster, der uns ein wundervolles Bild über ein Meer von Schäfchenwolken bot. Die Crew des Airbus 310 brachte uns routiniert und sanft von Hauptstadt zu Hauptstadt. Dort sollten wir zirka zweieinhalb Stunden Aufenthalt haben, bevor es weiter in den Süden des Landes ging.

Wir konnten die Zeit nutzen, um einen Mietwagen für den Urlaubsort zu buchen. Dann zündete ich mir im Außenbereich des Gebäudes einen Zigarillo an und belohnte mich damit für den ersten mutig überstandenen Flug des Tages. Eigentlich rauchte ich zu diesem Zeitpunkt gar nicht mehr. Aber irgendwie wurden die Pausen zwischen den Dannemann Moods immer kürzer…

Für den Anschlussflug stand dann eine andere Maschine bereit. Dieses Fluggerät war nun eine ältere MD80, aber auch von ALITALIA, der nationalen Fluggesellschaft, die es zu dieser Zeit noch gab. Mit diesem Flugzeugtyp hatten wir 2002 schon unsere Erfahrungen auf der Reise nach Istanbul gemacht. Bei diesem schmalrümpfigen von McDonnel-Douglas produzierten Flugzeug, waren die beiden starken Triebwerke heckseitig an der Kabine verbaut worden. Dadurch standen die Tragflächen unter deutlich weniger Belastung. Gleichzeitig werden die Hauptfluggeräusche, die von den Motoren ausgehen, zum größten Teil hinter den Passagieren produziert. Das gestaltete den Flug erheblich leiser. Die Flugeigenschaften sind aber dadurch auch ganz andere und der Captain muss dem Rechnung tragen.

Anerkennend muss ich sagen, er steuerte den Flieger beim Landeanflug sehr gekonnt durch die Berge Süditaliens! Wie bei einem Boot mit Heckaußenborder gab er in den Kurven maximalen Schub und nutzte die Drift für die Kurvenlage. Das machte mir diesmal trotz meiner Furcht vorm Fliegen großen Spaß! Ich glaube, dem Piloten auch! Kirsten trieb die sportliche Fliegerei des ambitionierten Flugzeuglenkers jedoch den kalten Schweiß auf die Stirn.

Später bei der Rücktour hatten wir offenbar wieder den selben Steuermann im Cockpit. Er legte den ersten Stunt bereits beim Drehen der Maschine vor dem Flughafenterminal hin. Er gab bei eingeschlagener Lenkung einfach Vollschub wie bei einem heckgetriebenen Ferrari, so dass sich die MD fast auf der Stelle drehte, als wollte er Olympiaringe aus Gummiabrieb auf das betonierte Vorfeld radieren…

Aber vorher sollten wir erstmal zwei Wochen entspannten Urlaub haben. Um von der „Spannseite“ des Stiefels zur „Sohle“ zu gelangen, hatten wir, wie zuvor schon erwähnt, noch während des Aufenthalts in Rom einen Mietwagen geordert, den wir in Lamezia in Empfang nahmen. Einen fünftürigen Fiat Punto überließ man uns, mit dem wir den Stiefelschuh erkunden konnten.

Wir erforschten die Umgebung zum größten Teil selbstständig, aber auch im Hotel bot man uns Tagestouren an. Unter anderem eine zu den Cascaden eines Flusses, der in den nahegelegenen Bergen entsprang. Einige Teilnehmer schrieben sich für diese Jeep-Tour ein, aber die Beteiligung war für den Veranstalter offenbar zu gering. Er sagte kurzerhand ab und begründete seinen Rückzug des Angebots mit: „Wollen wir doch mal sein ehrlich. Ich könnte Sie hinfahren da und nehmen Ihr Geld. Aber es letzte Zeit so trocken, dass Quelle und Wasserfälle sind trocken. Da ist gar keine Wasser drin zur Zeit. Dann Sie hätten bezahlt umsonst. Wollen das?“

Da fielen die Zauberworte! „Bezahlen“ und „Umsonst“. Natürlich wollte niemand umsonst bezahlen! Alle zogen ihre Buchung zurück, was wir sehr schade fanden. Aber wir hatten ja gottseidank den Mietwagen und suchten die Wasserfälle auf eigene Faust auf. Erstaunlicherweise fanden wir sie auch und trotzdem es nicht geregnet hatte, führte der kleine Fluss reichlich Wasser. Die Cascaden sahen toll aus und boten uns ein schönes Erlebnis! Dank der stornierten Tourteilnehmer rauschte der Wasserfall nur ganz allein für uns!

Im Hotel lernten wir zwei nette Frauen aus Berlin-Köpenick kennen, mit denen wir uns gut verstanden. Eine von ihnen hatte begonnen, die italienische Sprache zu lernen. So konnte sie sich mit unserem sympathischen Hotelkellner Euginio besser verständigen, der uns gute Tipps gab.

Gemeinsam planten wir später einen Tagesausflug nach Sizilien. In weiser Voraussicht nahmen wir ein mobiles Navigationsgerät von zu Hause mit, das uns bei unseren Ausflügen gute Dienste leisten sollte. In den Handys gab es ja zu dieser Zeit noch kein Navi. Wir waren also auf alle Eventualitäten gut vorbereitet! Das Gerät entwickelte jedoch ein immer stärkeres Eigenleben und führte uns nicht immer auf dem schnellsten uns unkompliziertesten Weg zum Ziel.

Diesmal folgten wir ihm vielleicht zu blind und landeten kurze Zeit später mitten im Wald. Wir kamen an Orte, wo vielleicht Jahrzehnte kein Mensch mehr war. Selbst die Rehe und auch die massenhaft dort lebenden Eidechsen schauten uns erstaunt an und fragten sich wahrscheinlich, was wir hier in ihrem Lebensraum vorhätten. Letztlich blieben wir in diesem Urwald auch noch im trockenen Sand stecken, so dass alle aus dem Auto aussteigen mussten. Unsere Urlaubsbekanntschaften wurden ganz blass und stellten sich hierbei wohl noch ganz andere Fragen. Wie sie bei unserem späteren Treffen in Berlin zugaben, fürchteten sie sich nicht nur vor der Natur außerhalb des Autos…

Nach all diesen Wirren kamen wir aber doch noch in Reggio Calabria an, von wo aus wir mit der Autofähre nach Sizilien übersetzen wollten. Die eine Frau, die dabei war, Italienisch zu lernen, konnte für uns den Fahrplan übersetzen. Wir wussten nun, dass an Sonn- und Feiertagen nur Personenfähren fahren und keine Autofähren. Zufällig war genau heute beides. Sonntag und Italienischer Nationalfeiertag „Festa della Repubblica“. Und wegen unserer

Abwege durch die Wälder war es inzwischen bereits früher Nachmittag. Ein Schiff sahen wir gerade noch losfahren, als wir den Hafen erreichten. Wir hatten also nun genügend Zeit, im Café nebenan einen Eisbecher zu essen und über den kleinen Flohmarkt im Hafen zu schlendern.

Endlich konnten wir die nächste Fähre nach Messina besteigen und waren eine halbe Stunde später auf der Insel. Nun bekamen wir aber auch langsam Hunger! Das Eis war zwar lecker, machte uns aber nicht lange satt und das Frühstück war schon eine Weile her. In Messina angekommen, streiften wir durch die Straßen in Richtung Centro Cittá und kehrten am „Piazza Ettore Castronovo" in eine Pizzeria ein. Es roch schon ganz anders, als wenn wir zu Hause eine Pizza essen gingen. Eine echte sizilianische Pizza ist doch etwas ganz anderes als die in Deutschland angebotenen angepassten Varianten. Die hier ist ein echter Genuss und der Lambrusco dazu eine passende regionale Abrundung!

Um den weiteren Tag zu planen, eröffnete uns die Übersetzerin, dass die letzte Personenfähre bereits um 16:30 Uhr ablegen würde. Nun schauten wir aber mal auf die Uhr. „Mensch, es ist ja schon fast Vier!" riefen wir wie im Chor. „Und wir müssen ja hier im Restaurant auch noch bezahlen!" Gesagt getan. Da es hier niemand aber wirklich niemand eilig hatte, hinterließen wir den Betrag plus Trinkgeld beim Weggehen auf dem Tisch.

Am Platz gegenüber der Pizzeria stand ein freies Taxi und der Fahrer lud uns freundlich ein. Als wir ihm jedoch eröffneten, dass wir eigentlich nur zirka einen Kilometer zum Hafen fahren wollten, war ihm die Strecke zu kurz und er machte uns einen Schutzpreis, den wir nicht anzunehmen bereit waren. Kurz entschlossen liefen wir zu Fuß los, besser gesagt sind wir zum Hafen gerannt, um das Schiff nicht auch noch zu verpassen. Schließlich erreichten wir es den Temperaturen entsprechend durchgeschwitzt und mit hängender Zunge. Die gerade erst in uns hineingestopfte Pizza machte uns auch nicht wirklich schneller.

Wir kamen am Hafen an, wo bereits die Leinen eingeholt wurden. Aber wir konnten das Ablegen gerade noch rechtzeitig stoppen und auf diese Weise verhindern, dass uns das Schiff vor der Nase wegfuhr. Ein paar Sekunden später, und wir hätten uns für die Nacht eine sizilianische Bleibe suchen müssen.

Die Rückfahrt gestalteten wir so, dass wir ausschließlich die großen Hauptstraßen entlang der Küste benutzten. Das Navi ließen wir sicherheitshalber aus und verließen uns auf unseren eigenen Instinkt und unseren inneren Kompass. Ich denke, unseren Mitfahrerinnen kam das sehr gelegen!

An der Südküste sahen wir im Vorbeifahren eine niedliche kleine Stadt. Sie erinnerte eher an eine Kleckerburg auf einem Hügel. Übereinstimmend stellten wir fest: „Die müssen wir uns morgen unbedingt mal anschauen!“ Aber merkwürdig war, dass unsere Sizilien-Begleiterinnen nicht mehr mitkommen wollten…

Natürlich kannten wir uns in der Stadt nicht aus. Es gab kleine alte Häuser, an die inzwischen in alle Richtungen irgendetwas angebaut wurde. Auch nach oben, wenn es nicht anders möglich war. Sie bildeten verwinkelte Straßen und kleine Gassen. Gedruckte Pläne waren von dieser rasanten Ortsentwicklung überfordert und konnten unmöglich Schritt halten. Hier mussten wir dann doch wieder auf das gute alte Navigationsgerät zurückgreifen. Allerdings gegen unseren Willen. Es führte uns wie gewünscht in die Stadt hinein. Aber wir wollten irgendwie ganz nach oben, auf den Gipfel des Berges. Wir stellten uns vor, wie grandios die Aussicht von dort auf die Kalabrische Küste sein musste!

Die Straßen wurden nach oben hin immer älter, enger und verwinkelter. Teilweise waren sie nur wenig breiter als das Auto und schienen sich über uns wieder zu schließen. Die Häuser waren oben breiter gebaut als ihre Grundflächen und standen sich in den oberen Stockwerken Fenster an Fenster gegenüber. Die Bewohner hätten sich bequem die Hand reichen können. Die engen Zwischenräume wurden gern benutzt, um Leinen von Fenster zu Fenster zu spannen und die Wäsche darauf zu trocknen.

Nun trafen wir in einer solch schmalen Gasse auf eine große Familie, die gerade ihre Mittagstafel begonnen hatte. Gemeinsames Essen in der ganzen Familie hat hier einen hohen Stellenwert! Wir könnten davon lernen! Sie schauten uns ein wenig fragend an und verstanden vielleicht nicht, wo wir mit unserem Auto hin wollten. Aber sie reagierten sehr freundlich, räumten bereitwillig ihr Essen ab, trugen den großen langen Tisch und die vielen Stühle beiseite und gewährten uns fröhlich winkend die Durchfahrt. Meine Sprachkenntnisse reichten gerade so aus, für ein sehr dankbares „Grazie Mille!“.

Die Gasse verlief noch in ein paar engen Kurven um die verbauten Häuser. Dann jedoch endete sie zweihundert Meter später abrupt. Hier mündete sie in einem kleinen dunklen Innenhof, in dem Kinder mit einem Ball spielten. In der vom Navi angezeigten Richtung gab es aber statt einer Ausfahrt oder einer Straße nur eine Treppe mit vielleicht zwanzig Stufen, die steil zur nächsten Ebene hinauf verlief. Dies war, abgesehen von der Gasse aus der wir kamen, der einzige Weg, der von diesem Platz weg führte.

Wir befanden uns also in einer Sackgasse mit einer Treppe, wo laut unseres superschlauen Navis eine befahrbare Straße sein sollte. Vielleicht gab es diese Straße wirklich irgendwann mal. Aber die Straße und auch die Treppe sahen nicht neu aus. Bei der Kartierung der elektronischen Pläne für das Gerät wurde eindeutig schlampig gearbeitet! Sicher wurde hier vieles ohne das Wissen der Behörden umgebaut. Aber das musste an dieser Stelle vor der Erfindung der GPS-Navigation gewesen sein!

Wir versuchten umzukehren, was aber wegen der Enge des Platzes nicht einfach werden würde. Nach gefühlt hundert Wendeversuchen gaben wir unser Vorhaben jedoch auf, um eine Kollision mit einem der Hausvorsprünge zu vermeiden. Wir beschlossen deshalb, die Gasse rückwärts zu verlassen und machten uns mit verdrehten Hälsen auf den Rückweg.

Erneut kamen wir bei der Mittagstafel der Familie an, die inzwischen wieder vollständig aufgebaut stand und an der sich die Beteiligten in typisch italienischer Lebensart gütlich taten. Die vielen Stimmen der Beteiligten waren schon weit durch die Gasse zu hören.

Nachdem wir nun mit dem Kofferraum voraus am anderen Ende der Tafel wieder auftauchten und abermals signalisierten, dass wir hier durchfahren müssten, räumten sie erneut ab und verbrachten wieder Tisch und Stühle ins Haus. Nur um wieder Platz für unseren Fiat Punto zu schaffen. In ihren Blicken lag jetzt ein ganz anderer Ausdruck als zuvor. Es schienen sich jetzt dunkle Wolken vor ihre vor wenigen Minuten noch vorhandene gute Laune geschoben zu haben. Wer sollte es ihnen verdenken? Ich kann kaum in Worte fassen, wie peinlich uns das war…

Wie wir wissen, geht jeder Urlaub auch mal zu Ende. Am letzten Abend gingen wir noch mal ausgiebig essen und ließen anschließend unsere erlebten Abenteuer bei ein paar gemixten Cocktails noch mal Revue passieren. Unsere Koffer hatten wir zuvor bereits gepackt.

Es war eine ziemlich schwüle Sommernacht, was uns im Außenbereich der Bar nicht gestört hatte. Nun waren wir aber wieder in unserem Hotelzimmer und stellten die Wecker für den nächsten Morgen. Wir mussten ja recht zeitig los, um den Flieger in die Heimat nicht zu verpassen.

Vor dem Nachhause-Flug mussten wir aber noch von der Sohle des italienischen Stiefels zu den „Schnürsenkeln" nach Lamezia Terme fahren und dort auch noch den Mietwagen übergeben. Um 7:00 Uhr war schon der Abflug geplant. Wer schon geflogen ist weiß, dass man auch vorher Zeit zum Einchecken und Boarding einplanen muss.

Wir hatten tatsächlich Angst zu verschlafen und sind deshalb nach den Drinks relativ schnell in unseren Kojen verschwunden. Die Klimaanlage, die uns in der gesamten Zeit gute Dienste geleistet hatte, warf in der letzten Nacht nun doch noch ihren Job hin und wollte das Hotelzimmer, das sich tagsüber beträchtlich aufgeheizt hatte, einfach nicht mehr kühlen. Zusätzlich zum Fenster rissen wir nun auch noch die Zimmertür weit auf. Wir dachten, auf diese Weise etwas Luftaustausch zu bekommen und die Hitze aus dem Zimmer zu treiben.

Aber es bewegte sich gar nichts! Kein Lüftchen vermochte die zur Seite gezogene Gardine am Fenster zu bewegen und wir begannen, stark zu transpirieren. Die süditalienischen Mücken, die sich bis dahin zurückgehalten hatten, nahmen das als Einladung und kamen sich in Schwärmen verabschieden. Vermutlich dachten sie, wir würden uns über ein paar Dutzend Mückenstiche freuen! Nachdem alle ihren Hunger gestillt hatten, die bis dahin im Zimmer waren, schlossen wir doch das Fenster und die Tür und kühlten uns unter der Dusche ab. Auch, um uns Linderung des Juckreizes zu verschaffen.

Inzwischen war die Zeit schon weit fortgeschritten. Es war nun schon etwa 1:00 Uhr und wir hatten bislang noch kein Auge zugemacht. Aber schon um 4:00 Uhr sollte der Wecker klingeln! Darum versuchten wir es nach der kalten Dusche noch ein Mal, aber wir waren viel zu aufgeregt. An Schlaf war überhaupt nicht zu denken. Zwei Stunden später schliefen wir noch immer nicht…

Wären wir dann noch eingeschlafen, hätten wir mit großer Wahrscheinlichkeit keinen Wecker mehr gehört. Darum beschlossen wir lieber, alle Schlafversuche abzubrechen, unsere Koffer zu nehmen und sofort zum Flughafen zu fahren.

Am Airport angekommen, waren dort noch keine Lichter an. Das verschaffte uns genügend Zeit, das Auto abzugeben und in aller Ruhe einzuchecken. Aber auch beim Autovermieter war noch niemand zugegen. Es gab lediglich einen Briefkasten, in den wir die Schlüssel und die Papiere einwerfen sollten, nachdem wir das Auto auf einem freien Parkplatz abgestellt hatten. Wir taten das wie gewünscht, aber fotografierten den FIAT aus allen Perspektiven. Wir wollten sicherstellen, dass man uns nicht im

Nachhinein für Schäden zur Verantwortung ziehen konnte, die wir nicht verursacht hatten.

Anschließend begaben wir uns wieder zum Flughafenterminal, mussten aber auch hier feststellen, dass trotz der inzwischen eingeschalteten Beleuchtung, der Eingang noch immer verschlossen war. Auch wenn es in Soverato, wo wir bis vor etwas über einer Stunde noch waren, sehr schwül war, froren wir hier in Lamezia Terme. Schuld war vielleicht auch die nun doch aufkommende Müdigkeit.

Glücklicherweise kam genau jetzt ein Hausmeister, der Mitleid mit uns gestrandeten Seelen hatte und schloss für uns auf. Er meinte freundlich, dass wir auch drinnen warten könnten, bis der Check-In-Schalter seinen Betrieb aufnahm.

Als es losging, reichten wir der Frau am Counter unsere Tickets und legten das aufzugebende Reisegepäck aufs Band. Dies bestand aus zwei Koffern und einem Sonnenschirm. Die Frau sah uns verwirrt an und musste erst fragen gehen, ob wir auch Sonnenschirme als Gepäck aufgeben konnten. Kurze Zeit später erschien sie wieder an ihrem Arbeitsplatz und registrierte unseren Schirm stirnrunzelnd. Man sah ihr deutlich an, dass dies nicht ihrem persönlichen Dafürhalten entsprach. Den Schirm hatten wir uns dort gekauft, um nicht überall am Strand einen Schattenspender mieten zu müssen. Und hätten wir uns ohne diesen der prallen Sonne ausgesetzt, wären wir nicht ohne stärkere Verbrennungen nach Hause geflogen.

Unser Schirm hatte einen integrierten Ständer, den man mit einer in die Stange geformten Kurbel stabil in den Sand schrauben konnte. So einen hatten wir in Deutschland noch nicht gesehen, was ihn für uns zu etwas Besonderem machte. Deshalb wollten wir ihn auch nicht dort zurücklassen.

Nach einem ruhigen Flug kamen wir schon bald in Rom an, wo wir wieder knapp drei Stunden Aufenthalt hatten. Das gab uns aber nicht genug Zeit, um uns in der Stadt umzuschauen, war aber zu lange für eine kleine Pause in der Lobby. Wir setzten uns also in die Airport-Cafeteria und beobachteten die Starts und Landungen auf dem Rollfeld. Die Flugzeuge sehen dabei immer so elegant aus, wenn sie diese Manöver mit scheinbarer Leichtigkeit absolvieren.

Da wir an diesem Tag sehr früh aufstehen mussten, waren wir zu diesem Zeitpunkt schon recht müde und erhofften uns vom starken italienischen Kaffee eine deutliche Aufmunterung. Stattdessen jedoch wurden unsere Augen immer kleiner, bis wir schließlich über unseren halbvollen Tassen einnickten.

Wach wurden wir erst wieder, als man uns im Café leicht anstupste und dann fragte, ob es unsere Namen seien, die über die Lautsprecheranlage des Terminals ausgerufen wurden. „Wie? Was? Ja! Nun aber schnell!“ hörten wir uns zu uns selbst sagen.

Bevor wir uns zum Kaffee niederließen, hatten wir bereits erkundet, wie wir später zum richtigen Gate kamen. Aber mit der Müdigkeit funktionierte auch die Speicherung des Weges in unseren Gedächtnissen nicht mehr richtig. Die einzelnen Flugsteige gingen alle wie die Querstriche des Buchstaben E vom Haupttterminal aus und waren in gleicher Optik gebaut worden. Alle sahen sich irgendwie ähnlich und die Wegweiser waren schlecht beschriftet. Das erleichterte uns das Auffinden des richtigen Ausgangs nicht unbedingt.

Erneut wurden wir aufgerufen! Große Nervosität stellte sich ein! Wir fragten uns dann durch, um den richtigen Weg zu finden und um den Anschlussflieger nicht doch noch zu verpassen.

In letzter Sekunde stiegen wir dann noch in den Flieger und nahmen unsere reservierten Plätze ein. Wir waren die beiden letzten fehlenden Passagiere! Während des Fluges fielen uns dann doch die Augen zu…

Bei der Landung in der Heimat waren wir aber wieder wach. Würden wir unseren Schirm wieder finden? Ja! Er kam auch tatsächlich mit uns in Berlin an und lag später wie auch unsere Koffer auf dem rotierenden Gepäckband.

Wir fuhren mit der S-Bahn nach Hause und hatten unser Auto diesmal auch nicht am Flughafen geparkt, denn wir mussten ja unsere Lektion schon einmal lernen! Das Geld für die utopischen Parkgebühren konnten wir auch anders unter die Leute bringen. Im Urlaub beispielsweise in Form von Limoncello und anderen abendlichen Cocktails im Hotel. Die Bahn brachte uns auch ohne das Navi nach Hause, das uns sicher wieder auf Abwege geführt hätte. Für uns war es ein toller Urlaub! Nur für das Navigationsgerät war es die letzte Reise und wir ersetzten es bald durch ein moderneres.

Mit den beiden Frauen, die wir im Hotel kennen gelernt hatten, trafen wir uns noch ein Mal im Winter in Berlin-Köpenick. Wir verbrachten einen netten Abend bei einem gemütlichen Essen. Danach haben wir uns jedoch aus den Augen verloren. Die Erinnerungen aber bleiben…

Kapitel 16

2010 – Urlaub in Kroatien

Unsere Urlaubspläne für dieses Jahr führten uns mal wieder nach Kroatien. Ein wirklich schönes Reiseland an der östlichen Adriaküste! Glasklares Wasser, angenehme Temperaturen, nette Menschen und wenn man mag, viel mittelalterliche Architektur. Die bergige und zerklüftete Karstlandschaft bietet eine große Vielfalt! Dazu eine hervorragende mediterrane Küche, die jedem in bester Erinnerung bleibt! Die unzähligen Konoba's, die Grillbars Kroatiens, und das gute Bier sagen jedem Besucher nur Eines: „Komm bald wieder!"!

Hier kann man auch gut spontan hinfahren. Viele kleine Hotels und Pensionen laden an dieser schönen Küste zum Verweilen ein. Ergänzt wird das Übernachtungsangebot durch die Touristenbüros, die es in fast jedem Ort und in den meisten Städten gibt. Hier inserieren die Bewohner der Region ihre privaten Ferienwohnungen und -Häuser. Man sagt einfach, wonach man sucht und bekommt sofort Angebote. Egal welche Wünsche man hat, wird man in aller Regel fündig. Klima, Meerblick, Appartement oder Ferienhaus? Alles ist möglich und am Ende auch erschwinglich! Also einfach ins Auto setzen und losfahren! Der Rest ergibt sich dort.

Genau so haben wir es 2010 wieder mal gemacht, sind vom Norden zum Süden durchs Land gefahren und haben viel gesehen und erlebt. Das Übernachten in den kleinen Hotels brachte uns nah an Land und Leute! Oft kamen wir tatsächlich mit den Vermietern zusammen, die uns gern wertvolle Insidertipps gegeben hatten.

In einer Gaststätte in Istrien, Kroatiens nördlichster Region, kamen wir etwas näher mit dem Betreiber ins Gespräch. Es wurde, nachdem die anderen Gäste längst weg waren, richtig gemütlich und familiär. Der Wirt schenkte immer wieder selbstgemachten Kirsch-Grappa und auch Sliwovitz aus seiner eigenen Produktion aus. Beide Schnäpse schmeckten fantastisch und machten irgendwann die Zunge schwer. Selbstverständlich brennt niemand in Kroatien solche Spirituosen legal! Da wir aber weder vom Zoll, noch vom Finanzamt sind, war uns das Schnuppe. Für den Moment zählte einfach nur die Geselligkeit und der gute Geschmack!

Da es beide Sorten natürlich nicht im Laden zu kaufen gab, baten wir den Wirt, uns von jeder Geschmacksrichtung zwei Flaschen gegen Bezahlung für zu Hause abzufüllen. Damit hatten wir ein tolles Mitbringsel und konnten es daheim bei meiner Geburtstagsfeier kredenzen.

Unsere Tour brachte uns später weiter in den Süden. Wir fanden eine wirklich schöne Unterkunft in der Nähe der Stadt Senj. Ein guter Ausgangspunkt für einen Besuch einer sehenswerten Natur-Attraktion in der Nähe.

Der Nationalpark Plitvicer Seen, heute Bestandteil des UNESCO Weltnaturerbes, ist ein schönes Ziel für einen Tagesausflug. Hier drehte die DEFA früher die berühmten Winnetou-Filme mit Gojko Mitić. Einer der bekanntesten war „Der Schatz im Silbersee“. Die natürlichen Kulissen sind heute noch in voller Pracht zu sehen. Mitten im Urwaldgebiet der Region Karlovac erstrecken sich die Seen, die durch natürlich gebildete Cascaden von einander getrennt sind. In Etagen fließt einer in den anderen. Gespeist werden diese Seen, die sich durch ihr besonders klares und kalkhaltiges Wasser auszeichnen, durch unzählige Wasserfälle. Hier entsteht ein fast schon tropisches Mikroklima. In den Seen tummeln sich Bach- und Seeforellen, die immer hungrig auf Futter lauern. Sie warteten in größeren Gruppen auf Touristen, die ihren eigenen Proviant mit ihnen zu teilen bereit waren. Warf jemand, was eigentlich untersagt war, einen Krümel Brot in die darum bettelnden Fischschwärme, fielen sie darüber her wie Piranhas und bis das Wasser schäumt. Sogar Braunbären soll es im Nationalpark geben, obwohl wir keinem begegnet waren.

Wer hier Urlaub macht, sollte sich dieses Erlebnis mit einer ausgiebigen Wanderung um diese Seen nicht entgehen lassen! Am Ende der Tagestour lädt das Naturbad unter anderem mit einem Wasserfall zur Abkühlung ein! Zur Übernachtung bietet sich ein Hotel in unmittelbarer Nähe an. Es wurde wie ein Tipi im Stil eines Indianerzeltes gebaut und trägt heute den Namen der einstigen Karl-May-Titelfigur „Winnetou“. Auch wir verlebten hier einen schönen Abend und die Nacht nach unserem Parkbesuch.

Nach diesem herrlichen und unvergesslichen Erlebnis starteten wir von hier aus zur nächsten Etappe. Wir wollten aus den Bergen wieder zur Küste nach Senj fahren und programmierten das neu erworbene Navi entsprechend. Die viel befahrene Hauptstraße fahren kann ja jeder. Wir jedoch wollten ja weiter im direkten Kontakt mit Land und Leuten bleiben. Wir folgten wieder einmal dem Vorschlag des Garmin-Navis und verließen die große Fernstraße. Das neue Gerät, meinten wir, würde uns schon auf einer passenden Route ans Ziel bringen.

Unser Weg führte uns vorerst durch kleinere Dörfer und engere Straßen. Das Navi sagte: „Bitte folgen sie der Route für vier Kilometer!“ Nun verlief die Fahrstrecke durch die Urwälder der Region. Irgendwann war die Straße auch nicht mehr asphaltiert. An einer Lichtung erreichten wir den vorläufigen Zielpunkt des Navigationsgerätes, worauf die Route neu berechnet wurde. Erneut sprach die Frau im Gerät zu uns: „Bitte folgen sie der Route für fünf Kilometer!“ Nun ja, die unbefestigte Straße wirkte wenig einladend, aber zurück wollten wir auch nicht. Dieser Straßenzustand wird ja nicht ewig so bleiben, dachten wir. Irgendwo würde sich schon wieder eine Asphaltstraße anschließen. Dem war jedoch nicht so. Wir fuhren nun schon sieben oder acht Kilometer über zwar feste, aber staubige Sandstraßen. Am Ziel des Abschnittes hätten wir nun gern einen anderen Spruch gehört, aber die Tante im Navi wiederholte sich: „Die Route wird neu berechnet.“ Und kurz darauf: „Bitte folgen sie der Route für vier Kilometer!“ Wir gehorchten, weil wir dachten, dann am Zwischenziel zu sein und wieder auf eine normale Straße zu gelangen. Weiter ging es also durch den Wald und über die holprige sandige Piste.

Nun kamen wir in eine Gegend, in der in kürzeren Abständen Schilder am Straßenrand standen. Darauf war in mehreren Sprachen zu lesen, dass man hier unter keinen Umständen aussteigen solle. Die Wälder wären noch nicht von Minen geräumt worden. Entsprechende Symbole mit explodierenden Bomben sollten die schriftliche Aussage unterstützen und verfehlten auch ihre Wirkung nicht. Uns wurde es allmählich unheimlich. Wir befanden uns nahe der Grenze zu Bosnien in einem seinerzeit umkämpften Gebiet. Eigentlich wollten wir dieses Wegstück nur noch möglichst schnell hinter uns bringen. Aber an ein schnelles Vorankommen war auf dieser Straße nicht mehr zu denken.

Nach etwa fünfundzwanzig Kilometern und nach weiteren Ansagen der blöden Navi-Tante erreichten wir ein Dorf. Der Wald tat sich vor uns auf und in einer kleinen Senke lag vor uns ein offenbar von der Zeit vergessener Ort. Er bestand nur aus wenigen zum Teil verfallenen Häusern. Ungepflegt wirkende Hühner und ein paar Ziegen machten eiligst Platz, um uns die Durchfahrt zu ermöglichen. Vorwiegend aber flüchteten sie, um nicht unter die Räder zu kommen. Menschen waren hier keine zu sehen. Eine einzige S-förmige Kurve leitete uns an verwahrlosten Höfen vorbei und sollte uns auf der gegenüberliegenden Seite wieder in den dichten Wald führen.

Nun kam uns doch ein Auto entgegen. Ein Kastenwagen ohne Kennzeichen. In diesem völlig verrosteten Klein-LKW saßen drei Männer. In diesem kurzen flüchtigen Moment, in dem sich unsere Autos begegneten, sahen wir einander in die Augen. So ein Blickkontakt kann angenehm sein, aber auch das genaue Gegenteil. Es war, als wären für Sekundenbruchteile die Gehirne in einer Art Übertragungsmodus über die Augen zusammengeschaltet worden und sie gaben dem jeweils anderen ein umfassendes Abbild seiner Seele. In diesem Fall erreichte mich jedoch nichts Positives. Eher überkam mich ein kalter Schauer. Kirsten sagte kein Wort. Wie ich aber später von ihr erfuhr, ging es ihr genauso.

Dies war nur ein kurzer Augenblick. Im wahrsten Sinne des Wortes. Wir fuhren aneinander vorbei und setzten unsere Fahrt fort. Hier in diesem trostlosen Ort, gab es gerade mal Asphalt, wenn auch nicht im besten Zustand. Das hörte aber mit Erreichen der gegenüberliegenden Waldkante sofort wieder auf. Hier war die Straße mit Schotter und grobem Splitt aufgeschüttet. Offenbar hatte man hier vor, eine befestigte Straßenoberfläche herzustellen. Das Fahren darauf verursachte unsagbare Geräusche und einen undurchdringlichen Staub hinter uns. Aber dagegen konnten wir wohl nichts tun.

Voraus sahen wir einen alten Mann, der uns auf einem Kleinsttraktor entgegenkam. Diese kleinen Motorwagen, die über der Vorderachse mit einer vielleicht einem Quadratmeter großen Ladefläche ausgestattet sind, waren hier üblich und bei den kleinen Gemüsebauern beliebt. Der Mann saß auf seinem Blechsitz im Freien über der Hinterachse und steuerte das knatternde Fahrgerät mit einem Mopedlenker über den holprigen Schotter. Ihm zuliebe drosselten wir unser Tempo bis unterhalb der Schrittgeschwindigkeit, um ihn nicht völlig in den von uns verursachten Staub einzuhüllen. Der Staub legte sich hinter uns wieder und wir konnten mit ruhigem Gewissen im Gegenverkehr an dem Bauern vorbei fahren. So viel gegenseitige Rücksichtnahme konnte man, wie wir meinen, verlangen!

Nun, wo sich der Dunst gesetzt hatte und wir dem Gemüsebauern eine etwas angenehmere Weiterfahrt ermöglichten, streiften meine Blicke für einen Sekundenbruchteil den Innenspiegel. Ich wollte mich vergewissern, dass der Treckerfahrer weit genug hinter uns ist, bevor ich wieder aufs Gaspedal trete. Aber was musste ich statt dessen sehen? Der Transporter mit den drei Verwahrlosten raste mit einer mächtigen Staubwolke hinter uns her. Die drei nahmen keine Rücksicht auf den armen Bauern ihres Dorfes und schienen meiner Einschätzung nach anderes im Schilde zu führen.

Augenblicklich trat ich das Gaspedal bis aufs Bodenblech durch. Ganz egal, wie viel Staub das verursachte oder ob der aufgeworfene Schotter Beulen am neuen Insignia verursachte. Nur möglichst schnell von hier weg! Immer noch standen die gleichen Schilder am Straßenrand. Der Wald war auch hier noch nicht von Kriegswaffen geräumt! Anhalten und aussteigen wäre hier keine gute Empfehlung gewesen!

In kürzester Zeit schossen mir die wildesten Gedanken durch den Kopf. Was, wenn das übrig gebliebene Partisanen aus dem Balkankrieg waren, die niemand mehr auf dem Plan hatte? Vielleicht noch immer mit Waffen ausgestattet, die nach Beendigung des bewaffneten Konfliktes auch niemand mehr vermisste. Vielleicht schlugen sie sich durch, indem sie Vorbeifahrende anhielten und ausraubten.

Ich hatte nicht die geringste Lust, das genauer herauszufinden und fuhr so schnell es ging! Ich war mir sicher, ich würde mich für den Zustand meines Dienstwagens nach dem Urlaub rechtfertigen müssen. Spätestens, wenn ich damit wieder zur Arbeit fahre. Nur wollte ich nicht, dass nun auch noch Einschusslöcher hinzu kämen! Deshalb und um am Leben zu bleiben, musste ich unbedingt für ausreichend Staub und Abstand zu unseren Verfolgern sorgen!

Die Straße war offensichtlich gerade im Bau. Was wäre gewesen, wenn die drei im Transporter genau wussten, dass in einem Kilometer die Straße endete? Die Durchfahrt hätte von Baumaschinen blockiert gewesen sein können! Oder ein Aushub könnte eine Weiterfahrt unmöglich machen! Vielleicht würde hinter der nächsten Biegung ein

Baum quer über der Straße liegen oder vielleicht wurde eine Baustellenabsperrung aufgestellt! Egal! Augen zu und durch! Ich wollte jedenfalls nicht von denen gestoppt werden, dann vielleicht mit Waffengewalt gezwungen werden, ihnen all unser Gepäck, Geld, Karten und Ausweise zu überlassen. Womöglich hätten sie sich noch an Kirsten vergangen!

Diese und andere Gruselgeschichten zermarterten mir den Kopf und ich ging deshalb nicht vom Gas! Keinen Millimeter! Egal was da hätte kommen können, mir wäre schon etwas eingefallen.

Die Straße verlief in Kurven und durch den Staub hinter uns konnte ich nicht sehen, ob die Verfolger noch an uns dran waren. Ich musste also annehmen, dass sie annähernd so schnell wie wir waren und beschloss weiterhin, auf keinen Fall langsamer zu werden!

Im Auto herrschte gespenstische Stille. Kirsten sagte kein Wort und hielt sich nur am Haltegriff fest. Sie mag wohl in diesem Moment gedacht haben, etwas Schreckliches hätte von mir Besitz ergriffen. Mir war ja zu diesem Zeitpunkt noch nicht klar, dass sie die drei Verwahrlosten genauso wahrgenommen hatte wie ich und dass sie den gleichen Eindruck von ihnen gewonnen hatte.

Inzwischen war es mir auch egal, was die dämliche Kuh im Garmin-Navi erzählte. Meine Route hatte ich schon eine Weile selbst bestimmt. Oder zumindest die Richtung. Einfach geradeaus und dass hoffentlich kein Grund zum Anhalten im Minenwald kommen würde! Oberstes Ziel war nur noch, die Verfolger im Transporter irgendwie loszuwerden!

Nach einer gefühlten Ewigkeit erreichten wir am Ende des dichten Waldes eine kleine Ortschaft, von wo aus wir den Weg in die nächst größere Stadt fanden. Das war Otočac.

Noch immer saß uns der Schrecken in den Gliedern wegen des gerade Erlebten. Im Nachhinein konnten wir uns darüber austauschen und miteinander sprechen. So kam heraus, dass sie genau das Gleiche dachte wie ich. Auch sie hatte diese Typen im Transporter gesehen und sich ihre Version dazu gedacht. Ich war also mit meinen Gedanken zur Situation nicht alleine! Darüber, dass sie in Bezug auf meine Fahrweise durch den verminten Wald keine Fragen hatte, wunderte ich mich vorerst. Später wurde mir aber klar, dass sie froh über meine unvermittelte Reaktion gewesen war.

In Otočac legten wir dann eine Verschnaufpause ein. Wir recherchierten im Internet und wurden tatsächlich schnell fündig. Vor dem Durchfahren des betreffenden Gebietes wurde hier eindringlich gewarnt! Man solle sich besser an die großen Europa-Fernstraßen halten! Die Autoren des Beitrags schrieben nun nicht direkt „um zu überleben", aber zwischen den Zeilen wurde schon klar, was gemeint war. Es gab wohl schon mehrere Fälle von Raub und anderen Verbrechen in diesem Gebiet, die zur Anzeige gebracht wurden. Nachdem wir das gelesen hatten, wurde uns erst richtig übel.

Von nun an blieb auch das neue Navi größtenteils aus. Frau Garmin bekam also Redeverbot! Und wenn es doch mal wieder eingeschaltet war und uns merkwürdige Routen vorschlug, ignorierten wir es und hielten uns nur noch auf den Hauptstraßen auf. Der eigene Instinkt kann auch so einiges leisten, wenn man ihm freien Lauf lässt…

Das Erlebte war für uns jedoch kein Grund, nicht mehr nach Kroatien zu fahren! Es ist ein unvergleichbar schönes Land! Ähnliches hatten wir davor und danach nie wieder erlebt. Außerdem hätte das theoretisch überall auf der Welt passieren können. Wir nahmen lieber die positiven Eindrücke mit nach Hause und erinnern uns gern an die märchenhaften Küsten, gegrillten Tintenfisch und natürlich an das gute Bier! Das Karlovačko. Außerdem hatten wir ja noch den Kirsch-Grappa und den Sliwovitz als trinkbare Souvenirs mitgebracht.

Ein paar Tage nach unserer Rückkehr hatten wir unsere Freunde eingeladen. Wir feierten meinen Geburtstag. Es gab natürlich Bier vom Fass und jeder brachte etwas zum Essen mit. Ich verzichte gern auf Geburtstagsgeschenke und rate meinen Gästen lieber, statt dessen einen Beitrag zum Buffet mitzubringen. Aber nur so viel, wie jeder selbst essen würde. So entstand bislang immer eine erstklassige Vielfalt an leckeren Speisen und es blieb kaum etwas übrig. Alles passte und jeder war zufrieden. Und welche Geschenke braucht man denn wirklich? Meist werden dann Dinge mitgebracht, die man nie benutzt, nur um einer Tradition des Schenkens zu genügen, die aus längst vergangenen Tagen stammt. Unsere Mitbringe-Partys entlasteten die Gäste immer hervorragend von sinnlosen Geschenkbesorgungen.

Zum Essen wurde meist Bier oder auch Wein getrunken. Manch einer nahm auch gern etwas ohne Alkohol zu sich.

Als dann alle irgendwann mit dem Essen fertig waren, kamen die härteren Getränke und Verdauungshelfer zum

Einsatz. Als Clou wollte ich den Schnaps aus Kroatien anbieten. Ich holte also ausreichende Gläser und schenkte allen einen Kirsch-Grappa oder nach Geschmack auch einen Sliwovitz ein. Ein schöner Trinkspruch und das gemeinsame Anstoßen gab den finalen Startschuss zum Austrinken. Prost!

Doch was war das? Der Geschmack war gut. Aber kaum ausgetrunken, hatten wir fast alle extreme Kopfschmerzen. Als wenn man einen Schalter umgelegt hätte, fühlte es sich an, als würde die Schädeldecke platzen! Für den Moment war die Stimmung der Feier leider erst mal am Tiefpunkt. Erstmal musste jeder für sich die Schmerzen tolerieren. Dann bot ich allen Betroffenen Tabletten dagegen an und nahm selbst auch eine. Kurz danach eine zweite. Das brachte uns nach kurzer Zeit Linderung.

Was war geschehen? So starke Kopfschmerzen bekamen wir früher nicht mal vom Brennspiritus! Der mitgebrachte Schnaps entsprach so gar nicht dem, den wir in Istrien getrunken hatten. Ich möchte dem Wirt nicht unterstellen, uns bewusst minderwertigen Grappa und Sliwovitz verkauft zu haben. Ich denke, die Destillation wurde nicht mit der exakt richtigen Temperatur durchgeführt, wodurch sogenannter Fusel entstand. Zuviel davon kann wirklich sehr krank machen und sogar für Schlimmeres sorgen. Wir waren uns einig, in Zukunft die Finger davon zu lassen!

Beim nächsten Mal, wenn wir aus einem Kroatien-Urlaub zurückkommen, werden wir lieber mehr gutes Bier mitbringen. Das kann jeder trinken, ohne etwas zu riskieren und es schmeckt richtig gut! Prost, Karlovačko!

Kapitel 17

2013 – Autopanne in Kroatien

Im Sommer 2013 fuhren wir mit unserem ersten alten Wohnmobil auf direktem Weg in Richtung Italien. Wir wollten ans Mittemeer, dicht an die Slowenische Grenze. Natürlich wieder einfach drauflos, ohne Plan, wie wir es am liebsten tun. Wir wollten mal schauen, wo es uns von dort aus hintreiben würde.

Nach einer Übernachtung auf einem Autobahnparkplatz in Deutschland, landeten wir am ersten Folgetag in der Nähe von Muggia. Eigentlich hatten wir dort einen Stellplatz avisiert. Inzwischen gibt es dafür gut gemachte Apps fürs Handy, die Lagepläne, Beschreibungen und Rezensionen zugänglich machen. Dadurch hat jeder die Möglichkeit, die eigenen Pläne bereits vor der Fahrt darauf abzustimmen. Da dieser Komfort aber noch nicht zur Verfügung stand, sahen wir erst bei der Ankunft, dass dieser Stellplatz jedoch direkt unter dem Viadukt einer Hochstraße lag. Dort stellten wir dann fest, dass es unendlich laut ist. Hinzu kam eine Ansammlung von Müll, wie wir sie in dieser Form noch nicht auf einem Stellplatz erlebt hatten. Hier wollten wir nicht bleiben! Das wurde uns sehr schnell und einstimmig klar!

Nach nur ein paar Fahrminuten in Richtung Slowenien, gelangten wir zu einem ganz kleinen Bootshafen mit einem eigenen Parkplatz. Am Rand der kaum tausend Quadratmeter kleinen Anlage stand ein alter kleiner Wohnwagen, der als Kiosk mit ein paar Tischen und Stühlen davor ausgebaut war. Wir fragten die nette italienische Wirtin, ob etwas dagegen spräche, hier zu nächtigen. Sie winkte mit einer Geste ab, die uns sagen sollte, dass es niemanden interessieren würde. Außerdem sah sie natürlich die Chance, dass wir ihren Umsatz steigern würden. Es war auch unausgesprochen klar, dass wir hier niemanden stören würden. Also nahmen wir ihre Einladung zur Übernachtung an und bestellten eisgekühlte Hugo's. Dieser Drink war gerade das Modegetränk der Saison! Es war ein schöner Abend in gemütlicher Atmosphäre mit der Familie der Kioskbetreiber!

Früh am nächsten Morgen gingen wir als erstes baden. Wie zu Hause. Dann kamen nach und nach auch die Leute aus dem Dorf, ein paar Fischer machten ihre Boote fit und einige Kinder planschten in der Bucht. Die Grenze zum Nachbarland war in kurzer Distanz, also fast in Sichtweite. Zumindest wussten wir, dass sie da sein müsste. Als bauliche Anlage konnten wir sie nicht ausmachen.

Nach dem Baden setzten wir unseren Weg fort. Verabschieden konnten wir uns nicht noch einmal, da der Kiosk noch nicht geöffnet war.

Wir wollten uns nun mal umschauen, wie es an der Slowenischen Küste aussieht. Doch hier mussten wir feststellen, dass große Flächen durch den Hafen beansprucht wurden, so dass wir kaum einen Zugang zum Meer fanden. Jedenfalls nicht ohne größere Eskapaden. Das ist natürlich verständlich, weil das Land nur einen sehr kleinen Küstenabschnitt beanspruchen kann und darum nur einen verhältnismäßig kleinen Strand hat. Also fuhren wir gleich weiter nach Kroatien. Zwischendurch mussten wir von der Autobahn abfahren, weil es dort Stau wegen eines Unfalls gab. So führte uns der Weg durch slowenische Dörfer entlang der Küste, bis hin nach Kroatien.

Die erste Stadt, die wir in Istrien erreichten, war Umag. Hier sind wir schon mal gewesen, als wir zu Beginn der 2000er Jahre zum ersten Mal in Kroatien waren. Davon wird es noch ausführlichere Berichte geben. Spätestens in meinem nächsten Buch. Den Titel kann ich heute noch nicht sagen. Vielleicht „Drei Worte – Fortsetzung“.

Uns interessierte hier, wie sich dieser Ort im letzten Jahrzehnt verändert hat. Schon der Ortseingang sah anders aus. Neue Straßen verliefen da, wo früher alte marode Verkehrsanbindungen an der Tagesordnung waren. Es gab Kreisverkehre, wo früher unübersichtliche und Stau verursachende Kreuzungen waren. Um unsere Orientierung aufzufrischen, fuhren wir auf den erstbesten Parkplatz.

Aber sofort nach Abstellen des Motors, plätscherte eine braune Brühe aus dem Auto, deren Geruch typisch für Kühlwasser war. Offensichtlich hatte sich in diesem Moment die Wasserpumpe in die ewigen Jagdgründe verabschiedet.

Wer braucht denn so etwas im Urlaub? Aber eigentlich kommt ja so etwas nie gelegen. Was soll‘s. Das ist eine Bewährungsprobe für unsere ADAC-Mitgliedschaft! Mitgliedskarte raus, angerufen! Kaum eine halbe Stunde später stand ein Abschleppwagen vor unserem Wohnmobil und zog es auf seine Plattform. Eine Vor-Ort-Reparatur kam nicht in Frage. Der Fahrer meinte „Fahren Werkstatt, nicht weit.“

Wir kletterten zu ihm in die Kabine seines LKWs. Nun sind Entfernungen relativ und „nicht weit“ kann verschiedenes heißen. Er fuhr mit uns dann doch verhältnismäßig lange ins Landesinnere. Wir entfernten uns immer weiter vom Meer und landeten schließlich etwa 35 km von Poreč.

Aber nicht, wie wir hofften, am Wasser, sondern etwas weiter entfernt in einer steppenähnlichen Landschaft. Unterwegs mussten wir eine Unterführung passieren, vor der der Fahrer des Abschleppwagens so heftig bremste, dass wir fast von den Sitzen rutschten. Er war sich im letzten Moment nicht ganz sicher, ob die lichte Höhe für unser Huckepackgespann ausreichte. Ich kletterte dann auf die Böschung der Bahnüberführung, um einen besseren Blickwinkel zwischen Brücke und Dachoberkante unseres Autos zu erlangen. Ganz langsam und vorsichtig durchfuhr er auf meine Handzeichen die Unterführung. Nur wenige Zentimeter Platz blieben frei. Das wäre allein nicht abzuschätzen gewesen! Insofern war die beherzte Vollbremsung auf jeden Fall die bessere Lösung!

Endlich kamen wir in der Werkstatt an. Das Dorf, in dem sie sich befand, bestand aus maximal zehn Häusern und lag in einer Hügellandschaft. Am gleichen Tag war natürlich mit keiner Reparatur mehr zu rechnen, da die Wasserpumpe zuvor bestellt werden musste. Am Folgetag sollte sie aber geliefert und am selben Nachmittag noch in unser Auto eingebaut werden.

Während unseres Aufenthalts brachten die ADAC-Fahrer ständig neue Kundschaft mit den unterschiedlichsten Autos in die Werkstatt. Diese Kooperation lohnte sich für den Betreiber scheinbar! Er hatte wohl das richtige Gespür dafür, was für sein Geschäft wichtig ist.

Am frühen Abend meldete sich langsam der erste Hunger bei uns an. Wir wollten uns eine Gaststätte suchen, um dort Abendbrot zu essen und ein frisches Bier zu trinken. Wir wollten uns auch trotz des Zwischenfalls bei guter Laune halten. In Kroatien gibt es gute Biere! Unser deutlicher Favorit ist jedoch nach wie vor Karlovačko! Also ein Bier aus der Region Karlovac.

Wir ließen uns also den Weg zur Gastronomie beschreiben und machten uns mit den Fahrrädern auf die Suche. Viel konnten wir der Schilderung nicht entnehmen, versuchten uns aber trotzdem an das wenige Verstandene zu halten. Als Erstes folgten wir mal seinem ausgestreckten Arm, mit dem er uns die Richtung zeigte. Wir kamen an einer kleinen Kirche vorbei und fragten einen Menschen, der gerade dort verweilte. Dann fuhren wir in die angezeigte Richtung weiter und kamen zu einer Straßenkreuzung. Dort stand ein Wegweiser mit drei Schildern, mit denen wir aber nichts anfangen konnten. Entsprechende Gasthäuser waren darauf auch nicht vermerkt.

An der einen Ecke befand sich eine Bar, in der dem Anschein nach nur Bier und möglicherweise ein kleiner Imbiss angeboten wurden. Da wir doch gern etwas ausgiebiger essen wollten, kam dies für uns nicht in Frage. So fuhren wir weiter in die Richtung, die uns laut Beschreibung des Werkstattmeisters noch im Ohr klang. Es hieß, wir kämen an der kleinen Kirche vorbei, dann in eine Straße. Und von dort sollte es ein Stück bergab gehen. Dann würden wir schon auf die erste von drei Gaststätten stoßen. Wir mussten also annehmen, auf dem richtigen Weg zu sein…

Nach ein paar hundert Metern ließen wir das letzte Haus der Ortschaft hinter uns. Die Straße schlängelte sich von dort aus in weiten Bögen bergab. Mit den Fahrrädern nahmen wir schon bald eine beachtliche Geschwindigkeit auf. Sogar mehr als wir wollten, was unsere Bremsen vor eine arge Herausforderung stellte. Auch wenn der Fahrtwind vordergründig angenehm erschien, wollten wir das Risiko nicht eingehen, aus einem zu hohen Tempo vielleicht nicht bremsen zu können! Also lieber langsam bergab, als später ohne Zähne im Mund essen zu müssen!

Nach einer schon recht langen Fahrt zeigten sich tiefer gelegen in der Ferne die ersten Häuser des Zielortes. Dort angekommen mussten wir jedoch erkennen, dass der gesamte Ort verwaist war. So auch die ehemaligen Gasthäuser. Und das offensichtlich schon lange! Aus dem ersten wuchsen bereits Bäumchen aus den Fenstern und das zweite hatte nicht mal mehr ein Dach. Weiter bergab zu fahren, um das Dritte seiner Art in ähnlichem Zustand vorzufinden, hatten wir jetzt keine Lust mehr. Sollten das die beschriebenen Möglichkeiten gewesen sein, zu einem schönen Abendessen zu kommen? Wie lange war der Werkstattmann nicht mehr hier, dass er den Zustand nicht kannte? Unfassbar!

Die Situation stellte uns vor eine Entscheidung. Sollten wir nun doch weiter bergab fahren, um im nächsten Ort vielleicht doch eine Gaststätte zu finden oder umdrehen? Wären wir hier unten fündig geworden, so hätten wir den Berg nach dem Essen mit randvollen Bäuchen hoch radeln müssen. Da wollten wir nicht und einigen uns auf ein eindeutiges NEIN!

Wir kehrten also um. Die ersten paar hundert Meter konnten wir auf den Rädern fahren, bevor wir schließlich kapitulieren mussten. Die zuvor abschüssige Fahrbahn ist logischerweise in umgekehrter Richtung ein heftiger Anstieg. Selbst mit einer sehr großen Schaltübersetzung war das kaum zu bewältigen. Wir schoben also unsere Räder nun bergauf. Beim Herunterrollen machte sich die Länge der

Fahrstrecke kaum negativ bemerkbar. Jetzt war das logischerweise anders!

Da wir die Bögen der Serpentinen nicht gezählt hatten, hofften wir hinter jeder Kurve, etwas von unserem letzten Ausgangspunkt wieder zu erkennen. Aber wir wurden nach jeder Biegung aufs neue enttäuscht. Ich kann nicht mehr sagen, wie oft wir pausieren mussten.

Der Schweiß tränkte mittlerweile unsere Kleidung und wir japsten bei abendlichen 35 Grad nach Luft. Kein Windhauch war zu spüren. Die Muskeln der Oberschenkel bildeten nur noch brennende Klumpen. Verschwitzt wie wir waren, stellen wir einen gedeckten Tisch für die ortsansässigen Insekten dar. Für die Strecke bis zum Dorf benötigten wir schätzungsweise zwei Stunden oder etwas länger.

Dann sahen wir endlich das Ortseingangsschild! Nun konnte es nicht mehr weit bis zu der vorhin verschmähten Kneipe sein. „Hoffentlich haben die nicht schon Feierabend!" waren die einzigen noch im Kopf umher schwirrenden Gedanken. Wir brauchten jetzt unbedingt schnellstens frisches kaltes Bier! Wenigstens eins! Wir hatten aber Glück, im Gasthaus war noch Betriebsamkeit.

Ohne darauf Rücksicht zu nehmen, wie wir jetzt auf die anderen Gäste wirken würden, setzten wir uns draußen auf eine Bank vor der Bar, bestellten gleich vier große frische isotonische Kaltgetränke, von denen wir jeder das erste auf Ex verschluckten. Nun ging es uns schon wieder besser, obwohl jetzt durch das gut gekühlte Bier erst der Nachbrenner richtig einsetzte. Der Schweiß lief in Bächen von unseren Schädeln.

Während wir wesentlich genüsslicher das zweite Karlovačko tranken, hatten wir den Wegweiser vor Augen, den wir auf dem Hinweg nicht deuten konnten. Aus unserem jetzigen Blickwinkel, sahen wir nun auf die Rückseite der Schilder, die eindeutig zu einer „KONOBA“ führten, einer kroatischen Grillbar. Genau so etwas hatten wir doch gesucht! Und hier wären wir in fünfhundert Metern fündig geworden. Ohne Berge! Dann jedoch hätte diese kleine Geschichte keinen Inhalt gehabt.

Jetzt allerdings war dort schon Feierabend. Nach der getrunkenen Erfrischung radelten wir etwas beschwipst zum Wohnmobil im Hof der Werkstatt. Im Auto hatten wir noch Spaghetti und ein paar Utensilien, aus denen wir eine Sauce zaubern konnten. Das hätten wir aber auch eher haben können. Und vor allem weniger schweißtreibend!

Der Werkstattchef erklärte uns am Folgetag auch noch mal, dass die drei Gaststätten nur einen Kilometer weit entfernt gewesen wären. Also an der Kreuzung mit dem Wegweiser nach rechts statt nach links. Er lachte ausgiebig. Wir dann auch. Und wir haben etwas Entscheidendes gelernt: Um uns zu verfahren, brauchen wir nicht unbedingt ein Navi…

Endlich kam auch die Lieferung des Ersatzteils! Der Chef sagte: „Wir bauen es nachher gleich ein und dann könnt ihr fahren!“ Er sprach ein recht gutes Deutsch! Als damit begonnen werden sollte stellte sich jedoch heraus, dass es ein falsches Teil war. Nicht passend für unser Auto. Ich glaube, er hat uns die deutlich in unseren Gesichtern stehende Enttäuschung angesehen und meinte, er würde nachher selbst nach Pula fahren und das Teil umtauschen. Dann könnte er wenigstens morgen den Einbau voran bringen.

Für den heutigen Abend hatte er uns voller Stolz seine Weinkellerei gezeigt und den Raum, in dem er die riesigen Räucherschinken zur Lufttrocknung abhängen lässt. Von beidem gab er uns reichlich. Sozusagen als Wiedergutmachung. So war für diesen Abend zumindest für das Essen gesorgt. Wir blieben also noch einen weiteren Tag in der Werkstatt, waren aber mit Leckerlies versorgt.

Um die Zeit nicht sinnlos zu vertrödeln, legten wir einen Badetag am Meer ein. Obwohl wir unsere Fahrräder eigentlich nach der langen Bergaufschieberei verfluchten, setzten wir uns trotzdem wieder drauf, um in Richtung Meer zirka 35 km leicht bergab zu cruisen.

Unterwegs gab es natürlich wieder Treibstoff. Was sollte es anderes gewesen sein, natürlich Karlovačko. In Kroatien war es vielerorts Sitte, die Biergläser in der Gefriertruhe zu lagern und das Bier vom Hahn direkt in die eiskalten Gläser zu zapfen. Das Ergebnis besticht im warmen mediterranen Klima!

Wir hatten an diesem Tag fast 40 Grad im Schatten. Aber je näher wir dem Meer kamen, desto weniger störend empfanden wir das. Wir würden ja auch gleich baden können!

Angekommen! Hier am Badestrand von Poreč kannten wir uns schon von früheren Besuchen gut aus. Gleich mal schauen, wie das Wasser aussieht…

Wir standen an einer Boots-Slipanlage. Der Untergrund war betoniert und das Wasser schwappte hin und wieder mit einer Welle auf die Fläche. Der Beton war feucht und an dieser Stelle leicht mit Algen begrünt. Als ich die Zusammenhänge wahrnahm und darauf reagieren wollte, war es aber bereits zu spät. Schneller als ich zu einer Reaktion im Stande gewesen wäre, waren meine Gummi-

Badelatschen unvermittelt darauf weggerutscht. So landete meine rechte Hüfte unsanft auf dem Beton. Augenblicklich sah ich alle funkelnden Sterne, die es gab. Oder auch die, die es nicht gab. Sogar die von der Südhalbkugel.

Nach einigen Sekunden des Innehaltens schleppte ich mich mit schmerzverzerrtem Gesicht zurück zu unserer Badedecke, um dort meine Wunden zu lecken. Natürlich, ohne vor den anderen Badegästen das Gesicht zu verziehen. In den folgenden Minuten musste ich das erst mal verarbeiten!

Wir gingen dann bald baden, auch um im kalten Wasser den Schmerz zu lindern. Es hat zum Teil funktioniert. Nach einer Weile waren nur noch erträgliche Restschmerzen übrig, die ich nicht vollständig loswerden konnte. Ich ging dann einfach öfter ins Wasser. Zum einen, um mich trotz Schmerzen zu bewegen und zum anderen, um dem Schmerz das kalte Wasser entgegenzusetzen und die Prellungen zu kühlen.

Später trat Hunger an die Stelle der Schmerzen und verdrängte die Gedanken an alles, was mir wehtat. Wir erinnerten uns vom letzten Mal daran, dass es hier unter den Pinien, nur wenige Gehminuten entfernt, eine gute Grillbar gab. Ich duschte mir nur noch das Meersalz vom Baden ab und achtete darauf, dass die Gummibadelatschen diesmal trocken blieben. Dann machten wir uns auf den Weg zum Grill. Dort angekommen machte ich mir noch mal die Füße sauber. Ich hatte ein paar kleine Steinchen vom Weg in den Schuhen, die dort rieben. Kalte Duschen waren hier alle paar Meter zu finden. Also schnell die Füße drunter und weiter geht's. Nur die Füße! Nicht die Schuhsohlen! Ich hatte ja meine Lektion gelernt! Deshalb ließ ich, wie gesagt, die Badelatschen diesmal im Trocknen stehen, um nicht wieder auszurutschen.

Die Gaststätte lag auf einer kleinen Anhöhe und hatte am Eingang eine Terrasse, auf der schon Leute saßen. Sie konnten über die Balustrade gut alle Neuankömmlinge beäugen. Wir mussten auf dem Weg, der sehr ansprechend mit Naturstein gepflastert war, eine kleine flache Steigung zum Eingang hinauf laufen. Ich achtete natürlich jetzt darauf, dass die Badeschuhe auf diesem Untergrund festen Griff hatten.

Die Schräge erforderte nun aber doch eine Fußstellung, die mir keinen Halt mehr innerhalb der Latschen gab. Ich hatte natürlich nicht damit gerechnet, dass von dort auch Gefahr drohte. Bevor ich das richtig begriff und dem Herausrutschen entgegenwirken konnte, glitt ich doch wieder mit den abgespülten nassen Füßen aus den Gummilatschen. Wie sollte es anders sein, auf die gleiche Seite! Wieder mit der rechten Hüfte auf die Steine! Das sollte wohl nicht mein Tag sein! Dieser Schmerz war nun zwar nicht mehr neu für mich, aber das milderte ihn nicht! Eher im Gegenteil.

Die Gäste, die für diesen Auftritt in der ersten Reihe saßen, waren vollauf begeistert! Sie liebten solche Stunts anscheinend. Sie spendeten mir meine wohlverdienten Standing Ovations.

Ich verbarg meinen Schmerz so gut es ging in einem verkniffenen Lächeln und verbeugte mich mit den Worten „Autogramme gibt's an der Kasse“. Anschließend setzten wir uns an einen freien Tisch und bestellten, worauf ich mich schon freute: gegrillte Tintenfische mit Knoblauch. Und was fehlte noch? Der aufmerksame Leser wird's erraten: Natürlich ein frisch gezapftes Karlovačko! Einerseits gegen die Schmerzen und zum anderen als eine Art Belohnung für die absolvierte Showeinlage…

Für den abendlichen Rückweg zur Werkstatt nahmen wir uns in Poreč ein Großraumtaxi. Eines, in das wir unsere Fahrräder legen konnten, um nicht wieder die ganze Strecke bergauf fahren zu müssen. Der Taxifahrer fuhr uns etwa 60 Kilometer auf Rechnung, um uns in einen nur 35 Kilometer entfernten Ort zu bringen. Wäre es nicht bereits dunkel gewesen, hätten wir eine ausgiebige Sightseeing-Tour durch die umliegenden Orte genießen können. Aber egal! Wir hatten keine Lust auf sinnlose Diskussionen. Und für die kroatischen Taxifahrer hatten wir ja immer etwas übrig…

Am nächsten Tag lag nun die richtige Wasserpumpe bereit, die der Chef aus Pula beschafft hatte. Gleich sollte der Einbau beginnen.

Hellgrauer Fußboden, bis schulterhoch blau gestrichene Wände, darüber ein strahlendes Weiß. So präsentierte sich diese „Dorfwerkstatt" von innen. Unglaublich! Alles sah aus wie frisch gemalert. Damit hatten wir nun gar nicht gerechnet!

Immer, wenn ich mir solche Schrauberbuden in einem kleinen Dorf vorstellte, hatte ich Bilder von ölverschmierten dunklen Garagen vor meinem geistigen Auge. Ich kenne deutsche Marken-Werkstätten, deren Standard sogar noch weit unterhalb dieser Vorstellung liegt. Die nennen sich bei uns „Meisterbetrieb". Meist muss man, wenn man sie betritt, einen Moment die Augen schließen, damit sich die Pupillen erweitern können und man in der Finsternis des Raumes besser sieht. Normalerweise liegt dort alles rum, was in den letzten Jahren mal aus irgendwelchen Autos ausgebaut wurde. Entweder, weil es doch noch zu gut zum Wegschmeißen ist, oder weil es von selbst noch nicht den Weg zum Schrott gefunden hat. Dazu passend gibt sich hierzulande der „Meister“ gern maulig, dreckig und ungepflegt, bisweilen übel riechend. Wie sollte er seiner Klientel sonst auch vermitteln, dass nur er allein der Technik-Flüsterer ist und die Kunden kleine Dummerchen sind! Und über viele Jahre hinweg, versuchten sich in diesen Werkstätten, alte Betriebsstoffe einen Weg ins Erdreich zu bahnen. Wer dort sein Auto von einer „Reparatur“ abholt, kann meist am Sitzpolster nachvollziehen, welche Ölsorten zuletzt verwendet wurden…

Die aber hier vorgefundene Werkstatt, brach mit all diesen Klischees. Hier sahen wir das komplette Gegenteil! Wir blickten in eine Musterwerkstatt wie aus dem Lehrbuch, weshalb wir alle Vorurteile sofort über den Haufen warfen. Mess- und Prüftechnik vom Feinsten, ein hundertprozentig sauberes Erscheinungsbild und als Krönung zwei Monteure, die in ihren weißen T-Shirts wie aus dem Ei gepellt aussahen.

Ich arbeite selbst seit Jahrzehnten in einem Autohaus. Zwar nun schon über fünfundzwanzig Jahre im Verkauf, aber mir als ehemaligem Mechaniker, ging das Herz auf! Diese Werkstatt war ein Traum!

Nun waren die beiden mit dem Tausch der Pumpe beschäftigt. Alles lief koordiniert und sehr fachmännisch! Wenn etwas schmutzig wurde, dann säuberte man es augenblicklich. Die uralte Fahrzeugtechnik unseres alten Ducatos forderte einfach ihren Tribut. Hier ging nie etwas, ohne dass man sich als Schlosser die Kleidung ruinierte.

Nach der Mittagspause machten sich die beiden in sauberen Klamotten und frisch geduscht an die Arbeit. So etwas hatte ich zuvor noch nirgends gesehen!

Am frühen Nachmittag war die Reparatur fertig. Sie ließen das Auto im Stand warmlaufen, um sehen zu können, ob alles dicht war und so übergeben werden konnte. Die Rechnung betrug 350,- Euro. Mit etwas Trinkgeld für die Mechaniker gaben wir 400,- Euro. Ich glaube, so waren wir alle glücklich.

Niemand landet gern auf einem verdreckten Parkplatz, der als Wohnmobilstellplatz ausgewiesen war. Auch möchte niemand im Urlaub eine Autopanne erleiden. Aber es ist immer möglich, viele positive Eindrücke daraus zu gewinnen, wenn man sich teils freiwillig, aber zum Teil auch gezwungenermaßen darauf einlässt.

Am liebsten hätten wir auch diese Werkstatt Stück für Stück abgetragen und einschließlich Personal nach Hause verschickt. Leider ging das natürlich nicht, aber die Eindrücke nahmen wir mit.

Und ich habe was fürs Leben gelernt: Badelatschen aus Gummi können nicht nur außen rutschig sein…

Kapitel 18

2014 – Amsterdam und Cornwall

Im Jahre 2014 hatten wir uns endlich mal England als Ziel gesetzt. Das hatten wir schon so lange vor. Genauer gesagt, wollten wir Cornwall kennen lernen. Wir wollten mit der Fähre übersetzen und dann in Etappen bis „Lands End“ fahren, der westlichsten Spitze Cornwalls.

Vom französischen Calais setzte die Fähre über zum britischen Dover. Wer dort aus der Richtung des Berliner Umlands hin will, wird sich, wie wir seinerzeit, immer für den Weg durch Holland entscheiden. Und als wir da schon mal waren, konnten wir auch gleich einen Tagesabstecher nach Amsterdam unternehmen. Immer, wenn wir in der Vergangenheit dort waren, ärgerten wir uns über uns selbst, weil wir keine Fahrräder dabei hatten. Diesmal hatten wir aber welche auf dem Träger hinten am Wohnmobil!

In der niederländischen Hauptstadt angekommen, fanden wir auch sofort einen sauberen und eingezäunten Stellplatz im Hafengelände. Mit den Rädern war es von hier aus nicht weit bis zum berühmten Grachtenviertel.

Der Betreiber des Stellplatzes wohnte auch selbst auf seinem Platz. Allerdings nicht in einem gewöhnlichen Mobil wie wir, sondern in einem Giga-Liner. So konnte man das Teil schon nennen. Einen so langen Wohn-Truck hatten wir noch nie gesehen. Das war ein Wohn-LKW mit Alkoven-Auflieger plus einem zweiten Sattelauflieger in annähernd gleicher Größe mit einem weiteren großen Wohnraum. Bei Bedarf wurde an diesen Monstertruck noch ein weiterer Anhänger gekoppelt, der als PKW-Garage diente. Nur noch mal zur Verbildlichung: Zugmaschine plus Alkoven-Auflieger, plus weiterer Auflieger waren bis hier geschätzte dreißig Meter lang. Plus einem Garagen-Anhänger von noch mal zirka acht Metern. Das waren ja schon fast australische Road-Train-Dimensionen.

Weil darin natürlich viel zu wenig Platzangebot zur Verfügung stand, mussten diverse Erker ausgefahren werden. Sogenannte „Slide-Outs". Von innen haben wir dieses Mobil leider nicht bewundern können. Dafür musste man höchstwahrscheinlich eine geführte Tagestour buchen oder in Youtube nachschauen.

Wir schwangen uns auf unsere Räder und fuhren zur Innenstadt. Überall waren breite Fahrradwege, die dort auch von den Mofas und Rollern befahren werden durften. Und anders als in Deutschland, funktionierte das sogar ausgezeichnet!

Scheinbar war hier alles eine Nummer größer und vor allem entspannter! Wir kamen mit unseren Rädern aus Amsterdams Norden am Wasser an, welches wir per Fähre überquerten, um zuerst zum Hauptbahnhof zu gelangen und von dort zu den Grachten.

An beiden Seiten der Flussüberquerung gab es Fahrradabstellmöglichkeiten für die täglichen beruflichen Pendler. Hört sich vielleicht unspektakulär an, aber diese hier hatten Ausmaße, die wir uns so nicht mal hätten vorstellen können. Es waren gigantische Parkhäuser, allein für Fahrräder! Abertausende Drahtesel wurden hier von ihren Besitzern geparkt, um sie abends wieder abzuholen und nach Hause zu radeln. Seinen eigenen dann wieder zu finden, schien uns fast ein aussichtsloses Unterfangen zu sein. Aber auch dafür hatten die Holländer bestimmt einen genialen Einfall auf Lager. Anders als bei uns, wurde da eben angepackt und nicht nur über Probleme geredet…

Auf der anderen Seite lag das von Kanälen durchzogene Stadtviertel. Es ist ein wahrer Besuchermagnet und zog auch uns mal wieder in seinen Bann. Diesmal endlich, wie lang ersehnt, mit den Fahrrädern. Wir kamen uns damit perfekt integriert vor! Und endlich konnten wir mehr von dieser wunderschönen Stadt erkunden, als wir zu Fuß je geschafft hätten.

Doch plötzlich bewegte sich mein Rad seltsam. Es eierte merkwürdig herum, so dass ich nicht mehr weiter damit fahren konnte. Ich stieg also ab, suchte nach der Ursache und entdeckte sofort den Schaden. Was ich sah, überraschte mich sehr! Der Alu-Rahmen war vor der Sattelstangenaufnahme glatt durchgebrochen. Kein Knick. Nichts dergleichen, was auf Ermüdung des Materials hätte schließen lassen. Einfach gerade durchgebrochen, fast wie abgesägt. So etwas hatte ich noch nie gesehen! Ich hätte das Ding vor Wut in die Gracht werfen können! Wieder kein Fahrrad in Amsterdam! Es sollte wohl nicht sein…

So wurde unser Amsterdambesuch, den das Rad leichter machen sollte, doch wieder zum ungewollten Fußmarsch. Nur, dass ich jetzt zusätzlich auch noch das Rad schieben musste.

Wir suchten nach einem Sportgeräteladen oder einem ähnlichem Geschäft. Die Idee war, einen stabilen Hartgummiball zu kaufen, dessen Durchmesser wenig größer war als der des Rahmenrohrs. Diesen Ball wollten wir so in die Bruchstelle stecken, dass er die gegenüber liegenden Rahmenenden verband. Am Wohnmobil wollten wir dann noch einen Spanngurt um Sattel- und Lenkrohr schlingen um damit die beiden Bruchenden des Rohres gegen den Ball zu drücken. Dadurch sollte der Rahmen stabilisiert werden.

Genau so taten wir es und konnten auf diese Weise damit noch bis zum Ende des Urlaubs fahren. Zu Hause konnte es mein lieber Nachbar Jörg schweißen.

In Calais kamen wir einen Tag früher an, als unsere vorher gebuchte Fähre abfahren sollte. Es war genau an meinem Geburtstag. Deshalb hatten wir genug Zeit, in aller Ruhe schön essen zu gehen. Zur Feier des Tages gönnten wir uns Moules a la Créme und einen kühlen Riesling. Wir konnten im Außenbereich der Gaststätte sitzen, was uns wegen der anhaltenden Schwüle und dem reichlichen Knoblauch in der Sauce entgegenkam. Genau als wir fertig waren und bezahlten, änderte sich das Wetter schlagartig. In kürzester Zeit wurden aus der schweißtreibenden Hitze ein ausgewachsenes Gewitter und ein heftiger Sturm.

Der Regen war recht bald vorbei und um uns das üppige Essen abzulaufen, unternahmen wir trotz des starken Windes einen Spaziergang zur Mole. Dort wollten wir die in Richtung England auslaufenden Schiffe beobachten. Links der Mole peitschte der Sand waagerecht über den menschenleeren Strand, an deren Ende der Leuchtturm wegen des schlechten Wetters kaum noch zu sehen war. Wir waren uns einig: Gut, dass wir die Überfahrt nicht für heute gebucht hatten!

Die Schiffe, die den Schutz der Mole verließen, bekamen wegen der enormen seitlichen Windlast sofort erhebliche Schlagseite und rollten über die hohen Wellen. Wir hofften für die Passagiere, sie mögen einen widerstandsfähigen Magen haben!

Am nächsten Tag hatte sich das Wetter ausgetobt und war wieder friedlich. Also konnten wir eine ruhige Überfahrt erwarten. Als die Fähre bereit stand, fuhren wir unser Wohnmobil gemäß der Anweisungen des Hafenpersonals in den Bauch des Schiffes und verließen entsprechend der Vorschriften anschließend das Fahrzeugdeck.

Da dies unsere Erste Reise nach England war, empfanden wir alles als sehr spannend. An Bord waren auch viele LKW-Fahrer, die sogenannten englischen Lorry Driver. Für sie war die Fähre eine willkommene Pause und brachte ihnen die Gelegenheit, ausgiebig zu dinieren. Extra für die LKW-Kutscher gab es spezielle Bordrestaurants, die ausschließlich sie bedienten. Kenntlich gemacht durch Schilder „Drivers ONLY!“ Auch ohne, dass wir auf die Karte schauten, erkannten wir, was die Köche hier servierten. Dem Geruch nach, vorwiegend „Beans and Sausages“, also Dicke Bohnen in Sauce mit Würstchen. Für unseren kontinentalen Geschmack eher schwer gewöhnungsbedürftig!

Das unterlegte Soundbett, eine Art Kaufhausmusik, wurde nun von einer Durchsage des Captains unterbrochen. Auf dem Passagierdeck kam aus den Lautsprechern: „Dear Ladies and Gentlemen, we expect a difficult weather front ahead! Please be careful and leave the outside decks!“ Anschließend wurde der Text noch einmal in Deutsch und Französisch wiederholt. Wir erwarteten demnach, mit dem Schiff in eine schwierige Wetterlage zu fahren und wurden gebeten, die Außendecks zu verlassen. Sollte es jetzt doch noch wie gestern werden?

Die Wege im Inneren des Schiffs wurden entsprechend schwieriger. Wir brauchten durch den Seegang die gesamte Breite der meterbreiten Korridore. Kein Fuß erreichte den

Platz, auf den er gesetzt werden sollte. Ständig zog jemand den Boden weg…

Von einer Seekrankheit oder Übelkeit blieben wir jedoch verschont. Vor dem Einlaufen in den Hafen von Dover war der Ärmelkanal wieder ruhig und das Anlegemanöver butterweich.

Nun fuhren wir von der Fähre herunter und setzten das erste Mal ein Rad auf ein Gebiet mit Linksverkehr. Wir hatten keine Ahnung, wie sich das wohl anfühlen würde? Wir wussten auch nicht, ob wir uns daran jemals gewöhnen würden?

Zu unserer großen Überraschung gestaltete sich das völlig unproblematisch. Gewöhnungsbedürftig waren die ersten Kreisverkehre, die wir in für uns falscher Richtung durchfahren mussten. Einziges bleibendes Handicap stellte die schlechte Sicht nach hinten rechts dar. Beim Personenwagen vielleicht kein Problem, aber da im Wohnmobil der Blick in diese Richtung durch den Aufbau verdeckt war, kam es mitunter zu gefährlichen Situationen. Von rechts kam hier schließlich der Verkehr auf der zuerst zu überquerenden Fahrspur. Relativiert wurde das Ganze aber dadurch, dass es für gleichrangige Straßen praktisch keine Rechts-Vor-Links- oder Links-Vor-Rechts-Vorfahrt nach deutschem Muster gab. Stattdessen wurde dort einfach jede Kreuzung zum Kreisverkehr erhoben. War es mal baulich nicht möglich, dann stellte ein weißer Punkte in der Mitte der Kreuzung eine Mittelinsel im Sinne eines Kreisverkehrs dar. Eine praktische Lösung! So einfach wie genial!

Genauso pragmatisch verfuhr man in England mit der Beschilderung. Hierbei sollten wir Deutschen endlich von den Briten lernen! Halte ich zu Hause am Straßenrand, zum Beispiel nach einer Wendung, kann ich vielleicht nicht wissen, ob es ein Halte- oder Parkverbot gibt. Zumindest nicht, ohne dass ich zur letzten Einmündung oder Kreuzung zurück fahre. Die Inselbewohner öffneten einfach nur die bordsteinseitige Tür oder sahen bereits beim Einparken eine gelbe oder blaue Linie am Fahrbahnrand. Die eine stand für Parkverbot, beide für Halteverbot. Einfacher und gleichzeitig eindeutiger ging's nicht!

Nun muss man der Fairness wegen festhalten, hier in Deutschland ist nicht alles schlecht und anderswo nicht alles gut. Beispielsweise waren die englischen Straßen zumeist viel schmaler als wir es gewöhnt waren. Als Stichstraßen zu den Ortschaften führten von den normalen Fernstraßen oft sogenannte Singleroads. Meistens beschildert mit einer Breitenbegrenzung 》6‘-6“《. Hierzu kann man grundsätzlich sagen, dass man die Angaben ernst nehmen musste! Wenn die Briten als Maß „sechs Fuß und sechs Inches“ angegeben hatten, meinten sie das auch so! Umgerechnet in unser metrisches System sind das fast genau zwei Meter. Es gab dann auch fast nie ein befahrbares Seitenbankett. Seitlich waren diese schmalen Straßen auch noch oft durch starkwüchsige Hecken, Strauchwerk, Bäume oder Steinmauern gesäumt. Kipper oder landwirtschaftliche Fahrzeuge von zum Teil 2,40 m Breite wurden von ihren Fahrern gnadenlos durch diese Straßen getrieben. Ohne Rücksicht auf Verluste! Das schienen auch die einzigen Gelegenheiten zu sein, bei denen dem Wildwuchs Einhalt geboten wurde. Dabei wurden die Straßen brutal auf Fahrzeugbreite freigebrochen. Lustig wurde es auch mal, als uns auf genau solch einer Straße ein Bus entgegenkam. Das hieß, bis zur nächsten Ausweichgelegenheit rückwärts mit dem Auto zu flüchten. Wer mehr Wert auf die Unversehrtheit seines Autos legt, sollte diese Straßen einfach meiden!

Manchmal ging's aber nicht anders. Einmal mussten wir wegen einer Baustelle von der Fernstraße abfahren und entlang der ausgewiesenen Umleitung zum Teil diese engen Straßen benutzen. Wie gesagt, nur zwei Meter breit und als Höhepunkt auch noch mit Gegenverkehr! Dies stelle man sich über fünfundzwanzig Meilen, also rund vierzig Kilometer vor! Das war der Supergau! Die Anwohner standen in ihren Vorgärten und konnten ihren Augen kaum trauen. Nichts bewegte sich. Wie auch?

Uns entgegen stand in dieser engen Straße ein kleiner Peugeot 206. Ihm gegenüber hatten wir mit unserem Wohnmobil eine deutliche Überlegenheit in Größe und Gewicht. Ich versuchte, ihn irgendwie an uns vorbei zu bringen, obwohl wir für die Straße bereits deutliches Übermaß hatten. Ich drückte das Mobil links in die Hecke. Es ächzte und die Zweige glitten quietschend an unserem Aufbau entlang. Wegen der schlimmen Geräusche mussten wir annehmen, dass unsere Kunststofffenster anschließend markante Schleifspuren aufwiesen und der Wohnaufbau kaum noch Farbe hätte.

Um dem Gegenüber aber doch die Durchfahrt an einer kleinen Verbreiterung der Straße zu ermöglichen, gingen wir ans Äußerste. Er nutzte für das Ausweichmanöver die etwas zurückgesetzte Toreinfahrt des anliegenden Grundstücks. Nur wenige Zentimeter fehlten noch. Ich dachte, „Die schaffen wir auch noch! Selbst wenn dabei einige Äste aus der Hecke brechen." Also lenkte ich noch weiter

Richtung Sträucher und setzte unser Gefährt noch weiter in das dichte Geäst.

Ich bedachte vieles, nur nicht, dass der Drehpunkt der hinten überstehenden Karosserie die Mitte der Hinterachse war. Was dahinter noch zum Fahrzeug gehörte, bewegte sich natürlich genau in die Gegenrichtung! In diesem Falle mit einem schlimmen Geräusch, das uns bis ins Mark schmerzte. Das Heck unseres Wohnmobils hatte sich, trotz gut gemeinter Versuche, dem Entgegenkommenden ein wenig Platz zum Vorbeifahren zu schaffen, nun in der Flanke des Kleinwagens verewigt. Von der vorderen Tür bis zum Hinterrad zog sich eine lange eingedrückte Schmarre und zierte nun seine linke Seite. Also in England die des Beifahrers.

Vieles ging mir durch den Kopf und ich sprach spontan meine Gedanken aus: „So ein Mist! Und das ausgerechnet hier im Ausland!"

Aussteigen war hier an Ort und Stelle unmöglich, da wegen der Enge niemand seine Türen öffnen konnte. Wir mussten uns also irgendwie durch die nächsten einhundertfünfzig Meter kämpfen, um an einen Platz zu kommen, an dem das Aussteigen wieder möglich war.

Wir nahmen vorsichtshalber all unsere Ausweise und die Papiere des Autos in die Hand. Ebenfalls die Versicherungsunterlagen und etwas Bargeld. So bestückt wollten wir zum Unfallort zurücklaufen und uns ehrlich machen. Wir sind keine zwanzig Meter in Richtung Unfallort gegangen, als uns der Geschädigte bereits mit seinem Auto entgegenkam. Wie hat er es nur angestellt, an dieser Stelle zu wenden?

Wir versicherten ihm, dass wir nicht flüchten wollten und dass nur am Ort des Geschehens kein Platz zum Aussteigen war. Der Mann bezweifelte das nicht. Zu unserer Verwunderung war er die Gelassenheit in Person. Kaum zu fassen, wie entspannt er war. Er begrüßte uns mit dem üblichen „Hey, nice to meet you!“ und auch wir freuten uns ihn zu treffen.

Er betrachtete sein Auto, das wirklich nicht alt und abgenutzt aussah. Jedenfalls hatte es bis heute noch keine derartigen Kampfspuren vorzuweisen. Eine tiefe Schmarre verlief aber nun an seiner linken Tür und der Seitenwand entlang. Wir boten ihm natürlich an, unsere Versicherungsdaten aufzuschreiben, ihm ein Schuldanerkenntnis auszuhändigen und ihm zu gestatten, unsere Ausweise und Fahrzeugpapiere zu fotografieren. Schließlich benötigte er ja bestimmt Beweise für eine Schadensregulierung bei unserer Haftpflichtversicherung. Wir hatten ihm auch Geld angeboten, das wir zu diesem Zweck bereits in der Hand hielten.

Jetzt verblüffte er uns aber komplett. Der Mann befühlte sein Auto und nahm es recht genau unter die Lupe. Wir waren uns sicher, dass gleich ein Vulkan ausbricht. Nun wandte er sich wieder uns zu. Anstelle des erwarteten Ausdrucks von Verärgerung, gab er nun freudestrahlend bekannt, dass es ja nur Farbe wäre! „It’s only paint! No reason for stress!“ wiederholte er immerzu und lachte. Wir hingegen wiederholten unsere Angebote zur Wiedergutmachung, die er jedoch allesamt abwinkte. Er wollte nicht einmal unsere Fahrzeugdaten, unsere Namen oder sonst irgendwas aufschreiben.

Ich versuche mal, seine Antworten zusammenzufassen, ohne den Originaltext zu zitieren. So klärte er uns beispielsweise auf, dass Autos in England weder Beulen noch Kratzer bekämen. In Wahrheit bekommen sie statt dessen „more Charakter"!

Das hatte ich zwar zuvor noch nie in dieser Art gehört, musste und wollte ihm aber glauben. Er war weiterhin sehr glücklich, uns getroffen zu haben und meinte, wir sollten uns wegen dieser Kleinigkeit keine Sorgen machen. Wir erfuhren so, dass alles in diesem Land irgendwie anders war. Man fuhr auf der anderen Seite, man war höflich zu einander und nun versuchte er andauernd, uns zu beruhigen. Aber eigentlich waren es doch wir, die den Schaden an seinem Auto verursacht hatten…

Schließlich verabschiedete er sich in der typisch englischen überschwänglich freundlichen Art und wünschte uns noch schöne Tage in seinem Land.

Wir nahmen alles zur Kenntnis und steckten Geld und Papiere wieder ein. Jedoch befanden wir uns irgendwie zwischen den Gefühlen. Einerseits hatten doch wir den Schaden angerichtet, andererseits waren wir zufrieden, so glimpflich aus der peinlichen Situation gekommen zu sein. Hätte er nicht doch besser unsere Daten und die Versicherung nehmen sollen? Wir würden es nicht mehr erfahren. Oder doch?

Was wäre, ging uns eine Zeitlang später durch den Kopf, wenn der Mann den Schaden der Polizei meldete und unser Kennzeichen angab? Er könnte behaupten, dass wir vom Unfallort geflüchtet wären. Und vielleicht konnte er sich gottseidank unser Kennzeichen merken. Dazu wäre er auch noch imstande gewesen, unser Wohnmobil zu beschreiben.

Vielleicht, um es bei der Regulierung des Schadens leichter zu haben. Man würde nach uns fahnden. Wenn sich unser Urlaub dem Ende zuneigte, müssten wir ja die Insel auch noch mal verlassen. Dann würde man uns spätestens beim Einchecken am Hafen zur Verantwortung ziehen, was bestimmt in Bezug auf die Unfallflucht heftiger ausfallen würde. Beweise oder Zeugen für etwas Gegenteiliges oder Entlastendes hatten wir nicht. Dieses Horrorszenario nahm in unseren Köpfen nach und nach Gestalt an…

Wir verlebten noch ein paar schöne Urlaubstage an der rauen Küste Cornwalls. Auch floss das eine oder andere Ale unsere Kehlen hinunter.

Dieses englische Bier lernte ich erstmals in einem Inn kennen. Wir wollten mit unserem Wohnmobil auf dem Parkplatz einer Gaststätte übernachten und dort vorher das Abendessen und ein Bier genießen. Beim Bestellen, was man üblicherweise direkt an der Bar tut, war ich von der Vielfalt des Bierangebotes fast überfordert! Etwa fünfzehn verschieden beschriftete Zapfhähne ragten aus dem Tresen! An jedem war ein Schild mit der entsprechenden Marke angebracht und ich kannte keine einzige.

Die Dame vom Ausschank klärte mich auf. Einer der Hähne förderte Cider, eine Art Apfelbier analog dem bretonischen Cidre. Drei der Leitungen waren für Pilsner vorgesehen und aus den restlichen kamen unterschiedliche regionale Ales.

Nun konnte ich aber unmöglich von jedem ein Glas trinken, um die geschmacklichen Unterschiede zu studieren. Deshalb fragte sie mich, ob ich lieber ein herbes Bier bevorzugte oder eher ein lieblicheres haben wolle. Da mir gerade das Wort „Hop“ für „Hopfen“ nicht einfiel, antwortete ich „I like just lovely taste“. Sinngemäß bedeutete das aber „Ich mag einfach guten Geschmack!“ Aber sie registrierte es mit einem Lächeln und wusste wohl, dass ich einen lieblichen Geschmack meinte. Daraufhin füllte sie fünf kleine Probiergläschen in Schnapsglasgröße, von denen jedes mit dem Markenlogo des jeweiligen Ales bedruckt war. Auf diese Weise war ich in der Lage, mich für eines zu entscheiden, das sie mir dann als „Pint“ zapfte. Es schmeckte hervorragend!

„Pint“ und „Half Pint“, sind die englischen Maße eines Bierglases. Ein Pint entspricht knapp 0,57 Liter und wird randvoll serviert. Ale wird per Hand aus dem Fass gepumpt, also nicht mit Kohlensäure aus dem Fass gedrückt, wie es beim Pilsner üblich ist. Dadurch entwickelt es kaum Schaum. Wenn doch, wird er von der Glasoberkante abgestrichen und nachgeschenkt.

Ein anderes Beispiel für gute Gastfreundschaft erlebten wir bei einem Hafenfest in einer Kleinstadt, womit es sich besser verdeutlichen lässt. In Pub‘s und Inn‘s war es üblich, die Getränke an der Bar zu ordern, diese von dort mit an den Tisch zu nehmen oder wenigstens die Tischnummer anzusagen, zu der dann serviert wurde. Die Biergläser, wie schon angedeutet, werden zumeist randvoll befüllt. Man schlürft also am besten gleich an der Bar ein wenig ab, um die Getränke besser zum Tisch tragen zu können.

Bei diesem Event an der Kaimauer war jedoch offensichtlich kein Sitzplatz mehr zu finden. Wir standen ratlos mit unseren vollen Gläsern in den Händen und hielten Ausschau nach zwei freien Plätzen. An einem voll besetzten Tisch saßen zirka zehn Leute. Sie bemerkten unsere suchenden Blicke. Augenblicklich rückten sie zusammen und boten uns Plätze an. Wir nahmen die freundliche Geste dankend an! Es war natürlich eng, aber zwei Stunden später wussten wir so viele Dinge über diese liebenswerten Menschen und sie über uns. Es war eine wirklich nette Familie! Wir konnten unsere Sprachkenntnisse ein wenig trainieren und saßen eher mittendrin als nur dabei. Einfach toll! Ich halte das in Deutschland nicht für ganz ausgeschlossen, aber man erlebt so etwas eher selten.

Nach all den schönen Erlebnissen auf der Insel mussten wir uns schließlich wieder auf den Rückweg begeben. Unser Schiff war bereits zum Termin gebucht und wir hatten keine Probleme, pünktlich am Hafen zu sein. In einem letzten Pub vor dem Hafen tranken wir noch einen großen Cider. Dies sollte zur Erfrischung dienen und wir wollten auch unser restliches britisches Geld dafür ausgeben. Übrige Pfund und Pennys ließen wir als „Tip" da. Damit ist das Trinkgeld gemeint, das üblicherweise nach einer korrekten Wechselgeldabrechnung separat gegeben wird.

Bye bye, Cornwall! Goodbye, England!

Wir waren nun wieder am Hafen. Bevor wir uns hier in die Verladeschlange zum Befahren der Fähre einordnen konnten, mussten wir an einem Abfertigungsschalter vorbei. Diese Kassenhäuschen sind ähnlich aufgebaut wie Mautstationen an Autobahnen und hier in Dover für Rechts- und Linkslenker unterschiedlich ausgelegt. Als wir an der Reihe waren, fuhren wir vor und zeigten unsere Tickets. Die Frau am Counter war eher behördlich sachlich als übertrieben freundlich und gab uns zu verstehen „Please, before you have to go to the harbour office!" Wir mussten uns also zuerst mal im Hafenbüro melden, bevor sie uns hier abfertigen konnte.

Uns schoss sofort das Blut in den Kopf. Auch alle schon verdrängten Gedanken an den zurückliegenden Unfall waren augenblicklich wieder präsent. „Siehst du!“ sagte ich zu Kirsten. „Jetzt passiert genau das, was ich gesagt hatte! Die ziehen uns hier raus und klären mit uns die Fahrerflucht nach dem Unfall auf. Jetzt könnte es richtig teuer werden und lange dauern!“ Dieser Gedanke beherrschte uns nun vollständig. Was würde nun passieren? Wird man uns nun das Fell über die Ohren ziehen?

Wir stellten also unser Auto auf einen freien Platz vor der Abfertigung und begaben uns missmutig zum Hafenbüro. Drei Beamte arbeiteten dort hinter dicken Glasscheiben, fast wie in einer Bank. Einige Leute waren vor uns dran, die alle aus verschiedenen Nationalitäten stammten. Ein Paar diskutierte lautstark mit dem Mann am Schalter. Man wurde sich scheinbar über irgendetwas nicht einig. Ich überlegte, was uns wohl gleich erwarten würde.

Nach vielleicht zwanzig Minuten waren wir an der Reihe und übergaben dem Bearbeiter vorweg den handgeschriebenen Zettel, den uns zuvor die Frau am Kontrollpunkt aushändigte. Darauf stand eigentlich nicht viel, nur ein für uns nicht verständlicher Zahlencode. Vielleicht unsere Abfertigungsnummer oder etwas Ähnliches. Er nahm den Zettel entgegen und tippte die abgelesene Nummer in seinen Rechner, als wenn er genau wusste, was damit gemeint war. Sekunden später setzte er ein trauriges Gesicht auf und wandte sich wieder uns zu. Ich dachte, jetzt kommt‘s. „Sie müssen leider hier bleiben und sich vor Gericht verantworten! Begeben Sie sich ins Gefängnis! Gehen Sie nicht über LOS!“ Ähnlich wie beim MONOPOLY…

Er antwortete uns erstaunlicherweise in Deutsch mit leichtem angenehm englischen Akzent: „Sorry, das gebuchte Schiff können Sie leider nicht benutzen."

„Sag ich doch!" meinte ich zu Kirsten. „Ich hab's doch gewusst! Jetzt geht hier der Schlamassel los! Jetzt können wir hierbleiben und uns mit Gerichten herumschlagen. So eine…" Der Officer unterbrach uns höflich und setzte seine Rede fort: „Es tut uns unendlich leid, Sie haben eine Höhe von drei Meter und dreißig. Das Schiff nach Dunkirk/Dünkirchen, welches Sie gebucht haben, hat nur eine Kapazität von drei Meter. Wir müssen Sie leider bitten, darauf zu verzichten. Wenn Sie einverstanden sind, buche ich das nächste Schiff für Sie. Das fährt aber eine Stunde später. Es ist die andere Linie nach Calais. Eigentlich ist dieses Schiffsticket teurer, weil die Schiffe größer sind. Wir würden Sie aber umbuchen, wenn Sie einverstanden sind. Sie müssen auch den Mehrpreis nicht bezahlen. Soll ich das so für Sie machen?"

Von uns fielen alle Sorgen ab. Fast so, als wenn der Zahnarzt beim gefürchteten Besuch doch nicht gebohrt hat. Große Erleichterung trat an ihre Stelle. „Yes, we like to do it that way. It's a good solution!" gaben wir wieder froh gestimmt zurück und nahmen damit sein Angebot an.

So klärte sich alles auf. Gern hätten wir die Route nach Dünkirchen genommen, um einen weiteren Hafen kennen zu lernen. Aber wenn's eben Calais sein sollte, dann war das eben so. Alles war besser als eine Klage wegen Fahrerflucht vor einem britischen Gericht…

Die spätere Rückfahrt auf der Festlandseite führte uns auch wieder durch Holland. Bei einer früheren Reise hatten wir nahe der deutschen Grenze ein Gasthaus entdeckt, das wir nun wieder aufsuchen wollten. Wir erinnerten uns sehr gern daran! Spezialitäten des Hauses waren Pannenkoekjes, also Pfannkuchen in allen denkbaren Variationen. In der Berliner Umgebung spricht man hierbei von Eierkuchen. Dass man diese herzhaft belegen kann, wie beispielsweise Pizzen, war uns bis dahin nicht geläufig. Aber gerade das Neue war uns ja schon immer eine willkommene Herausforderung! Wir ließen uns schon bei unserem ersten Besuch darauf ein und waren vom Geschmackserlebnis und der freundlichen Wirtin begeistert. Wir können dieses Gasthaus auch jederzeit weiterempfehlen!

Da wir im weitesten Sinne nun wieder mal in der Nähe waren, also in Holland, mussten wir unbedingt wieder dort hin! Wir wussten aber nicht mehr genau, wo sich diese Gaststätte befand. So suchten wir in Google nach „Pannenkoekhuis Den Strooper“ und wurden rasch fündig. Ich möchte hier mal ganz freiwillig ein wenig Werbung betreiben! Für all diejenigen, die das Restaurant auch mal besuchen möchten, ist hier die Anschrift:

Koningsweg 18 in 6816TC Arnhem.

Wir haben uns dort mit den Leckereien die Bäuche vollgeschlagen und waren nach dem Genuss fast bewegungsunfähig. Zwei erfrischende Biere haben wir auch zum Essen konsumiert. Mit dem daraus resultierenden Blutalkohol weiter zu fahren, wäre unverantwortlich gewesen! Also nahmen wir unsere Fahrräder vom Auto und erkundeten in einer dreistündigen Tour die Umgebung.

Später verstauten wir unsere Räder wieder auf dem Heckfahrradträger und setzten unsere Heimreise nach einem wirklich schönen Aufenthalt fort. Es war eine sehr schöne und erholsame Pause!

Nach mindestens zweihundert Kilometern Fahrt fragten wir uns gegenseitig, ob wir die Räder auf dem Träger wieder angeschlossen hätten. Dies jedoch weniger, weil wir während der Autobahnfahrt Angst vor Diebstahl hatten, sondern um das teure Schloss in Sicherheit zu wissen. Leider waren wir uns beide einig, dass es niemand mehr angefasst hatte, nachdem wir die Räder aufgebaut hatten. So musste es wohl noch eine Zeit über das Alugestänge des Fahrradträgers gehangen haben, bevor es durch die Fahrbewegungen abfiel. Wir ärgerten uns darüber sehr, vermieden es aber, uns gegenseitig die Schuld dafür zuzuschreiben.

Stunden später waren wir zu Hause angekommen und räumten wie immer, zuerst die wichtigsten Dinge aus dem Auto, entleerten den Kühlschrank und nahmen die Räder ab. Und was durften unsere müden Augen dabei erblicken? Das Schloss. Es hing noch immer wie eine tote Schlange über dem Gestänge des Fahrradträgers. Das es auf den mehr als sechshundert gefahrenen Kilometern nicht abgefallen war, grenzte an ein Wunder! Der Ärger über den Verlust war augenblicklich verflogen!

Zu Hause berichteten wir von unseren Erlebnissen. Dabei klärte uns auch jemand über die Autoversicherungen der Inselbewohner auf. Die Briten haben verzwickte Kasko- und Haftpflicht-Systeme, bei denen die Versicherten je nach Tarif auch bei unverschuldeter Regulation mit in Regress genommen oder mitunter teurer eingestuft werden. Der freundliche Mann wird sein Auto privat repariert haben oder zeigte vielleicht später seine „Verwundung" als Trophäe herum. Warum er jedoch als Gegenleistung nicht mal unser angebotenes Geld annahm, wird wohl sein Geheimnis bleiben…

Wofür es sich schon allein wiederzukehren lohnt, ist das Gute Bier! Besonders trafen die Ales meinen persönlichen Geschmack! Kirsten tendierte immer mehr zum Cider.

Viel zu kurz war die Zeit, um dieses Land auch nur im Ansatz kennen zu lernen! Die Menschen waren sehr freundlich! Mit den meisten kamen wir sofort ins Gespräch und im Straßenverkehr verhielten sich die Briten sehr höflich. Man kann eigentlich sagen, im positiven Sinne zuvorkommend!

Wir haben dort eigentlich nur gute Erfahrungen gemacht. Auch die Polizei war eher höflich. Bevor dort jemand sagte „Du darfst hier nicht parken…!“ hätte ein englischer Beamter gesagt „Please, do you think it would be possible for you to park anywere else?“ Er hätte uns also gefragt, ob wir es vielleicht für möglich erachten könnten, bitte anderswo zu parken. Das war ein grundsätzlich anderer Umgangston, als wir ihn zu Hause gewöhnt waren. Vor allem erreichte der Polizist mit seinen freundlichen Worten genau das gleiche wie sein deutscher Kollege im schroffen Befehlston. Man behielt ihn dafür nur in besserer Erinnerung…

Man sprach hier miteinander und grüßte sich freundlich, auch wenn man sich überhaupt nicht kannte. Im Aufzug beispielsweise, wurde etwas Smalltalk gepflegt. Nichts Vertiefendes, aber ein paar freundliche Worte und Blickkontakt waren das Mindeste. Hier in Deutschland hätte vom Erdgeschoss bis in die 20. Etage nicht mal jemand geatmet, nur um kein hörbares Geräusch zu erzeugen. Wir sollten wenigstens das von den Engländern lernen!

Und sollten wir mal wieder nach Amsterdam fahren, nehmen wir stabilere Räder mit…

Kapitel 19

2016 – Neues Wohnmobil

Nach langen Abwägungen hatten wir beschlossen, uns nach einem anderen Wohnmobil umzuschauen. Insbesondere, nachdem wir über die letzten fünf Jahre unsere Erfahrungen mit dem alten ausgewertet hatten. Sicher könnte man einige davon als Luxusproblem einstufen, aber es genügte unseren Anforderungen einfach in verschiedener Hinsicht nicht mehr. Wir brauchten, so hatten wir in warmen Nächten Italiens oft festgestellt, eine Klimaanlage, die auch im Stand arbeitet. Das Wohnmobil heizte sich tagsüber in der Sonne derartig auf, dass an Nachtschlaf in so einem Backofen kaum zu denken war. Der fehlende Schlaf führte schon nach kurzer Zeit dazu, dass sich auch die Tageswärme nur schwer aushalten ließ. So kam es bald dazu, dass wir genervt und unausstehlich wurden und uns der Urlaub auf diese Weise keinen Spaß mehr machte. Jeder Schritt war zu viel und wir waren nur noch auf der Suche nach Schatten.

Ein anderes Problem war das Alter des Autos. Immer wieder traten inzwischen technische Macken auf, die aufwendige Reparaturen nach sich zogen. Mal waren es die Bremsen, dann die Federbeine oder auch der Abgaskrümmer, der gerissen war. Sukzessive versagte ein Bauteil nach dem anderen seinen Dienst, so wie die Wasserpumpe während der Kroatien-Tour. Irgendwann waren die Antriebswellen ausgeschlagen, so dass das Lenkrad beim normalen Geradeausfahren kaum ruhig zu halten war. Hinzu kamen Probleme, die von der Bordelektrik ausgegangen waren. Einmal entstand sogar ein Kabelbrand am Zentralschaltgerät unter dem Beifahrersitz, den ich gerade noch löschen konnte!

Dies alles und andere hier nicht aufgelistete Altersschwächen des Fahrzeugs bestärkten uns in unser Entscheidung, unser Mobil gegen ein Auto neueren Baudatums zu ersetzen. Andererseits weinten wir ihm aber auch dicke Krokodilstränen nach. Es hatte uns schon weit gebracht und dabei gute Dienste geleistet! Wir hatten die Einrichtung um viele nützliche Dinge ergänzt und es im Innenraum sehr schön gestaltet. Deshalb waren wir auch etwas traurig, dass wir ihm nun den Laufpass geben mussten.

Ich durchstöberte die Inserate der eBay-Plattform und von mobile.de, um einen anderen Wagen nach unseren Vorstellungen zu finden. Wir hatten, wie gesagt, eine Liste von Ansprüchen, die auf unsere bisherigen Erfahrungen zurückgingen. Standklima, Festbett und eine größere Dusche waren nun ein Muss. Im alten WoMo hatten wir auch keinen Warmwasserboiler. Den hatte der Vorbesitzer in einem strengen Winter einfrieren lassen, was ihn irreparabel machte. Ein in drei Betriebsarten funktionierender Kühlschrank war uns auch wichtig! Nachdem das letzte Wohnmobil mit seinen fünfundneunzig Pferdestärken gerademal mittelmäßig motorisiert war, musste diesmal auf jeden Fall etwas Stärkeres her! Es gab aber auch absolute Ausschlusskriterien. Dazu gehörte zum Beispiel eingedrungene Feuchtigkeit im Innenraum! Wenn sich Schimmel einmal manifestiert hat, bekommt man das Problem mur noch bedingt in den Griff!

Ich wurde beim längeren Stöbern plötzlich fündig. Ich hatte immer mal wieder ein Auge in die Portale geworfen, aber die Suche nicht unter dem Aspekt der Dringlichkeit gesehen. Nun aber schien die Gelegenheit greifbar nah zu sein. Ich entdeckte eins, dass all unseren Ansprüchen zu entsprechen schien. Motor, Baujahr, Dusche, Kühlschrank, Betten, alles passte! Und vor allem die Standklimaanlage war drin! Es brachte noch viel mehr mit, nach dem wir gar nicht gesucht hatten. Zum Beispiel einen Backofen. Den brauchten wir eigentlich gar nicht. Aber auch einen Sandwichboden, der im tiefen Bereich unter dem Fußboden eine Menge Stauraum bereitstellte. Dort waren auch die schwereren Aggregate verbaut, um den Fahrzeugschwerpunkt niedrig zu halten. Dieser Boden bot auch die Möglichkeit einer Fußbodenheizung! Unten drin war auch die Klimaanlage verbaut.

Alles zusammen schien uns ein gelungenes Konzept zu sein, so dass wir mit dem Anbieter in Bayern in Kontakt traten. Schnell wurden wir uns vorerst telefonisch einig und verabredeten den weiteren Ablauf. Wir wollten es uns anschauen, eine Probefahrt unternehmen und es, wenn nichts dagegen spräche, kaufen. Wir waren uns aber bereits recht sicher, so dass wir schon die notwendigen Fünf-Tages-Kennzeichen beschafften, bevor wir uns auf den langen Weg machten.

Um den Kauf endgültig abzuschließen und die Neuanschaffung aus Kirchdorf am Inn abzuholen, das in der Nähe von Passau liegt, planten wir die Fahrt dort hin. Aber wie so oft, verlief auch dieses Mal bereits im frühen Start der Aktion nicht alles ganz ohne Hindernisse.

Weil wir die Suche über längere Zeit nicht als vordringlich betrachteten, stand nun bereits unser geplanter Urlaub dicht bevor. Es waren nur noch ein paar Tage Zeit, um alles Notwendige abzuwickeln! Am Freitag musste das Auto schon zugelassen sein und es war bereits Mittwoch! Für die beiden folgenden Tage hatten wir Urlaub eingereicht und am Wochenende wollten wir unsere Reise nach Italien mit dem neuen Auto antreten!

Mit der Kopie des Kfz-Briefes fuhr ich dann am Donnerstag früh zur Zulassungsstelle nach Strausberg, um dort die Überführungsschilder zu erhalten. Ich dachte, eine halbe Stunde vor der Schalteröffnung unter den Ersten zehn zu sein. Aber damit hatte ich mich total verkalkuliert! Mindestens fünfzig Wartende standen bereits vor mir! Knapp verfehlt! Das brachte mich nun unter erheblichen Zeitdruck, da sich unsere Bahnverbindung nach Passau nicht beliebig verschieben ließ.

In der Zulassungsstelle nahm das Anstehen kein Ende. Ich hatte das Gefühl, dass es gar nicht weiter ging oder zumindest nur im Schneckentempo. Und um 10:45 Uhr sollte schon der ICE vom Ostbahnhof abfahren. Das sollte wohl sehr eng werden. Gleichzeitig wartete ich auf den Anruf meines Versicherungsbearbeiters. Ich brauchte ja eine Versicherungsnummer für das Kurzzeitkennzeichen. Auch der meldete sich nicht und irgendwie lief die Zeit weg…

Plötzlich ein Lichtblick! Eine Frau kam auf mich zu und fragte, ob ich ihre Wartenummer übernehmen wolle. Ihr Mann hatte offenbar schon eine gezogen, bevor sie kam und mit dieser Nummer wurden sie bereits abgefertigt. Das versetzte mich in die Lage, um zwölf Warteplätze vorzurücken. Später machte ich es auch so und gab wiederum meine Nummer weiter.

8:55 Uhr. Endlich war ich an der Reihe! Und just in diesem Moment bekam ich die Versicherungsnummer übermittelt. Keine Sekunde zu früh hatte ich nun alles zusammen, was ich für die Beantragung der Schilder brauchte. Der Rest ging recht schnell und ich konnte dann auch gleich die Bleche prägen lassen. Nun musste ich noch am Automaten bezahlen, was auch nicht beim ersten Versuch klappte. Anschließend konnte ich mit dem Beleg die Unterlagen vom Schalter holen. Alles schien wie in einem dickflüssigen Gelee zu laufen. Nur die Uhren rannten schneller als sonst!

9:20 Uhr. Ab nun war ich nur noch im Laufschritt unterwegs. Schnell zum Auto, damit schnell nach Hause und Kirsten abholen! Dann zum Bahnhof. Natürlich war wieder kein Parkplatz weit und breit zu finden, also fuhren wir noch ein Karree und fanden schließlich einen. Wir rannten die eine Treppe hoch und die andere herunter.

Nun war es schon 10:01 Uhr! Im selben Moment fuhr bereits die Bahn ein. Ich meinte zu Kirsten „Komm lass uns schnell einsteigen, bevor die Bahn weg ist!“ Sie jedoch beharrte darauf, dass wir vorher Fahrkarten kaufen müssten.

Hierfür stand jedoch nur ein Automat zur Verfügung, so dass sie sogar noch jemanden nach Kleingeld fragen musste. Aus Angst, dass die S-Bahn ohne uns fährt, stellte ich mich in eine offene Wagentür und hoffte, dass der Fahrer das Signal zum Türenschließen nicht bekommt, solange ich an der Tür zu sehen war. Der Fahrscheinautomat knurrte ein letztes Mal und Kirsten hatte die Fahrkarten. Nun wollte sie sie auch noch schnell stempeln, was mir viel zu lange dauerte. Aber was sollte ich tun, wenn sie es sich in den Kopf gesetzt hatte?

In letzter Sekunde sprangen wir beide in die Bahn. Kaum waren wir unterwegs, enttarnten sich zwei Männer in Zivil als Kontrolleure. Dank meiner Frau hatten wir nun nichts zu befürchten. Und wieder mal hat sich ihre Beharrlichkeit ausgezahlt!

Jetzt durfte nichts mehr schief gehen! Unsere S-Bahn sollte planmäßig um 10:02 Uhr losfahren und in fünfunddreißig Minuten am Ostbahnhof eintreffen. Jetzt vielleicht noch ein Pendelverkehr und all unsere Zeitpläne wären in Staub zerplatzt.

Zum Glück fuhr die Bahn flott und es gab keinerlei Verzögerungen. Dadurch schafften wir es, sieben Minuten vor Abfahrt des ICE am Umsteigebahnhof zu sein. Das war nicht zu spät, aber den Weg zum Zug mussten wir noch rennend zurücklegen und wir wussten gar nicht, von welchem Bahnsteig er fahren sollte. Wir nahmen uns nun nicht mehr die Zeit, die Schilder an den Treppen zu lesen und liefen einfach zum einzigen ICE, der zu dieser Zeit im gesamten Bahnhof bereitstand. An der offenen Tür zum Wagon stand ein Zugbegleiter, den wir fragten, ob das der ICE über Fulda und Würzburg nach Passau sei. Er sagt „Stimmt, aber jetzt rein mit Euch! Wir müssen los!“ Also taten wir wie befohlen, suchten uns einen freien Sitzplatz und atmeten erst mal durch.

Zuvor in der S-Bahn hatten wir weder Funkempfang, noch WLAN, dafür aber eine sehr gute Abschirmung nach außen, die das schwache Funksignal kaum durch ließ. Wir versuchten, in der halben Stunde Fahrt, unsere Tickets für den Fernzug zu buchen. Dazu mussten wir aber zuerst die entsprechende App auf mein Handy herunterladen. Die Installation baute sich in der Geschwindigkeit trocknender

Wandfarbe auf und brach immer wieder ab. Nach einer geraumen Zeit war die DB-App dann doch auf dem Gerät und die Buchung der Fahrt konnte beginnen.

Hierfür waren diverse Eingaben notwendig. Jeder Sprung zur nächsten sich aufbauenden Seite verlief in der „hastigen“ Bewegungsgeschwindigkeit eines Faultiers. Leider aber blieben unsere Bemühungen ohne Erfolg. Immer, wenn wir nahe am Kaufabschluss waren, stürzte die Internetseite aufgrund mangelhafter Verbindung ab. Hier las ich noch: „Bitte geben Sie ihre Kartendaten ein…“ Absturz! Ich startete das Manöver von neuem, muss erneut alles eingeben und mehrmals zur nächsten Seite klicken. Und wieder stieg die Verbindung aus. Erneuter Absturz!

Also mussten wir es jetzt versuchen. Im ICE konnten wir ein tadelloses schnelles WLAN benutzen! Der Zugbegleiter meinte beim Einsteigen, dass wir Karten haben müssten, sonst würde die Nachlösung teurer werden. Das motivierte uns, es möglichst schnell mit der App zu erledigen. Nun klappte es auch mit der Buchung für unsere Fahrkarten und wir speicherten den dazugehörigen QR-Code im Handy. Fast 230,- Euro pro Person war jedoch kein Schnäppchen und es dauerte bestimmt zwanzig Minuten.

Einfach gestaltet war hierbei wirklich nichts! Vielleicht hätte sich uns diese verwinkelte Programmstruktur erschlossen, wenn wir in Ruhe von zu Hause hätten buchen können. Aber unter Zeitdruck und schlechter Mobilfunkverbindung, wie zuvor in der S-Bahn, artet es zum Unterfangen aus. Die Programmierer der App sollten sich mal in eine ähnliche Situation begeben und ihre Programme überarbeiten! Aber jetzt konnte von uns aus die Kontrolle kommen.

Einmal hielt der Zug nach unserem Einsteigen noch kurz am Berliner Stadtrand. Wenig später erreichte uns auch der Schaffner und fragte in das Abteil hinein, ob jemand zugestiegen sei. Da wir nun bereits von Anfang an im Zug saßen, ignorierten wir seine Frage, worauf er seinerseits auch uns unbeachtet ließ. Später war er auf dem Rückweg zu seinem Zugbegleiterabteil und kam noch einmal an uns vorbei. Diesmal jedoch ohne die Frage nach den Tickets.

Wir waren gar nicht so lange unterwegs. In rasender Geschwindigkeit flogen Wälder und ganze Kleinstädte fast lautlos an uns vorbei. Wie im Flugzeug, nur auf der Schiene. Die Ortsschilder waren in diesem Tempo nicht zu lesen, weshalb wir kaum einschätzen konnten, wo wir gerade waren.

Schon waren wir in Fulda und wir stiegen um. Der Zug, der zur Weiterfahrt nach Würzburg eingesetzt war, stand schon bereit. Wir stiegen ein und fanden auch hier rasch wieder freie Sitzplätze. Bevor sich der ICE in Bewegung setzte, strömten aber noch eine Menge Leute hinein, die allesamt missgestimmt waren. Sie hatten, wie es schien, ihren Anschlusszug wegen einer anderen Bahn-Störung verpasst und mussten nun einen zeitraubenden Umweg in Kauf nehmen. Vermutlich waren Sie sich bereits gewiss, auch weitere Anschlussverbindungen nicht pünktlich zu erreichen. Wir jedoch hatten Glück und alles lief planmäßig.

Auch in diesem Zug kam der Fahrkartenkontrolleur durch die Wagen und fragte, wie schon sein Vorgänger, nach zugestiegenen Fahrgästen. Wir waren ja in Sicherheit! Wir hatten ja unsere gültigen Tickets! So stellten wir uns schlafend und wollten herausfinden, ob der Mann uns wohl wecken würde. Tat er aber nicht und setzte seine Arbeit hinter uns fort. Nach einem Streckenhalt an einem anderen Bahnhof wiederholte sich das Prozedere. Wir machten uns inzwischen einen Spaß daraus, die Kontrollen zu umgehen.

Da auch dieser ICE nicht langsamer fuhr, kamen wir schon bald in Würzburg an. Das Umsteigen verlief auch hier ähnlich reibungslos. Eine zeitlich passender getaktete Verbindung hatte ich noch nie bei der Deutschen Bahn erlebt! Alles flutschte! Nur im letzten Abschnitt waren keine zwei zusammenhängenden Sitzplätze zu bekommen. Die Abteile waren fast ausgebucht. Dazu kamen noch die umgeleiteten Fahrgäste. Wir kamen schließlich im Bord-Restaurant an, wie der Speisewagen im ICE genannt wird. Hier gab es noch zwei Plätze, die weder durch vorausgegangene Buchungen noch durch umgeleitete Fahrgäste belegt waren. So machten wir es uns gemütlich und orderten den überteuerten Kaffee und gönnten uns als Snack dazu eine bayrische Brez‘n. Für den Gesamtpreis hätten wir aber auch First-Class Essen gehen können!

Auch hier erreichte uns der Zugbegleiter, stellte jedoch hier nicht mal mehr seine obligatorische Frage. Also schuldeten wir ihm auch keine Antwort und fuhren unbehelligt weiter. Bis Passau wurden wir auch kein weiteres Mal behelligt.

Während der Fahrt tauschten wir Nachrichten mit den eBay-Anbietern aus. Freundlicherweise holte uns der Mann mit dem Auto vom Bahnhof ab. Es hätte sicherlich auch einen Bus gegeben, nur wäre es für die Leute dann auch aus ihren zeitlichen Planungen gelaufen. Es waren noch zirka siebzig Kilometer bis zum Wohnort der Verkäufer.

Dort betrieben sie ein stattliches Hotel und servierten uns nach dem Kaufabschluss ein fürstliches Abendmahl!

Nun begann aber, uns erneut die Zeit ein wenig davon zu laufen. Es wurde bereits Abend und wir hatten die Rückfahrt mit dem für uns neuen Mobil noch vor uns. Trotzdem wir eigentlich gleich in den Urlaub nach Italien starten wollten, hatten wir ja nur ein Kurzzeitkennzeichen und mussten am nächsten Morgen erneut zur Zulassungsstelle nach Strausberg. Die Hoteliers bestanden aber darauf, dass wir ihre köstliche selbstgemachte Vanille-Eiscreme probierten. Wir ließen uns ohne große Gegenwehr dazu überreden und saßen noch eine weitere Stunde in Kirchdorf am Inn, bevor wir uns bereits im Dunkeln auf den Weg machten. Über siebenhundert Kilometer lagen nun vor uns!

Es war ein wirklich langer Tag, so dass wir unterwegs eine kleine Pause einlegten, um eine Stunde zu schlafen. Das Fahrende Hotelzimmer hatten wir ja dabei, auch wenn noch keine Bettwäsche aufgezogen war. Aber sicher ist sicher! Beim übermüdeten Fahren einzuschlafen, stand nicht auf unserer Agenda!

Wieder zu Hause beschlossen wir, die nicht entwerteten Fahrkarten zu stornieren. Das war nicht von Anfang an unser Vorhaben, aber wir wurden ja schließlich nicht kontrolliert und somit die Tickets nicht entwertet. So, als hätten wir die Reise nicht angetreten. Das geht in der etwas teureren Comfort-Ticket-Buchung, die wir in der App gewählt hatten. Die Karten kosteten immerhin zusammen über 450,- Euro!

Als wir es versuchten, wollte es nicht so recht klappen. Wir gelangten auch in dieser verrückt organisierten Programmstruktur immer wieder an Grenzen, die sich nicht überwinden ließen. Der Menüpunkt „Stornieren“ ließ sich mit unserer Dateneingabe einfach nicht erreichen. Immer wieder brach das System ab.

Wir hatten uns aber nun darauf versteift, den Ticketpreis zurück zu buchen. Irgendwann riefen wir den Kontensaldo unserer Bank auf und waren erstaunt, dass der Preis gar nicht abgebucht wurde. Auch Tage später, als wir schon mit dem neuen Auto Urlaub machten, war nichts zu erkennen. Am Ende recherchierten wir, dass wir vermutlich die zweite Sicherheits-Frage „Wollen Sie wirklich…“ nicht mit „JA“ bestätigt hatten. Wir hatten also unsere Unfähigkeit, eine App zu bedienen, mit einer gewissen Portion Selbstsicherheit ausgeglichen und sogar die verschiedenen Zugbegleiter, mit unserem ständigen Umgehen der Kontrollen, provoziert. Dabei haben wir versehentlich auch noch eine Menge Geld gespart! Bitte, liebe Programmierer, lasst Eure Apps wie sie sind!

Nun waren wir nach langer Fahrt wieder zu Hause und konnten die endgültige Anmeldung des Wohnmobils in der Zulassungsstelle Strausberg vornehmen. Geöffnet war an diesem Freitag bis um 12:00 Uhr. Inzwischen war es 10:45 Uhr und bis zum Straßenverkehrsamt brauchten wir bei freien Straßen wenigstens zwanzig Minuten. Aber an diesem Freitag, an dem offenbar alle Einwohner der näheren und ferneren Umgebung rund um Strausberg unterwegs waren, gab es keine freien Straßen! Wieder hatten wir zeitlichen Druck!

Es klappte aber alles zu unserer Zufriedenheit, so dass wir kurz nach dem Mittag unsere Anmeldung und die neuen Schilder in den Händen hielten. Gleich auf dem Parkplatz des Amtes schraubten wir die Kennzeichen um.

Damit fuhren wir nach Hause und lehnten uns zum Verschnaufen mit einem Kaffee zurück und ließen die letzten zwei Tage in aller Ruhe Revue passieren…

Anschließend packten wir die Einrichtungsgegenstände der beiden Wohnmobile um und beschlossen am späten Nachmittag, erst frisch und ausgeruht am Sonntag in Richtung Italien zu starten.

Unser erstes Ziel war, wie schon bei vorigen Touren, der schöne Gardasee. Wir hatten eine störungsfreie gute Fahrt und waren stolz wie die Spanier auf unser neues Gefährt! Auf dem Weg hielten wir in Pirna an, wo wir uns am Montagmorgen noch ein Inverter-Aggregat kauften. Hiermit konnten wir selbst 220 Volt Strom erzeugen, für den Fall, dass wir die Klimaanlage autark und ohne Standstromversorgung betreiben müssten. Natürlich musste man dafür in Kauf nehmen, dass ein zwar sehr leiser, aber trotzdem gut hörbarer Benzinmotor laufen musste.

In Pirna machten wir auch gleich Station für einen Tag und fuhren mit unseren Rädern zum Kaffeetrinken in die schöne Altstadt. Nach dem letzten verheerenden Hochwasser, haben die Bewohner der Stadt alles sehr schön wieder hergerichtet! Da steckt viel Schweiß und Mühe drin! Noch währenddessen wir im Café saßen, klingelte mein Telefon und ein Interessent meldete sich, der unser altes Wohnmobil kaufen wollte. Auch wir hatten es bei eBay inseriert. Wir konnten uns auf alle Eckpunkte verständigen und die Interessenten kauften es nach unserer Rückkehr tatsächlich.

Endlich hatten wir es bis fast ans Ziel geschafft. Nur noch eine kurze Strecke am Ufer des Gardasees entlang, dann sollten wir den Ort Limone erreichen. Die Straße verläuft dort unterhalb der steil abfallenden Felsen, direkt am Wasser. Teilweise mussten verschiedene Tunnel und Galerien in die Berge gebaut werden, um die Route durchgängig befahrbar zu machen. Dabei haben insbesondere die ganz alten Tunnel deutlich kleinere Maße als die neuer erbauten. Lastwagen- und Busfahrer haben es dort nicht leicht! Auch unser Wohnmobil war recht hoch gebaut. Als wir aus dem letzten Tunnel vor Limone herausfahren wollten, kam uns jemand mit einem PKW entgegen, der nur wenige Meter vor uns einen Radfahrer überholen musste. Er fuhr dabei mit einem Ruck in einem weit ausgeholten Bogen auf unsere Fahrbahnseite, so dass ich eine unwillkürliche Bewegung am Lenkrad nicht vermeiden konnte.

Im selben Moment mussten wir ein Geräusch wahrnehmen, das beim Anstoß an die Tunnelwand entstand. Es war ein lauter Knall und wir trauten uns kaum, den Blick in Richtung der Geräuschquelle zu richten. Es hörte sich an, als ob der gesamte hintere Teil des Aufbaus abgerissen worden wäre. Eine Mischung aus Wut auf den entgegenkommenden Fahrer und Ärger über das eigene Unvermögen ergriff Besitz von mir.

Auf dem Campingplatz konnten wir dann das Ausmaß der Katastrophe in Augenschein nehmen. Erstaunlicherweise war kaum etwas zu sehen. Nur die hintere Eckverkleidung der Sonnenmarkise hatte eine kleine Delle und der Markisenkasten eine lange Schmarre. Also alles halb so schlimm. Gottseidank!

Da es an diesem späten Nachmittag bereits recht warm in Limone war, hatten wir gleich die Gelegenheit, die neue Errungenschaft im Auto auszuprobieren. Die Klimaanlage. Dazu muss man das Auto an das 220V-Netz anschließen und kann dann den Kühlschrank auf Netzstrom umschalten, die Aufbaubatterie laden und auch die Standklimaanlage betreiben. Die jedoch hat einen relativ hohen Strombedarf, gerade erst recht, wenn sie anläuft. Es wird also eine Steckdose mit eine Leistung von mindestens vier Ampere benötigt.

Ich verlegte also das Kabel und schloss das Auto an. Aber in dem Moment, als ich die Klimaanlage einschaltete, brach die Stromversorgung zusammen. Ich ging also wieder zur öffentlichen Steckdose, zog unser Anschlusskabel heraus und probierte eine andere. Natürlich mit gleichem Ergebnis. Auch diese Steckdose war daraufhin stromlos. Eine dritte auf einer Terrassenstufe über uns sollte nun der letzte Test sein, endete aber mit genau den gleichen Erfahrungen.

Nachdem ich einen Moment ratlos war, rief ich den Zeltplatzbetreiber an und schilderte ihm die Lage. Daraufhin kam er mit seiner Vespa angefahren, schaltete die Sicherungsautomaten der Dosen wieder frei und versuchte, mir den technischen Stand des Platzes zu erklären. Die Steckdosen in diesem Bereich des Campingplatzes seien die letzten an der zum großen Teil maroden Anlage. Sie wären seiner Ansicht nach, die ich später teilte, viel zu gering ausgelegt. Lediglich drei Ampere Leistung könnten sie verkraften. Dann kämen die Sicherungen schon. Nur die im Sanitärbereich hätte man schon neu installiert. Hier würde man schon Ströme bis zu zehn Ampere ziehen können.

Er sprach noch viel und entschuldigte sich tausendmal für die Unannehmlichkeiten und versprach, alles zu tun, dass im nächsten Jahr alles besser funktioniere. Ich hörte ihm gar nicht mehr richtig zu, weil ich viel zu beschäftigt damit war, in Gedanken bereits meine Kabelverlegung bis zum Sanitärbereich zu planen.

Als er fort war, begann ich sofort, meinen kühnen Plan in die Tat umzusetzen. Im Sanitärgebäude gab es jedoch nur Steckdosen im Bereich neben den Spiegeln. Vermutlich zum Benutzen eines Föns oder Rasierers. Dann musste es eben die sein, sagte ich mir. Ich schloss mein 50-Meter-Kabel an die Rasiersteckdose an und verlegte die Strecke bis zum Auto. Das sah nach italienischen Maßstäben so professionell aus, dass sich auch in den nächsten fünf Tagen niemand daran störte. Ab nun funktionierte die Klimaanlage und wir konnten trotz der herrschenden Temperaturen nachts gut schlafen.

Nach all den Strapazen, aber auch Erfolgen, hatten wir uns nun auch mal was richtig Schönes verdient! Wir gingen Pizza essen. Nichts ist besser, als eine echte italienische Pizza, und schon ganz und gar, wenn sie in Italien vom Italiener gebacken wird!

Wir hatten ja auf dem mitgeführten Trailer unser Motorrad dabei. Also machten wir uns auf nach Torbole, also in den Norden des Gardasees. Dort gab es eine herrliche Pizzeria, direkt am Seeufer gelegen. Beim Bestellen dachten wir, nichts würde besser als ein einheimischer Lambrusco dazu passen. Wir orderten beides und genossen anschließend unser Menü auf Wolke Sieben.

Leider war es aber auch das letzte Mal, dass wir den Kellner sprechen konnten. Später wollten wir unsere Rechnung begleichen, aber es kam niemand. Nach einer angemessenen Wartezeit, verständigten wir einen anderen Kellner, er möge uns die Rechnung bringen. Wir gaben uns sogar große Mühe, ihn in Landessprache danach zu fragen und sagten „Signore, il conto per favore!“ Er registrierte es wohlwollend, kam jedoch nie zurück. Natürlich wunderten wir uns nun doch ein wenig, aber fragten schließlich eine dritte Bedienstete des Restaurants. Aber auch sie tauchte nicht wieder auf. Seltsam!

Insgesamt verbrachten wir danach noch eine geschlagene Stunde an unserem Tisch, obwohl wir keine Getränke mehr hatten. Es kam auch niemand, bei dem wir hätten bezahlen können. Irgendwann meinten wir, mehr könnten wir nicht tun. Und hier noch am nächsten Tag zu sitzen und zu lauern, hatten wir auch keine Lust. Also gingen wir nach insgesamt fast zweistündigen Versuchen, jemandem Geld zu geben. Schade, das ist eigentlich nicht unsere Art!

Zwei Tage später unternahmen wir einen Ausflug nach Malchesine. Dazu fuhren wir mit dem Schiff über den See. Da uns bis zur nächsten Abfahrt noch sehr viel Zeit blieb, besuchten wir wieder ein Restaurant.

Zu Hause hatten wir uns tausende Male an „Spaghetti Aglio e Olio“ versucht und ich glaube, inzwischen bekommen wir das ganz gut hin. Aber hier in Limone war nun mal die Gelegenheit, es authentisch zu probieren. Also bestellten wir. Sogar diesmal mit einer kleinen Ergänzung: „e Peperoncino“ Das gefiel mir sehr gut! Kirsten, die nicht gern allzu scharf isst, überließ mir ihre Peperoni. Ich schnitt sie mir klein und streute sie über meine Knoblauchnudeln. Herrlich!

Aber auch nach dem Essen hatten wir noch etwas Zeit. Also schlenderten wir ein wenig durch die Ladengalerien, die dort in sehr engen kleinen Gassen untergebracht waren. Hier gab es interessante kleine Geschäfte. Alles unweit vom Fähranleger. Die Tagestemperaturen trieben mir etwas

Schweiß auf die Stirn, der mir in die Augen zu laufen drohte. Mit einer unwillkürlichen Bewegung wischte ich ihn mir ab und rieb mir mit der Fingerspitze die Augenwinkel aus.

Jetzt war ich aber hellwach! Im gleichen Moment brannte mir mein Auge derartig, dass ich annahm, eine Wespe hätte mich gestochen. Ich konnte den Schmerz gut vergleichen, weil mich tags zuvor bereits eine in den Finger gestochen hatte, als wir mit dem Motorrad unterwegs waren. Ich dachte, ich hätte vielleicht wieder eine am Finger gehabt und sie mir unbedachterweise ins Auge gesetzt, als ich es mir ausreiben wollte.

Ich bekam aber schnell die wahre Ursache heraus. Trotzdem ich mir nach dem essen schon zweimal die Hände mit Seife gewaschen hatte, musste es noch immer Anhaftungen von der scharfen Chilischote an meinem Finger gegeben haben. Das verursachte diese unsagbaren Schmerzen, die über zwanzig Minuten nicht weniger wurden. Selbst als wir über den See gefahren waren und durch Malchesine liefen, hielt der Schmerz in verminderter Form noch an…

Heute weiß ich, dass man sich nicht in den Augen reibt, wenn man irgendwann zuvor mit einer Peperoni hantiert hatte. Ich würde auch heute ins Restaurant hinein gehen, um zu bezahlen, wenn kein Kellner mehr an den Tisch kommt.

Ein Wohnmobilkauf müsste man nach meinem Geschmack auch terminlich nicht so unmittelbar vor dem Urlaubsbeginn platzieren, dass keine Luft zum Durchatmen bleibt. Lieber etwas großzügiger planen und mehr Zeit für die Einzelheiten zur Verfügung haben. Getreu nach dem alten Grundsatz „Zu viel reicht immer!“

Auch wenn einem jemand entgegen kommt, der hektische Fahrbewegungen vollzieht, muss man nicht bis an die Tunnelwand ausweichen! Lieber einen kühlen Kopf bewahren.

Aber die schönste Erfahrung war die, dass Pizza, Lambrusco und Aglio e Olio in ihrem Ursprungsland Italien immer noch am besten schmecken!

Kapitel 20
2017 – Spanien und Portugal

Drei Wochen hatten wir uns diesmal Zeit genommen. Es war nicht leicht, unseren Arbeitgebern diese zusammenhängende Urlaubszeit abzuringen. Wir wollten auf den Spuren von 1992 und 1994 nach Portugal an die Algarve fahren. Nur diesmal mit dem Wohnmobil und nicht, wie damals, mit mehreren PKWs.

Tagelang haben wir das Auto mit wichtigen Dingen für die Reise vollgeladen und noch Fehlendes auf Zettel notiert, damit wir es später nicht vergessen mitzunehmen. Wer kennt nicht die Situation, wenn man schon unterwegs ist und dann erst bemerkt, dass etwas ganz Wichtiges noch zu Hause liegt. Gleichzeitig muss man dann überlegen, ob ein Umkehren überhaupt noch sinnvoll wäre? Genau das wäre der unpassendste Zeitpunkt, daran zu denken, was vergessen wurde…

Sonnabend früh. Endlich war es soweit. Wir mussten uns nur noch rasch bei den Nachbarn verabschieden und die Schlüssel fürs Pflanzenfüttern und Katzengießen übergeben. Vorher liefen wir noch ein Mal durchs ganze Haus, um zu kontrollieren, ob auch alle Fenster geschlossen waren und ob die elektrischen Geräte aus den Steckdosen gezogen wurden. Die Heizung musste im Urlaub auch kein Warmwasser bereitstellen. Im Kühlschlank sollte besser nichts Verderbliches mehr liegen. Alles klar.

Wir starteten voller Vorfreude auf die schönen Erlebnisse und winkten unserer Nachbarin noch aus dem fahrenden Wohnmobil zu! Auch sie winkte uns nach. Wir sahen sie im Rückspiegel, als wir mit zum Gruß eingeschaltetem Warnblinklicht losfuhren.

Die schlimmsten Straßen sind im Allgemeinen die im eigenen Dorf auf dem Weg bis zur Autobahn. Natürlich ist es bei der Rückkehr der gleiche Fall. Die Gemeinde will uns damit immer signalisieren, dass wir wieder zu Hause sind.

Es holperte ganz schön! Das stellte unser Haus auf Rädern auf die letzte Bewährungsprobe, ob alles richtig verstaut war, alle Schranktüren und Schubladen richtig verschlossen wurden und das Geschirr mit Schaumstoff gesichert war. Was auf dieser Straße nicht kaputt ging oder abfiel, würde auch die gesamte Tour überstehen. Gleichzeitig stellte es auch uns selbst auf die Probe. Denn wenn in der Vergangenheit etwas nicht fest oder geschlossen war, mussten wir es uns immer gegenseitig vorwerfen. Natürlich mehr im heiteren Ton als todernst. Wir hatten schon mal in Erwägung gezogen, eine Checkliste zu erstellen und dann gegenseitig Position für Position abzufragen. Ähnlich wie im Flugzeug-Cockpit. Besteck? – Check! Zahnbürsten? – Check! Schubfächer zu? – Check! …

Endlich hatten wir diesen Parcours hinter uns gebracht und mussten diesmal keine losen Gegenstände oder offene Schubladen verzeichnen. Auch keine Dinge, die aus einem Schrank gefallen wären. Alles Roger, um in der Cockpit-Sprache zu bleiben…

Nun erreichten wir die Fernstraße, die uns etwa einen Kilometer weiter auf die Autobahn führen sollte. Vor dem Einbiegen hielt ich natürlich an, um den fließenden Verkehr an der Kreuzung zu checken und eine Lücke zum Einfädeln abzuwarten. Dabei bemerkte ich, dass die Bremsen ein merkwürdiges Geräusch machten.

Es war das typische und unverkennbare Kratzen des automatisch arbeitenden Antiblockiersystems. Das erkannte ich als gelernter Mechaniker sofort. Hierbei wird die Bremse in hoher Frequenz während der Betätigung gelöst und wieder unter Druck gesetzt, was auch zu einem unangenehmen Gefühl am Pedal führt. Es handelt sich um eine vollautomatisierte Fahrsicherheitseinrichtung, die ein vollständiges Blockieren der einzelnen Räder verhindert, um das Fahrzeug bei Gefahrenbremsungen oder auf schmierigen Untergründen lenkbar zu halten. So viel zur Rubrik „Kurz erklärt".

Soweit konnte ich mir die Sachlage zusammenreimen. Aber es war trocken, sommerlich warm und ich hatte nicht stark gebremst. Was also sollte das jetzt? Ein Fehler im System? Ich probierte das beim Weiterfahren noch mal aus. Wieder derselbe Effekt. Spätestens jetzt hatte ich große Fragezeichen in meinen noch morgendlich verschlafenen Augen.

Ich fuhr also von der Bundesstraße auf eine fast unbefahrene Straße der Ortschaft und testete weiter. Hinzu kam nun ein schleifendes Geräusch bei jeder Radumdrehung am linken Vorderrad. Im Armaturenbrett leuchtete die ABS-Kontrolle. Was konnte die Ursache sein? Bestimmt ein festgehakter Zweig oder etwas Ähnliches. Ich legte mich drunter und suchte nach einem Verursacher der Erscheinung, konnte jedoch ohne Hilfsmittel nichts Außergewöhnliches erkennen. Kein Ast, kein Draht und auch keine anderen Quellen waren auf diese Weise sichtbar. Alles schien äußerlich normal, und doch waren das Geräusch und die ABS-Auslösung beim Bremsen da. Seltsam!

Gegenüber auf der anderen Seite der Bundesstraße gab es einen BOSCH-Dienst. Hier fuhren wir hin und baten darum, dass sich das mal jemand anschaute. Der Kollege fuhr auf eine Rampe und verschaffte sich mit einer Taschenlampe bessere Sicht. Mit genug Licht fand er sofort die Ursache: Ein ABS-Geberring an der linken Antriebswelle war gebrochen und schwirrte nun lose im Achskopf herum. Deshalb musste das Antiblockiersystem „denken“, dass dieses Rad beim Bremsen blockiert, weil es von hier kein verstehbares Signal eines drehenden Rades mehr bekam. So meinte es, dass es mit dem ABS-Einsatz dagegen steuern müsse.

Nun konnte ich mir die komplette Erscheinung erklären. Aber ich wusste nun auch, dass wir mit diesem Fehler keine 8.000-km-Tour antreten konnten. Sollte sich der gebrochene ABS-Geberring in seinem schmalen Gehäuse unglücklich verkeilen, würde es auf diesem einen Rad hundertprozentig zu einer Blockierung kommen. Die Folgen aus voller Fahrt sind nicht kalkulierbar!

Im BOSCH-Dienst hatte man heute leider keine Möglichkeiten mehr, eine Reparatur dieser Größenordnung auszuführen. Es hätte ja auch vorher ein Ersatzteil bestellt werden müssen. Die sicherste Bank war nun noch, eine für das Basisfahrzeug passende FIAT Marken-Werkstatt anzusteuern. Unser Gedanke war, dort würde man vielleicht ein passendes Teil für unseren Ducato vorrätig haben und könnte uns vielleicht kurzfristig weiterhelfen. Dann hätte die Unterbrechung nicht so viel von unserem geplanten Urlaub in Anspruch genommen.

Das war natürlich Wunschdenken, aber die Hoffnung stirbt ja bekanntlich zuletzt! In dieser Zuversicht machten wir uns auf den Weg. Zuvor fuhren wir nach Hause, um das Auto für die Reparatur zu entladen. Unserer Nachbarin war die Verwunderung über unsere schnelle Rückkehr gut anzumerken. Sie stand zwar nicht mehr winkend am Straßenrand, aber eine wirklich lange Zeit war ja inzwischen nicht vergangen. Sie dachte wahrscheinlich, dass wir schon wieder etwas vergessen hätten.

Die erste FIAT-Werkstatt, die relativ nahe lag, machte an diesem Samstag bereits um 12:00 Uhr Feierabend. Man empfahl uns, direkt zur FIAT-Niederlassung zu fahren. Die gab es in etwa zehn Kilometern Entfernung am östlichen Berliner Stadtrand. Im Internet stand, dass Samstags bis 14:00 Uhr geöffnet wäre. Wir meinten, das sollten wir wohl schaffen und machten uns hoffnungsvoll auf den Weg dort hin.

Dort angekommen, waren wir die einzigen Kunden zu dieser Uhrzeit. Die noch anwesenden Kollegen schienen sich bereits im Feierabendmodus zu befinden. Angesichts der Tageszeit war das gut nachvollziehbar. Die kleine Gruppe der Mitarbeiter saß an einem der Annahmeschreibtische zusammen und war offenbar in eine private Unterhaltung vertieft. Nur widerwillig hoben sie ihre gesellige Runde auf und gaben den Kundendienstberater für ein Gespräch mit uns frei. Dieser nahm nun extra für unsere Unterhaltung die bequem abgelegten Füße vom Tisch und sprach entsprechend angewidert mit uns Störenfrieden. Als wir die bereits gestellte Diagnose mitteilten, meinte er, davon müsse man sich zuvor persönlich überzeugen, aber das könne man auf keinen Fall heute noch tun. Ich fragte, ob man denn bereits die benötigten Teile bestellen könne, um gleich Montag früh in der Lage zu sein, sofort mit der Montage loszulegen. „Nein! Natürlich nicht!“ lautete schroff die klare Ansage des Mitarbeiters. Man müsste doch vorher wissen, was eigentlich repariert werden muss.

Ich arbeitete ja selbst in einem Autohaus. Zwar für eine andere Marke. Aber die Abläufe waren ja doch die gleichen. Ob nun FIAT oder OPEL, es sind weitestgehend gleiche Arbeitsprozesse. Ich überbrachte ihm ja die Diagnose des BOSCH-Fachmanns. Klar, sich selbst davon zu überzeugen ist unerlässlich. Aber eine kurze Fahrt auf eine Rampe oder Bühne hätte das klären können. Dafür hätte der wenig nette Kollege nur für kurze Zeit mal seine Vorfeierabend-Komfortzone verlassen müssen. Ich erklärte ihm zum besseren Verständnis noch mal unsere Situation und fragte, ob man unser Problem aus den geschilderten Gründen so schnell wie möglich lösen könne. „Wir machen immer den schnellsten Weg!“ entgegnete er hämisch grinsend.

Unsere Hoffnung, noch am Wochenende oder wenigstens Montag am Vormittag mit einem reparierten Auto starten zu können, schwand in diesem Moment. Er verblieb mit uns so, dass er uns anrufen wollte.

Beim Aussteigen vor unserer Tür viel mir nun auch noch mein Handy auf die Pflastersteine. Das Display war spinnennetzförmig gerissen. Auch das noch. Also wieder ins Auto und wieder dahin, wo wir gerade herkamen. Auf halber Strecke gab es auch einen Mediamarkt, der noch lange genug geöffnet hatte.

Das Wochenende verbrachten wir zu Hause. Viel Zeit davon mit der ungeplanten Einrichtung meines neuen Mobiltelefons.

Nebenbei fiel mir noch ein Bierglas auf unserer Terrasse herunter. Natürlich auf einer Fläche, wo wir gern barfuß laufen. Unsere Katzen sollten sich natürlich auch keine Splitter in die Pfoten eintreten! Beim Auflesen der größeren Bruchstücke, schnitt ich mich auch noch unschön in die Hand. Wenn's mal läuft, dann läuft's…

Nachdem ich die größeren sichtbaren Scherben mit blutigen Fingern weggesammelt hatte, bearbeitete ich nun den Außenbereich mit unserem Staubsauger. Ein tolles Bild! Unsere direkten Nachbarn dachten wahrscheinlich, dass mir jetzt nur noch ein Facharzt helfen kann…

Irgendwie war das nicht mein Wochenende! Vielleicht ist es ganz gut, dass wir die Fahrt nicht antreten konnten! Wer weiß, was vielleicht hätte passieren können und welcher Katastrophe wir auf diese Weise aus dem Weg gegangen waren!

Montag früh. Wir fieberten der Fertigstellung unseres Autos entgegen und warteten auf den erlösenden Anruf des Annahmemeisters von FIAT. Ich kannte das ja aus unserem Autohaus. Morgens wurde die erste Teilebestellung ausgelöst, dann kam die erste Lieferung am späten Vormittag. Mit dieser Vorstellung riefen wir am Nachmittag an und wollten uns erkundigen, wann das Auto fertig zum Abholen bereitstände. Darauf konnte man uns aber noch keine Antwort geben. Schließlich seien die Ersatzteile noch nicht vorrätig und kämen auch an diesem Tag nicht mehr. Wenn sie dann kämen, würde man aber unverzüglich mit der Reparatur beginnen. Das sei doch klar! Natürlich, dachte ich. „Wir machen ja immer den schnellsten Weg"...

Inzwischen war schon Dienstag. Wir gingen davon aus, dass die Reparatur bereits in vollem Gange war, denn wir hatten zuvor mit einem Mitarbeiter im Teilelager telefoniert. Er konnte uns bestätigen, dass die benötigten Ersatzteile am frühen Morgen bereits geliefert wurden. Erfahrungsgemäß weiß ich, dass eine derartige Reparatur unter guten Arbeitsbedingungen etwa neunzig Minuten, vielleicht zwei Stunden dauern konnte. Um dem Monteur Zeit zu geben und um nicht unangenehm zu drängeln, warteten wir geduldig auf den Anruf, dass unser Mobil abholbereit wäre. Doch der ersehnte Anruf blieb aus.

Am späten Nachmittag fuhren wir dann ohne vorherige Absprache zum Autohaus, um den Anruf nicht erst zu erhalten, wenn wir das Haus anschließend nicht mehr innerhalb der Öffnungszeiten erreichen würden. Wir trafen dort gegen 17:00 Uhr ein und erlebten denselben Annahmemeister wieder genau so tiefenentspannt wie am Samstag. Nur ohne die Füße auf dem Tisch. Er erklärte uns mit dem Ausdruck einer gewissen Selbstverständlichkeit, dass unsere Reparatur noch nicht angefangen worden sei. Deshalb habe er schließlich auch noch nicht angerufen! Er wirkte nun doch etwas genervt. Wie konnten wir es wagen, hier ohne seinen Anruf aufzukreuzen? Er sagte, die einzig verfügbare Hebebühne, mit Hilfe derer man Fahrzeuge dieser Gewichtsklasse und Höhe anzuheben imstande war, sei durch einen anderen Transporter belegt. Und der Mitarbeiter, der daran arbeitete, war seit Montag krank.

In diesem Moment schwoll mir dann doch etwas der Kamm! Meine Halsschlagadern pumpten erregter als sonst!

Ist das wirklich wahr? Hat er das eben tatsächlich gesagt? Ich fragte sofort zurück: „Was wäre denn, wenn sich der Mitarbeiter ein Bein bricht? Würde die Arbeit an unserem Auto dann ‚sofort' und ‚wie immer auf dem schnellsten Weg' ausgeführt werden, sobald er in einem Dreivierteljahr wieder da ist? Oder wie müssen wir uns das vorstellen?"

Noch war ich bei aller Aufgeregtheit nicht wirklich unfreundlich und konnte mich beherrschen. Aber die Schwelle zu einem anderen, viel weniger toleranten Gemütszustand, war nun sehr klein! Ich musste mich vom Serviceberater abwenden! Es fehlte nicht sehr viel, dann hätte ich ihn am Kittelkragen gepackt, noch einmal „eindringlicher gefragt", wie der Reparaturplan aussieht und wann das Auto fertig werden würde, um eine andere Antwort aus ihm heraus zu schütteln.

Ein Werkstattmeister, der diese inzwischen etwas aus den Fugen geratene Unterhaltung mit anhörte, kam einen Moment später auf uns zu und versicherte uns, dass er die neue Gelenkwelle sofort morgen früh einbauen werde. „Und egal" meinte er, „sollte die Hebebühne nicht frei sein, dann würde ich das eben auf dem Boden einbauen. Ist nicht so schön, aber ist zu machen." Ich hatte nun das Gefühl, jemanden gefunden zu haben, der die gleiche Sprache spricht. Er würde uns dann anrufen, wenn das Auto fertig ist. Wir schenkten ihm Vertrauen und wurden nicht enttäuscht!

Mittwoch. Wir verloren den fünften Tag unserer geplanten Reise! Der Meister hielt tatsächlich Wort! Er rief schon gegen 9:00 Uhr an und wir konnten das Auto holen. Gut, dass man im Leben hin und wieder auf solche Menschen trifft!

Der Kundendienst hat uns die Rechnung geschrieben. Ich hätte das Teil selbst für ca. 150,- Euro beschaffen können. Und das sogar schneller. Bei ihm kostete allein die Gelenkwelle 450,- Euro plus Reparatur. Für 600,- Euro konnten wir unser Fahrzeug schließlich wieder auslösen. Der Klassiker: Schlechter Service muss nicht billig sein!

Wieder zu Hause angekommen, mussten wir nun das Auto wieder einräumen, um am Nachmittag doch noch zu starten. Wieder fuhren wir dieselbe Holperstraße in Richtung Autobahn und hofften inständig, dass nicht wieder etwas ausfallen würde. Aber das Auto hielt diesmal durch.

Wir machten uns auf den Weg und kamen an diesem Tag noch bis nach Strasbourg. Auf der Deutschen Seite übernachteten wir dann und setzten die Fahrt am nächsten Tag erfrischt und ausgeschlafen fort. Unser ursprüngliches Programm, wofür wir uns extra die drei Wochen Zeit bei unseren Arbeitgebern freigeschlagen hatten, mussten wir nun erheblich straffen. Trotzdem hielten wir an der Algarve, als Ziel unserer Reise, fest.

Wir hatten aus einer früheren Fahrt durch Spanien bereits einschlägige negative Erfahrungen. Deshalb fuhren wir diesmal mit gemischten Gefühlen in das Land, nachdem wir zwei schöne Tage an der südfranzösischen Küste bei Montpellier erlebten.

Wir unterhielten uns darüber und kamen zu dem Schluss, dass wir damals vielleicht mit falschen Vorstellungen unterwegs waren. Vielleicht waren wir einfach noch nicht reif genug, um mit anderen Mentalitäten klarzukommen. Wir mussten uns vielleicht einfach neu darauf einlassen und vorbehaltlos nach neuen Erlebnissen suchen. Wir drückten also unsere innere Reset-Taste und starteten unbefangen aufs Neue durch. Das hatte ja mit Süd-Frankreich auch geklappt. Auch dort hatten wir ja Vorerfahrungen…

Zuerst fuhren wir in Richtung Barcelona. Dieses Mal sollte es uns gelingen, die Kathedrale Sagrada Familia zu besichtigen. Ein Bauwerk vom berühmten Architekten Antoni Gaudí, der in dieser katalanischen Metropole mehrere Architekturdenkmäler hinterlassen hat. Bei früheren Besuchen der Stadt ist es uns aus verschiedenen Gründen nie gelungen.

Wir schlugen unser Lager in Mataró, einer Vorstadt von Barcelona auf. Hier war es sehr schön! Die Klimaanlage im Auto leistete uns auch hier gute Dienste! Abends wollten wir in einem Restaurant am Strand essen gehen, wurden jedoch abgewiesen, weil wir logischerweise keine Reservierung hatten. Die von uns ins Auge gefassten Plätze blieben den restlichen Abend jedoch frei, was wir vom Strand aus beobachten konnten. Hieran änderte unsere unbefangene Herangehensweise auch nichts. Wir erlebten Spanien, wie schon damals, nicht sonderlich gastfreundlich.

Am nächsten Tag fuhren wir mit der Vorort-Bahn, bei uns würde man „Regio“ sagen, in die Stadt. Das war viel entspannter als mit dem Auto. Wenn ich hierbei noch an den Berufsverkehr und die vielen Einbahnstraßen denke, war das genau der richtige Entschluss! Sie brachte uns direkt und komfortabel klimatisiert bis zum Platz der Sagrada Familia.

Es standen nur mittellange Schlangen vor der begehrten Sehenswürdigkeit. Und irgendwo musste es sicher auch

Tickets zu kaufen geben. Da ich aber keine entsprechende Kasse sah, fragte ich einen der Einlassbeauftragten, ob die Kasse für die Tickets im Inneren der Kirche sei. Er erklärte mir dann jedoch kurz angebunden, dass man Eintrittskarten ausschließlich online vorbuchen könne. „Only online! But no for today!" war seine Erklärung. Man müsste mit einem Vorlauf von etwa drei Tagen buchen, ergänzte er weiter in Englisch.

Es wurde also auch heute wieder nichts mit einer Besichtigung dieser herrlichen, immer ohne Vollendung bleibenden Kathedrale. So ganz verstehe ich diese Vorgehensweise nicht, aber es soll bei anderen öffentlichen Sehenswürdigkeiten ebenso sein. Und das nicht nur in Spanien, sondern auch in Berlin.

Wir zogen also ein weiteres Mal unverrichteter Dinge ab und fuhren mit der Bahn zurück, nachdem wir auf der Ramblas, Barcelonas Prachtboulevard, noch ein Eis aßen und ein Bier tranken. Zwei Wochen später gab es dort diesen verheerenden Terroranschlag mit einem LKW…

Die nächste Station war Tarragona. Ich wollte eigentlich nichts darüber aufschreiben, um es als Geheimtipp zu bewahren, denn dort war es wirklich sehr schön! Stellplatz direkt am Meer! Wunderbar! Hier hat alles gepasst! Wir fanden einen schönen Platz vor. Die Bediensteten oder Eigentümer des „Camping Playa y Fiesta" waren sehr nett! Hier war alles sehr unkompliziert. Es gab auch ein Restaurant auf dem Platz und einen großen Spielplatz für Kinder! Ein wenig abenteuerlich war allerdings die Zufahrt. Hierfür mussten wir über die Bahngleise der Fernstrecke Barcelona-Valencia fahren, die nur provisorisch für eine unbefestigte Überfahrt hergerichtet waren. Einen regulären Bahnübergang gab es hier nicht.

Die beiden Gleise lagen so hoch, dass wir Gefahr liefen, mit dem Fahrzeugbauch aufzusetzen und uns deshalb auf den Schienen festzufahren. Nicht auszudenken, wenn hier ein Zug in voller Fahrt gekommen wäre…

Die weitere Reise führte uns an der Mittelmeerküste entlang nach Cabo de Palos, einer vorgelagerten Kleinstadt von Murcia. Auch hier standen wir direkt am Meer. Wir fanden einen wirklich netten spanischen Kioskbetreiber, der uns am nächsten Morgen sogar außerhalb seiner Öffnungszeiten ein Frühstück servierte! Ein Bad in der kleinen Lagune sollte den schönen Morgen abrunden.

Wir schwammen ein Stück im seichten Wasser der Bucht und erfrischten uns. Beim Verlassen des Wassers, als wir mit den Füßen schon wieder festen Boden erreichten, traf mich jedoch plötzlich ein unsagbarer Schmerz am inneren Teil des Oberarms. Es fühlte sich an, wie ein Wespenstich, nur sehr viel stärker. Ich schreckte zurück und konnte für einen flüchtigen Moment eine kleine Qualle von vielleicht acht Zentimeter im Durchmesser erkennen. Sie hatte etwa dreißig Zentimeter lange Tentakeln und eine lila-rote blumenförmige Zeichnung in der Körpermitte. Wie ich später recherchieren konnte, handelte es sich um eine sogenannte Mallorca-Qualle. Man nennt sie auch „Leucht- oder Feuerqualle". Im Augenblick der Berührung schossen mikroskopisch kleine Harpunen der Nesselzellen in die Haut, die ihr Gift injizierten.

Kirsten schwamm keine fünf Meter neben mir. Ich warnte sie sofort! Natürlich in der Hoffnung, dass sie eine Berührung noch vermeiden konnte. Sie schaute sich um und entdeckte, weniger als eine Armlänge vor ihren Augen, entweder dieselbe oder ein weiteres Exemplar. Ich mag mir nicht vorstellen, was die Tentakeln in ihrem Gesicht angerichtet hätten!

Von hier an ließ sich eine Menge falsch machen. Und genau das hab ich getan. Der erste Impuls sagte mir, dass ich die Stelle sauber waschen muss und anschließend kühlen, damit diese unsagbaren Schmerzen nachlassen. Super! Genau das war grundverkehrt! Erstens rieb ich damit die noch nicht entleerten Nesselzellen zusätzlich in die Haut und verstärkte das Problem, und zweitens erreichte ich mit klarem Leitungswasser das genaue Gegenteil von Linderung, weil sich die Widerhaken der kleinen Speere erst recht in der sich verengenden Hautstruktur verfestigten. Toll! Alles richtig gemacht!

Saure Lösung wäre der Erfolgsbringer gewesen. Essig oder Zitrone hätten gute Dienste leisten können. Dadurch hätte ich das Nesselgift und die mikroskopisch kleinen Eindringlinge zum großen Teil neutralisieren können und viele davon wären freigegeben worden. Hätte ich nur mal wissen müssen. Wie sagte schon einer meiner Lieblingsautoren treffend: „Hinterher hat man‘s immer vorher gewusst!“ Es kann also doch nicht schaden, sich vor Reiseantritt besser zu informieren…

Anschließend war es nicht etwa so, dass ich wie bei einem Wespenstich eine Zeitlang meinen „Spaß“ hatte und dann schwoll die Sache vielleicht ab. Nein! Tagelang hielten die Schmerzen an und jede Berührung schien neues Gift freizusetzen. Aber irgendwann nach zirka zehn Tagen besserte sich die Situation und es kam so etwas wie Heilung in Sicht.

Nach drei bis vier Wochen erinnerten erst mal nur noch die roten Abzeichnungen der Nesselarme an den Vorfall, bis dann nach etwa sechs Wochen das Spiel von vorn begann. Nun fing die Stelle an zu jucken und zu brennen. Schließlich stieß der Körper die winzig kleinen, aber in großer Zahl noch in der Haut befindlichen Nesselgiftpfeile ab, indem er eine entzündliche Reaktion hervorrief, die die Invasoren mittels Eiter aus der Haut drückte. Alles in allem ein gelungener Spaß mit nachhaltiger Wirkung!

Die Weiterreise brachte uns dann für einen Zwischenstopp nach La Línea bei Gibraltar. Das war sehr interessant. Nicht nur der Affenfelsen war etwas Besonderes, sondern auch der kleine Flughafen, den man als Besucher bei geöffneten Schranken überqueren musste. Waren die Schlagbäume unten, landete an gleicher Stelle ein Flugzeug. Sehr imposant! Schon 1992 wollten wir uns dieses Schauspiel aus der Nähe anschauen, was leider nicht klappte.

Schließlich kamen wir endlich nach Portugal an die Algarve, wo wir eine liebe frühere Schulfreundin trafen. Wir verbrachten einen gemeinsamen Abend in Albufeira. Für gutes deftiges Essen und stilvolle Getränke ist Portugal unter anderem berühmt. Wir tranken Sangria, Bier und natürlich das „Nationalgetränk der Algarve“ namens „Castelo Silvés Medronho“. Ein teuflisches Zeug wie sich herausstellen sollte. Es wird aus den Trestern von Früchten des an der Algarve vorkommenden Erdbeerbaums gewonnen und beinhaltet mehr als 42% Alkohol! Unseren Atem hätte man sicher anzünden können…

Die nächste Station sollte Ziel und Scheitelpunkt unserer Reise sein. Wir campierten in Sagres. Nicht weit entfernt vom westlichsten Zipfel Europas, dem Cabo de São Vicente. Hier waren wir fast fünfundzwanzig Jahre zuvor auch schon mal mit Antje und wollten schauen, was sich inzwischen verändert hat. Wir fanden einen wirklich schönen Campingplatz vor. Es war derselbe wie damals.

Trotz der Ferienzeit war er nicht überfüllt. Für Wohnmobile waren hier Parzellen vorgesehen. Wir konnten uns selbst einen wunderschönen Stellplatz aussuchen. Zum Strand fuhren wir mit dem Fahrrad. Er war ganz nah und gut zu erreichen. Hier wollten wir drei Tage verbringen und anschließend die Heimreise antreten. Insgesamt verbrachten wir dann doch vier Tage an diesem schönen Ort und strafften dafür das Fahrpensum der Rücktour ein wenig. Ein guter Kompromiss, wie wir fanden.

Als wir eines schönen Tages vom Strand zurückkehrten, hatten sich andere Wesen unseres Wohnmobils ermächtigt. Ameisen hatten das Mobil gekapert und während unserer Abwesenheit übernommen. Breite Ameisenpfade zogen sich wie ein zähfließender Fluss durch den gesamten Innenraum bis hin zu den Lebensmitteln, von denen sie angelockt wurden. Und natürlich auch überall dort hin, wo Wasser zu vermuten war. Das sind vordergründig die Abflüsse von Dusche, Waschbecken und Küchenspüle. Sehr beliebt war auch Butter! Zucker war jedoch eines der begehrtesten Ziele, aber sie waren bei der Auswahl ihres restlichen Menüs wenig wählerisch. Was zu erreichen war, hatten sie vereinnahmt. An Einfallsreichtum waren sie durch ihre Schwarm-Intelligenz unübertroffen! Sie waren wirkliche Nahrungs-Opportunisten!

Sie waren auch clever genug, die Eintrittsstelle gut zu verbergen. Ich ging um das Wohnmobil herum und schaute, ob ihre äußeren Zugangswege zu entdecken waren. Natürlich um sie zu unterbrechen. Aber es war nichts zu sehen. Ich dachte, vielleicht liefen sie an der Innenseite der Reifen hoch und fanden von dort aus einen Zugang. Nein, auch Fehlanzeige! Schließlich legte ich mich mit einer Taschenlampe unter das Auto, um den Invasionskanal zu finden. Nichts! Auch hier war keine einzige Ameise zu sehen.

In mir kam langsam Ratlosigkeit auf. Sie können doch nicht im gesamten Staat eingerückt sein! Alle unterwegs und nun im inneren unsere fahrenden Behausung? Auch das konnte nicht sein, denn sie lassen niemals ihre Brut unbeobachtet zurück. Mir kam eine Idee: vielleicht hing oben auf dem Dach ein Ast vom Baum herunter. Über den hätten die Invasoren ihre Eintrittswege finden können. Aber auch das führte uns nicht ans Ziel.

Im Innenraum konnten wir viele der fleißigen Waldbewohner mit unserem kleinen Handstaubsauger einfangen. Zumindest die, die sich offen zeigten. Aber kaum war ein Teil abgesaugt, ergänzte das Heer die Personalbestände augenblicklich. Aber irgendwo mussten sie doch herkommen.

Durch einen Zufall entdeckte ich im Inneren eines Küchenschrankes eine kleine mit einer gerippten Abdeckung verschlossene Lüftungsöffnung. Hier strömten in kurzer Zeit Unmengen dieser Tierchen herein und im Gegenstrom auch hinaus. Nun wurde mir klar, dass sie genau hier unsere Lebensmittel weg transportierten!

Nun hatte ich einen Ansatz und konnte diese Stelle außen genauer untersuchen. Auf den ersten Blick war jedoch dort nichts zu sehen. Dann aber sah ich sie an einer anderen Stelle, wo sie ihre Ameisenstraße angelegt hatten. Diesen

Weg hatten die Winzlinge konsequent ausgebaut. Aber auch dort hin müssen sie doch erst einmal gelangt sein. Nun verfolgte ich ihre Straße soweit ich sie sehen konnte. Sie verlief oberhalb der Sonnenmarkise, die ausgefahren war. Aber am unteren Balken des Sonnendaches verschwand der emsige Wanderweg abrupt. Sie liefen, wie ich später herausfand, innen durch ein Stützbein der Markise. Während wir unterwegs waren, mussten sie sich am unteren Ende einen Tunnel angelegt haben, um nicht entdeckt zu werden. Deshalb konnten wir sie auch dort nicht bemerken. Erst als wir den Stützfuß hochnahmen, erkannten wir den Zugang durch den Boden. Schlaue kleine Biester!

Nun hatten wir sie doch entdeckt und konnten die weitere Inbesitznahme unseres Wohnraumes eindämmen. „Wir sind doch schließlich Menschen und eines größeren Verstandes fähig als diese Krabbeltiere!“ dachten wir jedenfalls.

Wir schnitten Wasserflaschen ab und füllten die entstandenen Becher mit Leitungswasser. Das würde sie wohl abhalten. Wer am Ende den längeren Atem hatte, sollte sich aber noch zeigen. Als wir am nächsten Tag von unserem Ausflug zurück kamen, mussten wir uns der Übermacht erneut geschlagen geben.

Uns präsentierte sich ein Bild von unglaublicher Hartnäckigkeit. Im Inneren des Gefährts herrschte wieder völlige Ameiseneintracht. Die einen kamen ohne Gepäck. Und in der Gegenrichtung gingen die anderen beladen wieder nach Hause. Das war nicht mal mehr Mundraub! Viel mehr schon Abtransport und Lagerwirtschaft! Sie liefen immer schön entlang ihrer mit Pheromonen angelegten Wege. Das machte ihnen so schnell kein Mensch nach! Und von einem gemeinschaftlichem zielgerichteten Arbeiten sind die meisten unserer Spezies ohnehin weit entfernt! In Sachen Schwarmfähigkeiten und Opferbereitschaft für die Gemeinschaft haben sie eindeutig die Nase vorn. Sie gingen sogar noch einen Schritt weiter. Sie überbrückten die Wasserbarrieren einfach mit einigen Exemplaren ihrer Angehörigen, die hier eine Art lebende Brücke bildeten.

Uns blieb nichts weiter, als Kapitulation. Wir mussten den Sonnenschutz einfahren, nachdem wir die Stützen nun auch von innen durch starkes Klopfen von Ameisen befreit hatten. Und abreisen mussten wir ohnehin, weil unsere gestraffte Rückreise bevorstand.

Die Fahrt führte uns logischerweise wieder durch Spanien. Wir hatten die Rückfahrt zugunsten eines weiteren Tages an der Algarve so angelegt, dass wir am ersten Tag bis zur französischen Grenze nahe Irun kommen wollten. Am zweiten Tag sollten wir Deutschland erreichen und am letzten, dem Samstag, mussten wir es bis nach Hause schaffen, um noch in Ruhe das Auto entladen zu können. Und auch um uns vielleicht etwas zu akklimatisieren, bevor wir uns am Montag wieder in die Arbeit stürzen mussten.

Bis ganz nach Frankreich schafften wir es am ersten Rückreisetag nicht. Ab Madrid regnete es in Strömen. Das und fortschreitende Müdigkeit erschwerte uns die Weiterfahrt. Ein Stück hielten wir noch tapfer durch, aber irgendwann drohten mir die Augen zuzufallen. Bevor wir uns der Gefahren eines Sekundenschlafs aussetzten, beschlossen wir, eine Rast einzulegen und erst am nächsten Morgen ausgeschlafen weiter zu fahren.

Wir fanden irgendwo in der Mitte zwischen Burgos und Pamplona einen Rastplatz abseits der Autobahn. Wir suchten nach Ruhe zum Schlafen mit möglichst wenigen Lkw's, die dann alle gegen 4:00 Uhr wie auf Kommando starten würden. Wir fanden etwas, wozu wir in Deutschland vielleicht „Autohof" gesagt hätten. Es war ein Rasthof, an dem eine Tankstelle, ein Restaurant und ein Hotel angrenzten. Dort stellten wir uns in eine äußere Ecke, damit uns möglichst wenige Geräusche beim Schlafen störten. Wir schliefen hier auch sofort ein. Es war ja schon etwa 1:30 Uhr!

Trotzdem wir eigentlich schliefen, vernahm ich gegen 4:00 Uhr ein Geräusch nahe dem hinteren Fenster, das wir während der Nacht einen Spaltbreit offen stehen ließen, um ausreichend frische Luft im Schlaf zu bekommen. Wir standen auf einer mit Splitt geebneten Fläche.

Nun waren deutlich die Schritte einer Person zu vernehmen. Daran allein war soweit nichts besorgniserregend. Nur drei Lastkraftwagen standen nahe bei uns. Die Fahrer wollten ebenfalls hier übernachten. Sie mussten ja vielleicht mal zur Toilette oder wollten womöglich draußen eine Zigarette rauchen. Irgendetwas jedoch zog meine Aufmerksamkeit magisch auf sich. Deshalb schaute ich verschlafen durch die vorgezogene Gardine aus dem Heckfenster. Dort schlich eine Gestalt von einer zur anderen Seite unseres Autos. Ein dunkellockiger untersetzter Mann mit einer geschulterten Umhängetasche. Immer wieder schaute er sich in alle Richtungen um. Nach einer Weile fasste er wohl den Entschluss, sich unserem Fahrzeug von hinten weiter zu nähern. Offenbar, um an die Fahrräder auf dem Heckträger zu gelangen.

Als er den ersten Versuch unternahm, die Räder zu berühren, riss ich das Fenster hoch, die Gardine zur Seite und brüllte ihn an: „Hau ab, du Arschloch! Wage es bloß nicht, hier etwas anzufassen! Pfoten weg oder ich komme raus!“

Kirsten war neben mir echt erschrocken! So kannte sie mich eigentlich nicht. Ich war sonst immer eher derjenige, der alles freundlich und verbal regeln will. Nur hier war die Situation eine ganz andere. Es war nicht der richtige Zeitpunkt für Diplomatie! Mir war es auch völlig egal, ob mich der Mann verstand oder nicht. Ich war mir sicher, er würde schon irgendwie durch meinen Tonfall kapieren, was gemeint war.

Er muss das ja auch dementsprechend verstanden haben, denn er trat sofort die Flucht an, indem er in die Richtung eines bereits als Trampelpfad ausgetretenen Weges rannte. Er meinte vielleicht, unbemerkt handeln zu können, hatte aber keine Lust auf eine handgreifliche Auseinandersetzung.

Wir ließen unsere Aufregung erst mal ein wenig setzen. Dann krabbelten wir aus den Betten und beschlossen, nun doch weiterzufahren. Wir waren zwar eigentlich übermüdet, aber hier hätten wir kein Auge mehr zugemacht. Die Situation hatte dafür gesorgt, dass wir wieder hellwach waren!

Vorher schaute ich aber nach den Fahrrädern, ob er vielleicht doch schon Schaden angerichtet hatte. Zum Glück war dies nicht der Fall. Nur zwei Klettverschlüsse einer kleinen Rahmentasche waren geöffnet worden. Wenn er die mitgenommen hätte, wäre der Verlust durchaus zu verschmerzen gewesen und läge im einstelligen Bereich.

Wir fuhren etwa eine Stunde und fanden dann doch noch einen Platz an einem Einkaufszentrum nahe Irun. Dort schliefen wir zwar noch einmal relativ kurze Zeit, jedoch sehr erholsam. Dann machten wir uns gegen 7:00 Uhr nach einem aufmunternden Kaffee und einem eiligen Frühstück etwas erholter auf den Weg nach Frankreich.

Die folgende Etappe sollte vorerst aus der Durchquerung Frankreichs bestehen. Auf dem Weg nach Bordeaux hatte Kirsten aber die Idee, noch einmal zum Abschluss an einen Strand zu fahren. So schnell, meinte sie, würden wir nicht wieder zur Atlantikküste kommen. Damit hatte sie natürlich recht! Wir suchten also eine passende Stelle auf der Karte und steuerten sie an.

Es wurde aber immer voller auf den Peripheriestraßen um die Stadt Bordeaux und wir erreichten den Strand erst mit großer Verzögerung. Als wir dann unser Reisemobil für diese Zeit parken wollten, erwies sich dies als unüberwindbares Hindernis. Entweder wurden wir sofort abgewiesen oder es war von vornherein eine Höhenbegrenzung aufgebaut. Hier war ein Abstellen des Wohnmobils für die Zeit des Badens absolut nicht möglich. Wir kehrten also missmutig und auch ein wenig angefressen zur Autobahn zurück und mussten auf einen letzten schönen Moment am Strand der Biskaya verzichten.

Kaum zurück auf der Autobahn, erhielten wir von Google Maps eine Stauwarnung. Die Google-Stimme sagte: „Voraussichtliche Verzögerung zirka fünfzehn Minuten. Sie befinden sich auf der schnellsten Route!“ Wir glaubten ihr das und blieben geduldig am Stauende stehen.

Von der Bildung einer Rettungsgasse hatte man hier offenbar noch nie gehört. Vier Fahrspuren, und alle verstopft.

Zwischen den Fahrzeugen, zu denen auf allen Fahrstreifen auch Lastwagen gehörten, schlängelten sich Mopeds und Rollerfahrer durch. Die schnelleren Motorradfahrer fuhren, trotzdem die Abstände eng waren und teilweise die Türen der Autos geöffnet wurden, viel zu rasant durch die Gassen der stehenden Autos. Darum mussten wir auch nicht lange auf einen weiteren Unfall warten, der nochmals lange Verzögerungen im Gepäck hatte. Erst nach fast zwei Stunden löste sich auch dieses Chaos langsam auf und es kam Bewegung in die Staugemeinschaft.

Vergleichbare Situationen erleben wir jedoch in Deutschland ganz anders! Ich würde sagen, geordneter. Hier in Südfrankreich rast jeder irgendwie auf eigene Faust drauf los. Völlig planlos und desorientiert. Einfach platzbeanspruchend, koste es was es wolle. Die Folge war, wer hätte es geahnt, ein dritter Unfall.

Als auch dieser zusätzliche Engpass überwunden schien, standen wir abermals in einem weiteren unfallbedingten Stau. Normal ist wirklich anders!

Insgesamt verbrachten wir über fünf Stunden in dieser Lage bei fast vierzig Grad im Auto. Wobei „verbrachten" nicht ganz das richtige Wort ist. Vielmehr entging uns wertvolle Lebenszeit! Unser kurzer und vergeblicher Umweg, nur um noch mal baden zu gehen, kostete uns somit eine Menge wertvoller Zeit! Durch die Strandsuche und die dramatische Verkehrssituation auf dem Stadtring von Bordeaux war es inzwischen Nachmittag und vor uns lag noch immer die heute zu bewältigende Strecke von etwa tausend Kilometern…

Bereits während des Hinwegs wurden wir mit dem momentanen französischen Maut-System konfrontiert. Dies wurde in drei Gruppen A, B und C eingeteilt. A stand für PKW, auch wenn überlange Wohnanhänger dran hingen. B war alles unter drei Metern Höhe, also auch Reisemobile und kleinere Transporter, die nicht höher als angegeben waren. Für Fahrzeuge, die diese Höhe überschritten, gab es dann noch Option C. Diese Kategorie stand für alle normalen Lastwagen, Busse, Transporter mit hohen Ladeflächenaufbauten und für vieles mehr.

Ein Beispiel:

Eine im Voraus zu bezahlende Strecke kostete für einen PKW der Kategorie A 2,90 Euro. Dann kostete die gleiche Strecke in der Kategorie B bereits 4,90 Euro. Also nicht ganz das Doppelte. Zur Stufe C wiederum machte das System einen größeren Sprung! Für den gleichen Abschnitt verlangte man hier gleich 14,90 Euro! Also das etwa Dreifache von B und über das Fünffache von A!

Wurde vom Personal in den Mautstationen per Hand kassiert, stufte man uns freundlicherweise in die Kategorie B ein. Das war human. Waren jedoch ausschließlich Automaten zur Bezahlung vorhanden, arbeiteten diese unbestechlich. Per Lichtschranke erkannten diese, dass wir mit unserem Reisemobil eine Höhe von 3,20 Metern hatten. Also kassierte die Maschine im Sinne von Kategorie C! In Summe kostete uns die Maut mehr als doppelt so viel wie der Kraftstoff für die gefahrene Strecke! Das nahm schnell ein utopisches Ausmaß an und belegte die Fahrt auf der Autobahn mit einem bitteren Beigeschmack!

Wir nahmen uns für die Rückreise vor, den gleichen Fehler nicht ein zweites Mal zu begehen und entschieden uns für die Fernstraßen abseits der Autobahnen. Oft waren die sehr gut ausgebaut. Leider waren die Straßen, die wir für unsere Route nutzten, weniger gut in Schuss und in kurzen Abständen durch Kreisverkehre beruhigt. Viele Laster und viele Baustellen erschwerten das Vorhaben zusätzlich. Außerdem wurde es nun auch langsam dunkel und die schwüle Hitze nagte an unserem Kampfgeist. Nach einer ziemlich langen Fahrzeit legten wir einen Stopp ein und schauten nach, welchen Teil des Weges wir schon geschafft hatten. Das Ergebnis war niederschmetternd! Der Kartenmaßstab machte uns deutlich, dass wir trotz eines ganzen Tages im Auto, kaum eine nennenswerte Strecke zurückgelegt hatten.

So konnten wir auf gar keinen Fall weitermachen! Wir sollten ja Montag pünktlich zur Arbeit antreten! Also mussten wir wohl in den sauren Apfel beißen und uns doch für die teure Autobahn entscheiden und schafften es wenigstens morgens gegen 2:00 Uhr bis kurz vor die deutsche Staatsgrenze bei Strasbourg. Der Schlaf tat uns gut, auch wenn die Nacht nicht lang war. Am nächsten Morgen noch ein letztes „Petit Dejuener" in Frankreich, dann starteten wir zur letzten Etappe quer durch Deutschland.

Spät am Abend kamen wir zu Hause an. Alle Nachbarn schliefen längst. An Ausruhen oder Akklimatisation war nun nicht mehr zu denken. Wir räumten noch die wichtigsten Dinge aus dem Wohnmobil, streichelten zur Begrüßung unsere Katzen und legten uns noch für wenige Stunden ins Bett. Eine entspannte Rückreise hatten wir uns anders vorgestellt! Aber der eine Tag länger an der Algarve war das allemal wert!

Wir hätten gern viel mehr Zeit in Portugal verbracht! Leider hatte das Auto andere Pläne. Die Vorfälle rund um die Reparatur, die uns wertvolle Zeit gekostet hatten, bestätigten mal wieder, was ich ohnehin schon immer sagte. Wer irgendwo mit Menschen zu tun hat, wie der Serviceberater bei FIAT, muss sich nicht verbiegen, um einen ordentlichen Job abzuliefern. Nein! Er muss einfach andere Menschen so behandeln, wie er es selbst als Kunde gern hätte. Damit wäre schon viel erreicht!

Vielleicht sollten wir was von den kleinen Tierchen lernen, die so unermüdlich für ihre Gemeinschaft unterwegs waren. Ich meine die Ameisen. Im Unterschied zu uns Menschen, wurden ihre Verhaltensweisen durch und durch von Logik geprägt. Sie verfolgten ihr gemeinsames Ziel zum Wohle ihres Staates bis zur Selbstaufgabe! Nein, so weit müssten wir vielleicht nicht gehen, aber ein ganz kleines Quäntchen würde uns allen von Nutzen sein. Ihnen könnte man auch bestimmt eher als den meisten Menschen beibringen, wie man auf Autobahnen eine Rettungsgasse bildet.

Wo der biologische Nutzen von Nesselquallen liegt, konnte ich bislang noch nicht herausfinden. Bestimmt gibt es einen, da bin ich mir sicher. Aber ich glaube, in meiner Nähe kann ich in Zukunft gut auf sie verzichten…

Kapitel 21

2018 – Meine anstrengendste Reise

Auf den vorausgegangenen Seiten habe ich vieles aus selbst erlebten Reisen, Urlauben und anderen Kurztrips berichtet. Manches war dabei erst in der Nachbetrachtung lustig. Insbesondere, nachdem sich kuriose und manchmal auch unheimliche Situationen anders als erwartet aufgelöst hatten.

In diesem Kapitel ist nun aber alles anders! Ich könnte aus den Begebenheiten, die dieser wahren Geschichte zugrunde liegen, ein paar lustige Anekdoten erzählen. Der große Unterschied besteht jedoch darin, dass diese ungewollte und unvorhersehbare „Reise" wesentlich länger dauerte und dass die Geschehnisse noch immer lange Schatten auf mein Leben werfen. Mit inzwischen genügend Abstand, etwas gutem Willen und einem Augenzwinkern sind aber auch dieser Episode einige humoristische Züge abzugewinnen. In jeder Krise steckt ja bekanntlich auch immer eine Chance! Man muss vielleicht bereit sein, danach zu suchen!

Es geht darin zum Beispiel um Ärzte, die ich erst als Laie mit einem Quäntchen logischen Verstands auf die richtige Spur bringen musste. Ohne dies hätte die Sache vielleicht einen anderen Verlauf genommen. Auch erzähle ich von einem völlig maroden Krankenhaus, das sich scheinbar nur dem Siechtum seiner Patienten verschrieben hat. Aber auch um einzelne Ärzte, Krankenpfleger und Therapeuten, die sehr verlässlich und ambitioniert waren. Vielen Dank an diese wirklich liebenswerten Menschen! Sie haben große Empathie bewiesen und verdienen unseren Respekt! Ich bin ihnen gegenüber voller Vertrauen und Dankbarkeit! Ihr

Sachverstand und ihr beherztes Engagement haben mir sehr geholfen, wenn nicht gar das Leben gerettet!

Es gab aber auch diejenigen aus dem medizinischen Bereich, die einen spüren lassen, dass man von ihnen abhängig ist und einem zeigen, dass sie momentan die Hebel der Macht in den Händen halten. Dies macht den Unterschied zwischen Menschen deutlich, die ihren Beruf mit Leidenschaft ausüben und der anderen Gruppe, die widerwillig einen ungeliebten Job ausführen.

Im Verlauf der Geschichte geht es auch um Freundschaft, um Hilfsbereitschaft und um das Füreinander da sein! Es geht aber auch um einen Arbeitgeber, der sich nicht zu schade ist, einer Notlage noch das Sahnehäubchen aufzusetzen. Natürlich nicht Face-to-Face, sondern durch Dritte übermittelt. Ich hatte mich immer sehr für die Belange der Firma eingesetzt! Aber kaum wendet man sich mal ab, wird einem der Stecker gezogen.

Es ist ausdrücklich kein Negativbericht! Nein, es ist eine durchaus optimistische Sicht auf Erlebtes, trotz Schmerzen und manchmal großer Verzweiflung. In jeder Situation, so schlecht sie auch sein mag, steckt auch immer etwas Positives! Ich habe in dieser Zeit wertvolle Menschen kennen gelernt! Aber auch welche, die ich nie wieder in meiner Nähe haben will!

Eine Sekunde zur falschen Zeit am falschen Ort kann alles verändern und vieles entscheidend in Frage stellen. Ich will hier aber nicht zu viel vorwegnehmen. Genauso wenig möchte die Story hier noch mal in Kurzform wiedergeben. Dafür bedeutet mir jede geschriebene Zeile viel zu viel!

Wenn Du Interesse hast, bestell Dir mein Buch mit dem gleichnamigen Titel! Es lohnt sich!

„Zur falschen Zeit am falschen Ort“! Nachbetrachtung

Wer ein Freund der Pauschaltouristik ist, wird vermutlich zufrieden sein, wenn früh am Morgen noch eine Liege am Hotel-Pool frei ist, die sich mit dem Handtuch reservieren lässt. Frühstück gibt's dann von 8:00 bis 10:00 Uhr und das Mittagessen wird zwischen 12:00 und 14:00 Uhr serviert. Der Kellner bringt nachmittags die Drinks an die Liege und mit dem all-inclusive-Bändchen am Handgelenk ist bereits alles bezahlt. Wer mag, trinkt einen Kaffee und lässt sich das Buffet zum Abendessen schmecken. Vielleicht ist noch eine Animation geplant…

Damit ist der Tagesablauf verplant und es ist gar nicht nötig, das Ressort zu verlassen. Hauptsache man kann im Anschluss berichten, dass man beispielsweise in der Dominikanischen Republik war, nur um neidische Blicke einzusammeln. Billig muss es aber sein! Und später wird noch der Reiseveranstalter für kleinere Planabweichungen verklagt, um nachträglich einen Haufen Geld zurück zu holen.

Wer solch einen Urlaub mag, soll es so tun. Dagegen ist wirklich nichts einzuwenden. Jeder hat seine persönlichen Vorlieben und nutzt die eigenen Möglichkeiten zur Entspannung. Manch einer muss auch körperliche Unzulänglichkeiten hinnehmen, wegen derer vielleicht verschiedene Aktivitäten gar nicht möglich sind. Der Schlüssel liegt hier darin, sich gegenseitig zu tolerieren! Jeder soll tun, was ihm gefällt und im Rahmen seiner Möglichkeiten liegt!

Vielleicht konnte ich aber auf den zurückliegenden Seiten verdeutlichen, dass dies noch nie unsere Art war, Urlaub zu machen. Wir bevorzugten schon immer eher die Individualreise. Steht bei uns das Essen nicht pünktlich auf dem Tisch, haben wir es eben selbst nicht früher zubereitet. Wir unternahmen bislang lieber Entdeckungsreisen! Erlebnisse, die aus der Situation heraus entstehen. Abenteuer! Allein wir selbst gaben die Richtung und den Zeitpunkt vor und bereits den Weg betrachteten wir schon immer als Teil unserer Ziele!

Natürlich lief dadurch nicht immer alles glatt. Wir konnten auch bis auf Ausnahmen nie jemanden anderen dafür in die Verantwortung nehmen. Immer wieder führten wir uns auch selbst auf Abwege. Oder wir haben Dinge vergessen, die uns hätten gute Dienste leisten können. Wir trafen auf Unvorhersehbares und mussten unsere Erfahrungen damit sammeln. Man kann es fast als eine Schule fürs Leben bezeichnen. Wir haben viele Dinge gelernt. Beispielsweise über die perfekte Zusammenarbeit und Aufopferungsbereitschaft von Ameisen oder mit welchen Tieren man im seichten Wasser einer Mittelmeerbucht auf unangenehme Art zusammentreffen kann. Polizisten hatten versucht, sich mit unserer Hilfe ihr Taschengeld aufzubessern. Es stellte sich auch heraus, dass manche Freundschaften vielleicht doch nur Bekanntschaften waren und plötzlich endeten.

Es gab zu jeder Zeit Dinge, die uns die Perspektive erweiterten! Wenn man in die Lage gerät, Situationen aus einem anderen Blickwinkel zu betrachten, kann man mitunter interessante Entdeckungen machen. Auch an sich selbst!

Daraus entstehen die verrücktesten Geschichten…